KiWi
Paperback

W0322336

KiWi

715

Über das Buch:
Es waren fünf Tage, die die Welt veränderten. Seattle gilt seit den Protesten im November 1999 gegen die Welthandelsorganisation nicht mehr als Hauptstadt des digitalen Kapitalismus und Heimat von Microsoft, sondern steht für die Geburtsstunde der globalisierungskritischen Bewegung. »Unsere Welt ist keine Ware« informiert zum ersten Mal über die wichtigsten Stichworte der Globalisierungkritik: Tobin-Steuer, Verschuldung, Arbeit, Klima oder Gesundheit. Es durchleuchtet die Hintergründe der Finanzmärkte und Weltwirtschaftsordnung. Was ist das GATS? Welche Politik betreiben IWF und Weltbank? Wie formiert sich der Widerstand? Und was will Attac? Kurze Portraits der wichtigsten Organisationen, Netzwerke und Zeitschriften verschaffen einen Überblick über die nationalen und internationalen Globalisierungskritiker und ihre Geschichte. Darüber hinaus entwerfen Aktivisten und prominente Globalisierungstheoretiker Alternativen und weisen deutlich auf die Konsequenzen aus der Entwicklung nach dem 11. September hin.

Mit Beiträgen von Naomi Klein, Noam Chomsky, Susan George, Walden Bello, Raul Zelik, Wolfgang Ehmke, Winfried Wolf und Jörg Huffschmid.

»Eine Globalisierung von Demokratie und Gerechtigkeit als Alternative zur neoliberalen Globalisierung von heute ist nicht nur nötig, sie ist auch möglich! Wer wissen will, warum und wie, findet in diesem Buch gute Gründe und viele Argumente.«

Claudia Meyer, Bundesjugendsekretärin des DGB

Über die Herausgeber:

Christine Buchholz, 1971, ist Mitglied der Bundesleitung von Linksruck. Sie lebt in Berlin.

Anne Karrass, 1977, Diplom-Volkswirtin, ist Mitglied des Bundeskoordinierungskreises von Attac und lebt in Hamburg.

Oliver Nachtwey, 1975, schreibt gerade seine Diplomarbeit in Volkswirtschaftslehre über Marx und Globalisierung und ist Mitglied der Linksruck-Bundesleitung und Redakteur des Magazins *Sozialismus von unten*.

Ingo Schmidt, 1964, Hochschullehrer an der FHTW Berlin, ist Mitglied der Arbeitsgruppe »Alternative Wirtschaftspolitik« und im wissenschaftlichen Beirat von Attac.

Christine Buchholz, Anne Karrass,
Oliver Nachtwey, Ingo Schmidt (Hg.)

Unsere Welt ist keine Ware

Handbuch für Globalisierungskritiker

Kiepenheuer & Witsch

1. Auflage 2002

Umschlaggestaltung: Barbara Thoben, Köln
Umschlagfoto: © photonica/WATARU YANAGIDA
Gesetzt aus der Stempel Garamond
Satz: Greiner & Reichel, Köln
Druck und Bindearbeiten: Clausen & Bosse, Leck
ISBN 3-462-03164-3

Die Welt ist keine Ware
1254945000139875 63 8415315

Inhalt

Globalisierung – Alternativen und Perspektiven

Globalisierung im Krieg

Die Bewegung –
gestern und heute

Die Renaissance der Straße

Christine Buchholz, Anne Karrass, Oliver Nachtwey, Ingo Schmidt

Die Bewegung des »Volkes von Seattle« wird gerne mit der 68er-Bewegung verglichen, der letzten globalen Revolte. Spontaneität, Visionen einer anderen Gesellschaft, eine vielfältige Bewegung von unten – 1968 ist tatsächlich eine Inspirationsquelle für die Bewegung heute. Zugleich wirft der Vergleich viele Fragen auf: Drei Jahrzehnte nach der 68er-Rebellion stehen ehemalige AktivistInnen an der Spitze von zahlreichen Regierungen. Daraus wird oft geschlossen, dass das Ziel einer Umgestaltung unserer Gesellschaft nach dem Leitbild »Menschen vor Profite« zum Scheitern verurteilt sei, weil früher oder später jeder »Radikale« sich die Flausen abgewöhne. Doch die Mehrheit der 68er hat eben nicht eine mit Joschka Fischer vergleichbare politische Karriere gemacht. Jedes Attac-Treffen ist ein Beweis dafür. Immer wieder kommen neue Leute, die sich seit langer Zeit politisch heimatlos fühlen. Man wird nur nicht berühmt damit, links geblieben zu sein.

Entscheidend sind jedoch die erheblich veränderten wirtschaftlichen und politischen Rahmenbedingungen der 68er-Protestbewegung und der globalisierungskritischen Bewegung der Gegenwart. Die 68er waren eine radikale Minderheit, die zwar in Frankreich dazu beitragen konnte, eine ganze Gesellschaft in ihren Grundfesten zu erschüttern – sie blieben dennoch eine Minderheit. Die globalisierungskritische Bewegung ist auch eine Minderheit, aber sie hat gute Chancen, die Herzen der Mehrheit zu gewinnen. 67 % der deutschen Bevölkerung sympathisierten mit den Protesten in Genua, vorausgesetzt sie seien friedlich.

Noch mitten im Kalten Krieg und in der Endphase des längsten Wirtschaftsbooms der Geschichte des Kapitalismus war oftmals nicht klar, ob die 68er-Linke gegen die kapitalistische Gesellschaftsordnung als solche oder lediglich gegen deren wohlfahrtsstaatliche Verwaltung ankämpfte. Gleichzeitig grenzte sich die Mehrheit dieser Bewegung gegen die bürokratisch erstarrten »Arbeiterstaaten« Osteuropas ab. So verlagerte sich der Blick auf die Dritte Welt, und die 68er sahen in den nationalen Befreiungsbewegungen die Möglichkeit, eine radikale Umgestaltung der Gesellschaft zu importieren: »Schafft ein, zwei, viele Vietnams!«

Die Vorzeichen für die globalisierungskritische Bewegung sind anders: Die ehemaligen nationalen Befreiungsbewegungen sind entweder besiegt oder als neue Machthaber daran beteiligt, ihre Länder – unter dem massiven Druck von Internationalem Währungsfonds (IWF) und Weltbank – in den Weltmarkt zu integrieren. Die Stagnationsphase der Weltwirtschaft seit Mitte der 70er Jahre – selbst während des US-Booms der 90er wurden nicht die Wachstumsraten des »Goldenen Zeitalters« der Nachkriegszeit erreicht – hat zum Abbau des keynesianischen Wohlfahrtsstaates geführt. Sozialleistungen und das staatliche Angebot einer Grundversorgung mit öffentlichen Gütern werden als Hindernisse einer Erhöhung von Profitraten und Wirtschaftswachstum angesehen. Die stets versprochenen Wachstumserfolge haben sich auch nach fast drei Jahrzehnten nicht eingestellt.

Die Globalisierung frisst ihre Kinder

In den 90er Jahren konnten die kapitalistischen Metropolen Wirtschaftskrisen – mit Ausnahme Japans – in ökonomisch schwächere Länder auslagern. Mit der Rezession im Jahre 2001 ist der wirtschaftliche Niedergang in die USA und nach Europa zurückgekehrt. Ob es nach Überwindung dieser

Konjunkturkrise zu einem stabilen und kräftigen Aufschwung der Weltwirtschaft kommen wird, darf bezweifelt werden. Dem stehen Instabilitäten auf den Finanzmärkten und globale Überkapazitäten entgegen. Zudem haben die USA als Lokomotive der Weltkonjunktur an Kraft verloren. Ohne Rücksicht auf die Weltwirtschaft versuchen sie gegenwärtig, ihre Binnenkonjunktur mit Hilfe einer Mischung aus steigenden Staatsausgaben, Steuersenkungen und Importbeschränkungen anzukurbeln.

Als Reaktion hierauf droht eine verschärfte Konkurrenz um Weltmarktanteile, wenn andere Länder ebenfalls zu importbeschränkenden Maßnahmen greifen sollten. Die in den letzten Jahrzehnten erfolgte Weltmarktintegration könnte dann in eine Phase der Desintegration umschlagen.
Damit wächst die Gefahr einer rechten Antiglobalisierung: Nationalismus in seinen verschiedenen Ausprägungen. Das Freihandelsdogma geht davon aus, dass der weltweite Austausch von Waren und die intensivierten internationalen Beziehungen zu einer harmonischeren und friedlicheren Welt führen. Die Realität ist anders. In vielen Staaten kanalisiert die politische Rechte die mit der Globalisierung einhergehende Unsicherheit vieler Menschen. Das Spektrum reicht von erklärten Faschisten wie Le Pen in Frankreich, autokratischen Konzernchefs wie Berlusconi bis zu dem rechts-konservativen deutschen Kanzlerkandidaten Edmund Stoiber.
Begleitet wird dies von einer Erosion der Mitte. Sie zeugt von der Polarisierung der Gesellschaften und drückt sich in den wiederholten Wahlniederlagen von sozialdemokratischen Parteien in Europa aus. Der globalisierungskritischen Bewegung, die hoffnungsvoll für eine gerechtere Welt kämpft, erwächst mit der rechten Antiglobalisierung ein gefährlicher Gegner, weil sie als Anziehungspol der Verzweifelten dienen kann.

Nicht nur das. Die wachsende Instabilität erhöht die Gefahr neuer Kriege und schürt alte Konflikte, die immer mehr zu eskalieren drohen, sei es im Nahen und Mittleren Osten, in Kolumbien oder in zahlreichen afrikanischen Ländern. Dabei täuscht die jetzt im Namen »westlicher Werte« geschlossene »Allianz gegen den Terror« darüber hinweg, dass es innerhalb des »westlichen Lagers« erhebliche Interessenkonflikte über außenpolitische Einflussnahme und den Zugriff auf Rohstoffe gibt.

Die Zukunft der Bewegung

Innerhalb einer Reihe unterschiedlicher Organisationen und Netzwerke zeigt sich mittlerweile, dass die Bewegung an einem Punkt angekommen ist, ihr Selbstverständnis, ihre Ziele und die Wahl der anzuwendenden Mittel zu klären.
Dieser Prozess ist notwendig, weil die Politik der Massendemonstrationen anlässlich der Weltwirtschaftsgipfel der G8-Staaten oder internationaler Konferenzen von Internationalem Währungsfonds und Welthandelsorganisation an Grenzen stoßen kann. Obwohl – auch zur Überraschung vieler AktivistInnen der Bewegung – diese bislang immer wieder eingerissen wurden. Wenige Wochen bevor dieses Vorwort geschrieben wurde, fand die bisher größte Demonstration der globalisierungskritischen Bewegung statt. 500.000 Menschen waren in Barcelona während des EU-Gipfels auf der Straße – zehnmal mehr als erwartet. In der gleichen Woche protestierten in Italien drei Millionen Menschen gegen Berlusconi.
Solche Demonstrationen durchbrechen das verbreitete Gefühl der Ohnmacht gegenüber einer sich als alternativlos präsentierenden Globalisierung. Allerdings hängt der symbolische Gehalt – und damit die Medienwirkung – einer auf der

Straße reklamierten »anderen Welt« davon ab, dass sich immer größere Teilnehmerzahlen oder dramatischere Aktionen vermelden lassen.

Die Polizeischüsse auf Demonstranten in Göteborg und Genua im Sommer 2001 haben gezeigt, mit welcher Brutalität die Staatsapparate bereit sind, die bestehende Ordnung zu verteidigen. Gleichsam haben sie auch auf traurige Weise daran erinnert, dass symbolische Aktionen zwar Macht demonstrieren – also im Wortsinne zur Schau stellen –, aber nicht geeignet sind, sich gegen staatliche Repressionsapparate wirklich durchzusetzen. Eine Strategie eskalierender Militanz auf Seiten der Demonstrierenden ist also zum Scheitern verurteilt.

Wie gesagt, die Massenmobilisierungen sind wichtig, aber keine noch so große Demonstration überwindet Ausbeutung, Unterdrückung oder ökologische Zerstörung. Die Bewegung hat noch keinen Weg gefunden, wirksame Alternativen zur Politik der neoliberalen Globalisierung durchzusetzen.

In Deutschland ist die globalisierungskritische Bewegung bisher schwach. Ansätze gab und gibt es genug. Nachdem in Frankreich 1995 der »Aufstand gegen den Neoliberalismus« mit einem Streik des öffentlichen Dienstes die europäische Landschaft veränderte, waren die Transparente, die die Arbeiter bei Daimler-Benz im Herbst 1996 in der Auseinandersetzung um die Lohnfortzahlung im Krankheitsfall trugen, mit den Slogans »Wir lernen französisch« oder »Lieber französische Verhältnisse als amerikanische Zustände« versehen. Wenige Monate zuvor hatten sich 350.000 Menschen auf der Bonner Hofgartenwiese zur größten Gewerkschaftsdemonstration der deutschen Nachkriegsgeschichte gegen Kohls Sparpolitik versammelt.

Die 90er Jahre hatten an »Direct Action« ebenfalls einiges zu bieten: Angefangen mit den Kohle-Kumpeln, die im März

1997 versuchten, die Bonner Bannmeile zu stürmen und am liebsten die FDP-Zentrale eingerissen hätten, über die Studenten mit der größten Streik- und Besetzungswelle seit 1968 im Herbst 1997 bis zum massenhaften zivilen Ungehorsam gegen die Castortransporte im Wendland. Die gemeinsame Demonstration der globalisierungskritischen Bewegung und der Friedensbewegung gegen den Staatsbesuch von George W. Bush in Berlin hat jedoch den Geschmack von Genua nach Deutschland geholt.

Was will nun ein Handbuch für GlobalisierungskritikerInnen? Es erklärt, weshalb aktuelle Entwicklungen des Weltkapitalismus als Globalisierung bezeichnet werden und welche tatsächlichen Veränderungen sich hinter diesem nebulösen Begriff verbergen. Es beschreibt, wie sich hierdurch Arbeits- und Lebenssituation für die Mehrheit der Menschen zum Schlechteren verändern. Schließlich zeigt es auch Möglichkeiten auf, »Globalisierung« nicht im Profitinteresse weniger voranzutreiben, sondern zur Grundlage einer solidarischen Welt zu machen.

Verschiedene Themen, die in der globalisierungskritischen Bewegung eine Rolle spielen, Strategiedebatten und die Diskussion unterschiedlicher Zielvorstellungen sind ebenso versammelt wie eine Kurzvorstellung einer großen Zahl von Organisationen, Gruppen und Publikationen. Sie helfen nicht nur bei der weitergehenden Suche nach Informationen, sondern erleichtern auch Kontaktaufnahme und weitere Vernetzung der AktivistInnen untereinander.

Als wir das Buch geplant haben, waren wir skeptisch, ob man eine so vielfältige Bewegung überhaupt zwischen zwei Buchdeckel bekommt. Ob uns das gelungen ist, müssen die LeserInnen und AktivistInnen beurteilen. Wir hoffen jedenfalls, uns dem oben skizzierten Ziel genähert zu haben – mit allen Stärken und Schwächen der Bewegung.

Die HerausgeberInnen bedanken sich bei den vielen Helferinnen und Helfern, ohne die dieses Projekt nicht zu bewältigen gewesen wäre. Neben vielen anderen sind das vor allem Ina Goertz und TRADUKAS, Jan-Peter Herrmann, Susanne Kim, Jan Maas, Oliver Moldenhauer, Birgit Schmitz und Heike Wilhelmi. Unser besonderer Dank gilt Emma Bircham, die dieses Buch mit ihrem Einsatz erst möglich gemacht hat.

Berlin, Juni 2002

Die globalisierte Revolte

Oliver Nachtwey

Das Ende vom Ende der Geschichte

Geschichte wurde gemacht. Es waren fünf Tage, die die Welt veränderten. Seattle gilt seit den Protesten gegen die Welthandelsorganisation (WTO) im November 1999 nicht mehr als Hauptstadt des digitalen Kapitalismus und Heimat von Microsoft, sondern steht für die Geburtsstunde der globalisierungskritischen Bewegung.

Nach der Implosion des Ostblocks 1989–91 schwärmten die Regierungs- und Konzernchefs der Welt von der Überlegenheit des Kapitalismus und der westlichen Demokratie. Sie verkündeten die frohe Botschaft eines neuen Zeitalters geprägt von Wohlstand, Frieden und universellen Menschenrechten. Der amerikanische Intellektuelle und Berater der Regierung, Francis Fukuyama, betätigte sich als Evangelist des 20. Jahrhunderts und rief das »Ende der Geschichte« aus. Der Kapitalismus sei jetzt alternativlos.

Mehr als ein Jahrzehnt später hat sich eine weltweite Bewegung gegen die neoliberale Globalisierung entwickelt, die das Profite-über-alles-Primat unseres Wirtschaftssystems in Frage stellt. Diese Bewegung glaubt daran, dass eine andere Welt möglich ist. Seattle war der Anfang des Endes vom Ende der Geschichte. Viele kleine und große Kämpfe sind vorausgegangen.

Die neoliberale Eroberung

Nach dem weltweit einmaligen Wirtschaftswachstum in den 50er und 60er Jahren, dem »Goldenen Zeitalter« des Kapitalismus, etablierten sich die Ideen des Ökonomen John Maynard Keynes als vorherrschende wirtschaftspolitische Doktrin. Seine Anhänger, vor allem in der Sozialdemokratie, bevorzugten die Regulierung der Konjunktur durch den Staat und wollten den Sozialstaat mittels eines ausgebauten Bildungs-, Gesundheits- und Sozialsystems zu einem Instrument der gerechten Umverteilung machen. Als Mitte der 70er Jahre die Weltwirtschaft in die Rezession rutschte, Arbeitslosigkeit und Inflation stiegen, blieben die keynesianischen Instrumente wirkungslos. Die Konzernchefs machten sich auf die Suche nach neuen Profitquellen. Der Boden für den Siegeszug des Neoliberalismus war bereitet.[1]

Innerhalb kürzester Zeit konvertierten zahlreiche Politiker, Wirtschaftswissenschaftler und Journalisten zum Neoliberalismus und seinen Spielarten Monetarismus und Angebotspolitik. Bisher isolierte Propheten des totalen Marktes, wie Friedrich August von Hayek und Milton Friedman, bestimmten von nun an die wirtschaftspolitischen Vorstellungen. Doch bevor Thatcher, Reagan und Kohl an die Macht kamen, musste die Sozialdemokratie scheitern.

Schon 1959 hatte die SPD auf dem Parteitag von Bad Godesberg das Marktprinzip grundsätzlich akzeptiert. Die Formel »Wettbewerb so weit wie möglich – Planung so weit wie nötig!« verdeutlichte die begonnene Transformation der einst »marxistisch« geprägten Partei. 1978 griff die Regierung Schmidt noch einmal tief in die keynesianische Instrumentenkiste und wollte die Konjunktur über die »Zentralen Investitionsprogramme« (ZIP), die 1 % des Bruttosozialprodukts betrugen, nachfrageseitig ankurbeln. Eine neue internationale Krise 1980–81 führte zu einem Konjunktureinbruch und zerrieb die letzte Hoffnung auf die Wirkung keynesianischer Politik. Inmitten von Wirtschaftskrise und erhöhtem internationalen Wettbewerbsdruck sah die Regierung nur eine Lösung: mehr Markt und der beginnende Abschied vom Anspruch sozialer Gerechtigkeit. In der Folge wurde ein Sparprogramm nach dem anderen aufgelegt. In Großbritannien wies der IWF 1976 die Labour-Regierung von James Callaghan an, Ausgabenkürzungen von etwa 16 Milliarden Euro im Sozialetat durchzuführen.[2]

Thatcher und Kohl usurpierten den »Neoliberalismus mit menschlichem Antlitz« von Schmidt und Callaghan. TINA (»There's no alternative«), das berühmte Credo von Margret Thatcher, avancierte in den Folgejahren der »konservativen Revolution« zur Politikmaxime. Der Wohlfahrtsstaat wurde dereguliert, privatisiert und liberalisiert. Jeder Winkel der Gesellschaft, so die Argumentation der harten Neoliberalen, könne besser durch Marktkräfte organisiert werden. Thatcher sagte einmal in einer Rede: »Es ist unsere Aufgabe, die Ungleichheit zu preisen und dafür zu sorgen, dass zu unser aller Vorteil dem Talent und dem Können freier Lauf und Entfaltungsmöglichkeit gelassen wird.«

Vor diesem Hintergrund versiegten die gewerkschaftlichen Kämpfe, die 68er-Bewegung verlor an Kraft und den sozialen Bewegungen der 80er Jahre kam der gemeinsame Kontext abhanden. Sie konzentrierten sich nur noch auf einzelne Fragen. Die Friedens-, Anti-Atom-, Frauen- und Ökologie-Bewegung endeten als – oft gesellschaftlich isolierte – »Ein-Punkt-Bewegungen«. Die zahlreichen NGOs, die in dieser Periode entstanden, wollten die Gesellschaft nicht mehr von unten verändern, sondern konzentrierten sich auf »Politikberatung« und Öffentlichkeitsarbeit. Die 80er Jahre wurden das dunkle Jahrzehnt für viele Aktivisten und Gewerkschafter.

Licht am Ende des Tunnels

Der *totale* Anspruch des Neoliberalismus auf alle Aspekte des Lebens und sein »Erfolg« wurde zur Geburtshelferin seines Gegners. Die umfassenden Attacken des *praktischen* Neoliberalismus auf den Sozialstaat und die Lebensbedingungen der Menschen führten zu einer sozialen Gegenwehr, die über die konkreten Angriffe hinausging und deren ideologische Rechtfertigung thematisierte. Vormals zersplitterte Gruppen und Bewegungen begannen, die Zusammenhänge wieder zu sehen, und leiteten damit einen Prozess ein, bei dem die Fragmentierung der sozialen Bewegungen und der Arbeiterbewegung (teilweise) aufgehoben wurde. Hinter den verschiedenen Anliegen gerann die Erkenntnis, dass die Zerstörung der Umwelt, die steigende Armut und die Ausbeutung der Dritten Welt eine gemeinsame Ursache hatte: die neoliberale Globalisierung.

Mitte der 90er Jahre drückte sich eine Linksverschiebung im Bewusstsein der Bevölkerung vielfach in der Wahl sozialdemokratischer oder linksliberaler Regierungen aus, aber wie Naomi Klein bemerkt, »nur um festzustellen, dass sich die Politik danach nicht änderte oder sogar noch direkter den Launen der multinationalen Konzerne entsprach.« Es war der versperrte Weg einer Politikänderung durch die Parlamente, der der Bewegung – mit einiger Verzögerung – weiteren Zulauf brachte.

Die ersten Aufstände gegen den Neoliberalismus

Am Neujahrstag 1994 wollten die Präsidenten der USA und Mexikos sowie der Premierminister von Kanada die Gründung der Nordamerikanischen Freihandelszone (NAFTA) feiern. Doch die Weltöffentlichkeit nahm kaum Notiz von diesem Ereignis. In den frühen Morgenstunden desselben Tages besetzte die EZLN, die Zapatistische Armee der nationalen Befreiung, die Stadt San Cristóbal in der mexikanischen Provinz Chiapas.

Die Zapatisten kämpfen für die Rechte der indigenen Bevölkerung, für bessere Lebensbedingungen und für Demokratie. Die Armut in Chiapas, erklärte der charismatische Subcomandante Marcos, sei »eine Folge des weltweiten Manchesterkapitalismus am Ende des 20. Jahrhunderts«, der sich »Neoliberalismus« nennt. Damit benannte er als einer der ersten den Neoliberalismus als Ursache für die weltweite Armut.

Gegen den Aufstand schlug der mexikanische Staat brutal zurück. Die Armee bombardierte besetzte Dörfer und richtete Hunderte von Chiapaneken hin. Die Zapatisten holten sich Hilfe: nationale und internationale Solidarität. Sie reisten durch das ganze Land, befragten die Bevölkerung und organisierten Demonstrationen. Während der Staat einen »Krieg geringer Intensität« führte, veranstalteten die Zapatisten 1996 ein »Interkontinentales Treffen gegen Neoliberalismus und für eine menschliche Gesellschaft«. Über 3000 Teilnehmer aus 54 Ländern kamen.

Kaum eine andere politische Bewegung jener Zeit faszinierte so wie die der Zapatisten. In den Bergen Mexikos nutzten sie die Möglichkeiten des Internets, um auf der ganzen Welt ihre Communiqués zu verbreiten. Ihre Sprache ist voller Poesie und Romantik. Sie betonen ihre demokratischen und hierarchiearmen Strukturen. Nicht zuletzt deshalb ist ihr bekanntester Repräsentant auch nur ein maskierter Subcomandante. Im Gegensatz zu anderen Guerillabewegungen wollen sie nicht die Macht im Staat erreichen, nur Gerechtigkeit – ein bewaffneter Reformismus.

Doch die Erfolgsaussichten der zapatistischen Bewegung sind auch nach ihrem Marsch nach Mexiko-City 2001 ungewiss. Allerdings gilt unabhängig von einer möglichen Niederlage: Ihr Aufstand war das erste Fanal der entstehenden Bewegung und hat zahlreiche AktivistInnen beeinflusst.

Die Erhebung in Mexiko ereignete sich in einem Schwellenland. Seine Protagonisten waren die indigene Minderheit der Bevölkerung, die von ihren spezifischen Verhältnissen auf einen globalen Missstand schlossen. Der zweite Aufstand gegen den Neoliberalismus erschütterte ein westliches Industrieland – Frankreich – und ereignete sich im Kern des bürgerlichen Wohlfahrtsstaates, im öffentlichen Dienst.

Frankreich wurde im Dezember 1995 von einer Streikwelle erschüttert – die größte seit einem Vierteljahrhundert. Etwa zwei Millionen Arbeiter und Angestellte streikten mehr als drei Wochen.

Der damalige konservative Ministerpräsident Juppé wollte – selbstbewusst durch eine deutliche Überlegenheit seiner Partei im Parlament – jene »Reformen« durchführen, die sich seine Vorgänger »seit 30 Jahren« nicht getraut hätten. Die Lebensarbeitszeit sollte erhöht werden, die Kosten für die Gesundheitsvorsorge steigen und die Steuerbelastung zunehmen. Es waren neoliberale Maßnahmen, die vor allem den öffentlichen Dienst betrafen.[3] Sie gipfelten im Einfrieren der Löhne im öffentlichen Dienst und dem Vorhaben, zahlreiche staatliche Industrien zu privatisieren.

Juppé wollte aufs Ganze gehen und nicht nach der klassischen Salami-Taktik handeln. Es sollte ein allgemeiner Angriff werden. Er erfuhr eine allgemeine Gegenwehr. Schon am ersten Protesttag beteiligten sich landesweit über eine halbe Million Menschen an den Demonstrationen. Es war kein Strohfeuer. Die Streiks der Eisenbahn- und Transportarbeiter griffen auf die Sortierzentren der Post über, die in der Nähe der Bahnhöfe lagen. Es folgten die Beschäftigten der Telefon-, Elektrizitäts- und Gas-Betriebe sowie zahlreiche Lehrer, und auf dem Höhepunkt der Auseinandersetzung demonstrierten über zwei Millionen Menschen im ganzen Land.

Auch der berühmte Soziologe Pierre Bourdieu sprach neben Gewerkschaftern am Bahnhof Gare de Lyon zu den Streikenden: »Ich bin heute hier, um all jenen unsere Unterstützung auszusprechen, die seit drei Wochen gegen die Zerstörung einer Zivilisation kämpfen (…)« Bourdieu wurde zur Symbolfigur eines neuen, engagierten Intellektuellen, der es sich zur Aufgabe macht, gegen das »Elend der Welt«, so der Titel eines seiner Bücher, anzukämpfen.
Der Protest führte dazu, dass Juppé seine Pläne zurückziehen musste. Obwohl der Begriff des Neoliberalismus deutlich weniger bekannt war, lassen sich die Klassenkämpfe von 1995 als ersten Aufstand gegen ihn in einem westlichen Land bezeichnen. Seitdem ist die Welle von Streikbewegungen und globalisierungskritischen Aktivitäten bis hin zur Gründung von Attac in Frankreich nicht mehr abgerissen.

Der Weg nach Seattle[4]

Der Aufstand der Zapatisten und die Massenstreiks in Frankreich symbolisieren jene Elemente der globalisierungskritischen Bewegung, die später in Seattle zusammengekommen sind: soziale Bewegung[5] und organisierte Arbeiterschaft. Diese Ereignisse waren aber bei weitem nicht die einzigen, bei denen die Forderung »Menschen vor Profite« in praktische Gegenwehr umgesetzt wurde. Viele andere Politikfelder wurden besetzt.
In den 90er Jahren gab es eine Vielzahl von Kampagnen gegen genetisch veränderte Lebensmittel. Konzerne verändern nicht nur unser Essen, sondern sie zerstören auch traditionelle Agrarwirtschaften. Die indische Aktivistin Vandana Shiva nennt diesen Prozess »Biokolonialismus«. 200.000 Bauern haben 1993 in Indien gegen den Einfluss der multinationalen Konzerne auf die Landwirtschaft protestiert. Mittlerweile

hat sich eine weltweite Allianz von kritischen Bauern gebildet, die Via Campesina. Für Aufsehen sorgte vor allem der militante französische Bauer José Bové. Nachdem er ein McDonald's zertrümmert hatte, wurde sein Prozess von einem Solidaritätsfest begleitet, zu dem 60.000 Menschen in die französische Stadt Millau kamen.

Eine wichtige Etappe war auch die erfolgreiche Kampagne gegen das Multilaterale Abkommen über Investitionen (MAI). Das MAI war 1995 von der OECD geheim entwickelt worden und sollte die Kompetenzen gewählter Regierungen gegenüber multinationalen Konzernen vehement einschränken. Nachdem das bis dato geheime Dokument ins Internet gelangte, entwickelte sich eine wütende internationale Protestbewegung. Sie war in Frankreich so heftig, dass die französische Regierung sich gezwungen sah, ihre Zustimmung 1998 zurückzuziehen, was das Ende des MAI bedeutete.

Die amerikanische Wirtschaft boomte in den 90er Jahren. Der Hype der New Economy und die aufgeblähten Börsennotierungen ließen die Befürworter des Marktes ein neues Zeitalter unbegrenzten Wachstums ausrufen, mit dem Credo, dass Wachstum gut für die Armen sei. Die Realität war anders. Reich wurden die Soft- und Hardwareunternehmer des Silicon Valley. Für die meisten Amerikaner fiel der Reallohn.[6] Der hochgejubelte flexible Arbeitsmarkt Amerikas ging einher mit dem Verlust an Sicherheit und presste viele Menschen in McJobs. Und nicht wenige brauchen zwei bis drei dieser Jobs, um zurechtzukommen – working poor.

Die Stimmung in Teilen Amerikas kippte. Sowohl die dramatisch verschlechterten eigenen Lebensverhältnisse als auch die brutalen Arbeitsbedingungen in den Ländern der Dritten Welt katalysierten den Widerstand. Waren es doch dieselben Konzerne, die mit ihren Firmen-Logos Universitäten und Schulen zupflasterten, die auch durch die Sweatshops in den Entwicklungsländern maximale Profite erwirtschafteten.

Firmen wie Nike oder Disney ließen ihre Arbeiter in Indonesien oder anderen Diktaturen unter den Bedingungen der Lohnsklaven des 19. Jahrhunderts in schwer bewachten Fabriken arbeiten. Die zumeist jungen Arbeiterinnen verdienten so wenig, dass sie sich zu zehnt ein Zimmer teilen mussten, wo nicht mal für jede ein Bett vorhanden war. Zur Schichtarbeit kam nachts das Schichtschlafen. Es entstand die Anti-Sweatshop-Bewegung, die zum größten Grad an Aktivismus bei amerikanischen Studenten seit mehr als zwei Jahrzehnten führte.

Inmitten des Booms, als die Profite und die Gehälter der Manager sprudelten, erfuhr die amerikanische Arbeiterbewegung eine spektakuläre Wiederbelebung. Bei dem Paketzusteller UPS, einem der Vorzeigebetriebe der New Economy mit seinen flexiblen Arbeitsverhältnissen, streikten 1997 Festangestellte und Teilzeitbeschäftigte gemeinsam. Nach harten Auseinandersetzungen musste die Unternehmensleitung nachgeben und 10.000 prekäre Jobs in volle Stellen umwandeln und Lohnerhöhungen von 35 % hinnehmen. Große Teile der Bevölkerung sympathisierten, für Amerika untypisch, mit dem Streik. Wie UPS Vize-Präsident John W. Alden zugeben musste: »Wenn ich gewusst hätte, dass wir nicht nur für UPS, sondern für Teilzeit-Amerika verhandeln würden, wären wir die Sache anders angegangen.« Die nächsten Jahre markierten ein Revival von gewerkschaftlicher Aktivität in den USA. Dem erfolgreichen Arbeitskampf bei UPS folgten Auseinandersetzungen bei klassischen Konzernen der Old Economy wie General Motors oder Boeing, aber auch bei den Stars am Himmel der New Economy wie Verizon.

»Teamsters and Turtles ... Together At Last!«

Diese Aufschrift eines Schildes auf der Demonstration in Seattle symbolisiert den Charakter der Bewegung. Der amerikanische Gewerkschaftsdachverband AFL-CIO hatte 35.000 Arbeiter mobilisiert. Die Schildkröten sind das Sinnbild der Umweltschützer bei ihrem Protest gegen den Angriff der WTO auf Umweltstandards.

»Möchtet ihr heute irgendwo anders sein als hier, bei der ›Battle of Seattle‹? Wir sind gekommen, um dieses verrückte Handelssystem zu stoppen. Heute werden wir in die Geschichtsbücher einmarschieren.« In dieser Rede war sich nicht nur der Vorsitzende der Teamsters, der Transportarbeitergewerkschaft, des historischen Augenblicks bewusst; monatelang, teilweise schon jahrelang, hatten sich die unzähligen Gruppen, Organisationen und Allianzen auf diesen Tag vorbereitet. Durch direkte Aktionen und zivilen Ungehorsam konnten die DemonstrantInnen schon am ersten Tag die Eröffnungszeremonie verhindern. Die Delegierten waren in ihren Hotels gefangen, als Tausende von Menschen die Straßen blockierten. Bill Clinton konnte am Mittwochabend nicht zu den Delegierten sprechen und am Ende wurde die Konferenz ergebnislos abgebrochen. Man war sich einig: Die Globalisierungskritiker hatten die erste Runde gewonnen.

Ein Element, das die Bewegung in der Zukunft immer wieder heimsuchen sollte, wurde auch hier deutlich: Polizeibrutalität. In Robocop-Uniformen tauchten die Polizisten die Stadt in ein Meer von Tränengas, schlugen mit speziellen Knüppeln auf Hunderte von DemonstrantInnen ein und schossen mit Gummimunition. Seit dem zweiten Tag war Seattle im Ausnahmezustand.

UmweltschützerInnen, Dritte-Welt-AktivistInnen, GewerkschafterInnen, AnarchistInnen, SozialistInnen, ChristInnen und viele andere wollten gemeinsam die WTO blockieren.

Doch die Gewerkschaftsbosse des AFL-CIO hatten die Route ihrer Demonstration geändert. Für einen Sitz am grünen Tisch der WTO würden sie ihre Großdemonstration auf eine Route umleiten, die nicht am Convention-Center vorbeiführte. Es waren aber die eigenen Anhänger, die ihnen einen Strich durch die Rechnung machen sollten.

Die Direct-Action-Leute, in einen Bürgerkrieg mit den Robocops verwickelt, warteten vergeblich auf das Eintreffen der Großdemo. Doch die Nachricht von den Auseinandersetzungen verbreitete sich in der Gewerkschaftsdemo wie ein Lauffeuer. Es begann eine laute Debatte: »Wir gehen zur Konferenz, das hier ist kein ernst zu nehmender Protest«, schrie ein Kranführer. »Ich gehe diesen ›Turtle Kids‹ helfen«, meinte ein anderer.

Ein Teil der Gewerkschafter spaltete sich von der Hauptdemonstration ab und marschierte zum Convention-Center. Wie eine Augenzeugin berichtete: »Die Demonstranten in der gasschwadenverhangenen Innenstadt hörten den Zug kommen. Dann, in einem spannungsvollen Moment, trafen sich beide Gruppen. ›Einheit!‹ schrien die Gewerkschafter. ›Power!‹ antworteten die Studenten und Jugendlichen. ›Solidarität! Solidarität!‹ riefen beide zusammen. Im Zentrum von Seattle, zwischen den Türmen der Macht der großen Konzerne, standen Männer mit Cowboyhüten und schwarz vermummte 16-Jährige. Da waren Boeing-Arbeiter und Studenten mit Schildern, auf denen stand: Wir müssen weniger konsumieren. Da waren Postarbeiter und Leute mit Blumen in den Haaren.«

Der Widerspruch zwischen denjenigen, die für weniger Konsum plädierten, und den klassischen Forderungen nach höheren Löhnen trat bei der gemeinsamen Aktion in den Hintergrund.[7]

Was hier zufällig und spontan erscheint, hatte schon im Vorfeld einen organisierten Ausdruck bekommen. Bei den direk-

ten Aktionen spielte die Alliance for Sustainable Jobs and the Environment eine Schlüsselrolle. Die Alliance ist ein Bündnis aus radikalen Umweltschützern und Stahlarbeitern, deren Wurzeln im gemeinsamen Kampf gegen den Industriemagnaten Charles Hurwitz liegen. Er kontrolliert jene Konzerne, die sowohl für die Abholzung der kalifornischen Reedwood-Wälder als auch für die Aussperrung von mehreren tausend Stahlarbeitern verantwortlich sind.
Die Alliance – und nicht nur sie – hat aus ihrer konkreten Situation heraus einen allgemeinen Schluss gezogen: Es sind dieselben Konzerne, die die Umwelt gnadenlos zerstören *und* die Lebensbedingungen von Arbeitnehmern angreifen.

Die Globalisierung des Protests

Seattle war erst der Anfang. Keine internationale Konferenz der G8, der Institutionen des Neoliberalismus, IWF, WTO und Weltbank oder der regionalen Handelsblöcke wie EU oder der NAFTA, blieb seitdem von Protesten verschont.

In Genua erlebte Europa sein Seattle. Ein Bündnis aus über 700 verschiedenen Gruppen hatte sich 2001 im Genoa Social Forum (GSF) zusammengefunden. Während die Regierungschefs der G8 in der so genannten Roten Zone hermetisch abgeriegelt vom Rest der Welt tagten, diskutierte die Bewegung auf Hunderten von Veranstaltungen mit Rednern aus aller Welt über die Perspektiven einer anderen Gesellschaft. Das Selbstbewusstsein war hoch: »Ihr seid 8, wir 6 Milliarden«.
Schon im Vorfeld hatte die Regierung Berlusconi, an der auch die »Post-Faschisten« beteiligt sind, alles getan, um die Globalisierungskritiker als randalierende Chaoten darzustellen. Im für Waren grenzenlosen Europa wurden Tausende von AktivistInnen an den Grenzen festgehalten, die Innenstadt

von Genua glich einer Festung. Am ersten Tag der direkten Aktionen griff die Polizei mit umbarmherziger Härte durch, am zweiten Tag tötete ein Polizist den 23-jährigen Carlo Guilliani. Einen weiteren Tag später stürmten Polizisten eine Schule, in der AktivistInnen übernachteten, überraschten sie im Schlaf und knüppelten mehrere Personen, viele noch Schüler, blutig und bewusstlos. Die Medien und Politiker warfen der Bewegung und insbesondere dem so genannten Schwarzen Block vor, die eigentlichen Urheber der Gewalt zu sein. Im Nachhinein wurde öffentlich bekannt, dass italienische und britische Neonazis – von der Polizei geduldet – sich unter die DemonstrantInnen gemischt hatten und als Provokateure eingesetzt wurden.

Die Repression des Staates konnte die Bewegung nicht spalten. Mit 100.000 TeilnehmerInnen hatte man gerechnet. 300.000 kamen zur Großdemonstration; die Genueser Bevölkerung reichte bei sengender Hitze Wasser, versorgte Hungrige mit Essen, winkte von den Balkonen dem kilometerlangen Zug und ließ Blumen regnen.

Nach Seattle und Genua zeigten fast alle Umfragen die Sympathie weiter Teile der Bevölkerungen für die Anliegen der Bewegung. Umgekehrt wurden IWF, WTO und Weltbank in die größte Legitimitätskrise ihrer Geschichte gestürzt. Undemokratisch und kaum transparent sind sie die Symbole für die Globalisierung von oben, gegen die sich eine Bewegung von unten nun stellt. Die Bewegung ist so »transnational wie das Kapital«.

Eine Konsequenz: Die letzte Tagung der WTO fand in der bizarren Wüstendiktatur Katar statt, zum nächsten G8-Gipfel wollen sich die Regierungschefs in der Abgeschiedenheit der Rocky Mountains treffen.

Aufruhr in der Welt

Trotz des bisher ungebrochenen Aufstiegs der Bewegung ist es in den westlichen Staaten immer noch eine Minderheit der Bevölkerung, die in die Bewegung involviert ist. In Südamerika, Afrika oder Asien, dort wo die eiserne Ferse des IWF die Lebensgrundlage der Einwohner und die staatlichen Sozialsysteme zerquetscht, stehen Massenerhebungen wieder auf der Tagesordnung.

General- oder Massenstreiks fanden in den letzen Jahren – von den Mainstream-Medien kaum wahrgenommen – in Kolumbien, Ecuador, Bolivien, Honduras, Nigeria, Benin, auf dem indischen Subkontinent und in China statt.[8]

Als Bolivien im Januar 2000 durch Strukturanpassungsprogramme (SAP) gezwungen wurde, die Wasserversorgung zu privatisieren, war ein Großteil der Bevölkerung, die häufig mit weniger als 100 US-$ pro Monat auskommen muss, mit einer Preiserhöhung von 20 US-$ konfrontiert.

Die Bolivianer gingen auf die Straße, blockierten die Kreuzungen, marschierten auf Regierungsgebäude zu, umzingelten und besetzten Konzernzentralen und Universitätsgelände und forderten die Rücknahme der Privatisierungspläne.

Der Staat antwortete mit heftigen Repressionen und verwundete und tötete mehrere DemonstrantInnen. Im April 2000 musste die Regierung aber dem Druck nachgeben und gab bekannt, dass sie der transnationalen Bechtel Corp. die Rechte der Wasserversorgung entzieht. Oscar Oliviera, der Führer des Protestes, sagte anschließend: »Zum ersten Mal in der Geschichte Boliviens haben wir der Regierung unser ›Nein‹ mitgeteilt und haben sie gezwungen, ihre destruktiven Privatisierungspläne zurückzunehmen.«

Nicht alle diese Bewegungen sehen sich subjektiv als Teil der globalisierungskritischen Bewegung. Dennoch gehören sie zu einer weltweiten Aufruhr. Und erste Schritte zu einer Vernetzung beider Kämpfe finden verstärkt statt, zuletzt auf dem ersten Sozial-Forum im Nahen Osten in Beirut.

Der erste Aufstand im 21. Jahrhundert

Die Ursachen für die Massenrevolte in Argentinien liegen in den »Reformen« des IWF.[9] Schon seit 1999 hat es eine Reihe von eintägigen Generalstreiks und Besetzungen gegeben, die jetzt in einem spontanen Aufstand mündeten.
Argentinien ist kein Dritte-Welt-Land, es galt lange Zeit als »Kornkammer der Welt«. Obgleich wohlhabend, ist es ein Land der sozialen Widersprüche. Wie der Schriftsteller Mempo Giardinelli in der *Süddeutschen Zeitung* schreibt: »Einmal ist da die Verantwortungslosigkeit der herrschenden Klasse, der nicht mehr als zehn- bis zwanzigtausend Menschen angehören. Diese Klasse häuft einen enormen Reichtum an und verfügt über einen enorm hohen Prozentsatz des Bruttoinlands-Produkts, das bei fast 9000 US-$ pro Kopf liegt. Was jedoch einer Täuschung gleichkommt (...): Weniger als 10 % der Bevölkerung besitzt 80 % des Reichtums.« Derzeit gibt es in Argentinien über 14 Millionen Arme (etwa 45 % der Bevölkerung), von denen die Hälfte weniger als 60 US-$ im Monat zum Leben hat.
Kurz vor Weihnachten, am 19. Dezember 2001, begannen die Plünderungen. Präsident De la Rua rief den Ausnahmezustand aus; er ahnte nicht, dass ihn die Argentinier direkt beim Wort nehmen sollten. In den verschiedenen Stadtteilen von Buenos Aires ertönte ein metallisches Konzert der Empörung – das *cacerolazo*. Die Menschen zogen auf die Straße und hatten wie in der letzten Phase der Militärdiktatur ihre Kochtöpfe herausgeholt. Innerhalb weniger Stunden strömten sie zu einer großen Demonstration in der Innenstadt zusammen. Friedlich und fröhlich ging es zu, vor allem nachdem der

Rücktritt des verhassten Wirtschaftsministers Cavallo bekannt wurde. Für einen kurzen Augenblick hatten die Argentinier ihre Macht gespürt. In der Nacht griff die Bereitschaftspolizei die Demonstration mit Tränengas an. Jetzt war das eingetreten, was De la Rua verhindern wollte: Das Land war im Ausnahmezustand – auf der Flucht vor der Polizei zerstörten viele Demonstranten McDonald's-Filialen, Fensterscheiben von Banken und Telefonzellen.

Die Argentinier blieben auch am nächsten Tag auf der Straße. Die Kämpfe mit der Polizei eskalierten, sie setzte neben Gummimunition jetzt auch scharfe Geschosse ein und tötete insgesamt 28 Menschen. De la Rua musste noch am gleichen Tag zurücktreten.

Daraufhin schrieb die spanische Tageszeitung *El Pais*: »Es ist auch eine Niederlage für die größten Kapitalisten im Land, für die neoliberale Politik, die alle Regierungen der letzen zehn Jahre verfolgt haben, und für den IWF, der dabei geholfen hat.«

Es war der Beginn eines wahren Volksaufstandes. Es waren nicht nur die aufgrund der Wirtschaftskrise und Bankensperre verarmten Mittelschichten, sondern auch die *piqueteros* – die organisierten Arbeitslosen –, RentnerInnen, später auch die Bewohner der Arbeiterviertel und StudentInnen, die die Proteste trugen. Nach De la Rua wurden noch drei weitere Präsidenten innerhalb kürzester Zeit verschlissen. Erst mit der Ernennung von Eduard Duhalde am 1. Januar 2002 ist eine scheinbare Ruhe eingekehrt. Die Bewegung hat währenddessen begonnen, sich in Nachbarschaftskomitees oder Volksversammlungen zu organisieren. In den Stadtvierteln diskutieren sie darüber, wie sie selbst gegen die drängenden Probleme Arbeitslosigkeit, Hunger, den nahen Zusammenbruch des Gesundheitssystems und die steigenden Preise vorgehen können.[10] Gemeinsame Forderungen sind die Verstaatlichung der Banken, die Rücknahme der Privatisierungen und die Aussetzung der Schuldenzahlungen. Im März hat bereits die erste landesweite Konferenz der Volksversammlungen stattgefunden. Nach Umfragen sind 30 % der Bevölkerung aktiv an der Revolte beteiligt und 90 % sympathisieren mit ihr. Hier ist ein scharfer Kontrast zur Bewegung in der westlichen Welt: Es ist keine Minderheit, die auf der Straße ist, sondern die bisher umfassendste Bewegung gegen den Neoliberalismus.

Globale Opposition

Die Vorzeichen der Bewegung haben sich verändert. Anfangs einte sie die reine Ablehnung einer »von den Fesseln befreiten Ökonomie« (Pierre Bourdieu) und forderte »Menschen vor Profite«. Sie bietet aber auch eine neue Heimat für all jene, deren politische Wurzeln in den reformistischen Parteien liegen, die in den 90er Jahren einen substanziellen Mitgliederschwund zu verzeichnen hatten.

Seit dem ersten Weltsozialforum 2001 in Porto Alegre mit 12.000 AktivistInnen und dem diesjährigen Forum mit über 60.000 TeilnehmerInnen zeichnet sich die Bildung einer globalen Opposition ab, die über Alternativen zum derzeitigen globalen Kapitalismus diskutiert. Das neoliberale TINA-Denken hat seine Antithese in der Bewegung gefunden: »Eine andere Welt ist möglich!« Viele Fragen sind aber noch offen – auch unmittelbare.

Nach den Ereignissen des 11. Septembers ist die Bewegung nicht in der Bedeutungslosigkeit verschwunden, wie es häufig prognostiziert wurde. Doch stellt der »Krieg im Namen der Zivilisation« eine große Herausforderung für die Bewegung dar. Denn es ist noch nicht entschieden, ob sie ihn als barbarischstes Ergebnis der neoliberalen Globalisierung sieht und ihn genauso bekämpfen wird. Jede Bewegung kommt an den Punkt, an dem sie ihre Grundsätze klären muss, er rückt auch für diese näher.

Oliver Nachtwey, Jg. 1975, schreibt gerade seine Diplomarbeit in Volkswirtschaftslehre über Marx und Globalisierung und ist Mitglied der Linksruck-Bundesleitung. nachtwey@linksruck.de

1 Eine kleine Geschichte des Neoliberalismus hat Susan George verfasst. In Maria Mies' Buch »Globalisierung von unten« ist eine gekürzte Fassung abgedruckt, die (englische) Langfassung findet sich im Internet unter www.tni.org/george; eine kritische Diskussion findet sich in Harman: »Antikapitalismus: Theorie und Praxis«.

2 Interessanterweise betraf eines der ersten Strukturanpassungsprogramme des IWF ein westliches Industrieland.

3 Normalerweise verlangt der Neoliberalismus Steuersenkungen. Diese finden in der Praxis vor allem für die Unternehmen und die oberen Einkommensgruppen statt. Um die Einnahmeverluste auszugleichen, bedient sich der Staat der unteren Einkommensschichten – meist über verschiedene Verbrauchssteuern.

4 Ausführlichere Überblicke liefern: Maria Mies, Naomi Klein und Emma Bircham/John Charlton.

5 Die Zapatisten sind hier stellvertretend für die verschiedenen sozialen Bewegungen genannt, die sich hinsichtlich Tradition, Zielen und Organisationsform mitunter stark unterscheiden können.

6 Der Reallohn fiel vor allem für die »manual workers«. Zum Dienstleistungssektor werden jedoch sowohl das Putzpersonal als auch die Broker einer Investmentbank gezählt. Deshalb sind hier die Zahlen auf den ersten Blick manchmal nicht eindeutig.

7 D. h. aber noch nicht, dass diese Widersprüche in der Bewegung grundsätzlich geklärt sind. Es gibt noch eine Reihe ungeklärter Fragen, wie etwa die Diskussion um die Verankerung von Arbeitsstandards in der WTO. Diese können aber nicht im Rahmen dieses Aufsatzes diskutiert werden. Eine Einführung bietet Jim O'Connor.

8 Eine detailierte Analyse über die Kämpfe auf der ganzen Welt findet sich in Emma Bircham/John Charlton.

9 Eine ausführlichere Analyse der Verschuldung Argentiniens bietet Ann Pettifors Aufsatz in diesem Buch. Die Geschichte und die Revolte wird ausführlich behandelt in *Le Monde Diplomatique*, Februar 2002 und *Sand im Getriebe*, 25. März 2002. Lesenswert ist auch der Auf-

satz von Chris Harman im *International Socialism Journal*, Spring 2002.

10 Zu dem Zeitpunkt, als dieser Artikel geschrieben wurde, lag die offizielle Arbeitslosenquote bei 22 % und die Preise waren um 30 % gestiegen.

Literatur

Attac Deutschland (Hg.) (2002): Eine andere Welt ist möglich, Hamburg
Becher, J. und T. Costello, B. Smith (2000): Globalisation from below, Cambride Mass.
Bircham, E. und J. Charlton (Hg.) (2001): Anti-Capitalism – A Guide to the Movement, London
Bourdieu, P. (1998): Gegenfeuer – Wortmeldungen im Dienste gegen die neoliberale Invasion, Konstanz
Callinicos, A. (2001): Against the Third Way, Cambridge
Cockburn, A. und J. St. Clair, A. Secula (2000): Five Days That Shook The World, London
Danaher, K. und R. Burbach (Hg.) (2000): Globalize This!, Monroe/Main
Harman, Ch. (2001): Antikapitalismus – Theorie und Praxis, Frankfurt a. M.
Klein, N. (2001): No Logo, München
Mander, J. und E. Goldsmith (2002): Schwarzbuch Globalisierung, München
Mies, M. (2001): Globalisierung von unten, Hamburg
O'Connor, J. (2000): Die Konferenz von Seattle und die Anti-WTO-Bewegung, in: PROKLA, H. 118, S. 157–170
Panitch, L. und C. Ley (Hg.) (2001): Socialist Register 2002, London
Schmidt, G. (1996): Der Indio-Aufstand in Chiapas, München Thomas, J. (2000): The Battle in Seattle, Golden Colorado

Chronologie der globalisierungskritischen Demonstrationen

Ort	Datum	Aktion (Anlass)	Anzahl
1999			
Seattle, USA	Dezember	Demonstration (WTO)	70.000
Nigeria	Dezember	Streik (Deregulierung der Ölpreise)	5.000
Argentinien	Dezember	Demonstrationswelle (SAP[1])	Zehntausende
2000			
Cochamba, Bolivien	Januar	Demonstration (Wasserprivatisierung)	Zehntausende
Quito, Ecuador	Januar	Marsch von Indianern (IWF-›Reformen‹)	40.000
Quito, Ecuador	Januar	Demonstration (IWF-›Reformen‹)	10.000
Washington D.C., USA	April	IWF/Weltbank-Treffen	30.000
San José, Costa Rica	April	Demonstration (SAP)	10.000
Honduras	Mai	Streik der Beschäftigten der Krankenhäuser	8.000
Windsor, Canada	Mai	Demonstration (IWF)	5.000
Argentinien	Mai	Demonstration (IWF)	80.000
Argentinien	Juni	Generalstreik (SAP)	7.200.000
Ecuador	Juni	Generalstreik (SAP)	Zehntausende
Millau, Frankreich	Juni	Demonstration (Freiheit für José Bové)	60.000
Nigeria	Juni	Generalstreik (SAP)	unbekannt

Ort	Datum	Aktion (Anlass)	Anzahl
Philadelphia, USA	Juni	Demonstration (Parteitag der Republikaner)	20.000
Okinawa, Japan	Juli	Demonstration (IWF/Weltbank)	5.000
Los Angeles, USA	Juli	Demonstration (Parteitag Demokraten)	20.000
Sao Paulo, Brasilien	September	Demonstration (SAP)	100.000
Melbourne, Australien	September	Demonstration (IWF/Weltbank)	5.000
Prag, Tschechien	September	Demonstration (IWF)	20.000
Nizza, Frankreich	Dezember	Konferenz	100.000
2001			
Quebec, Kanada	April	Demonstration (FTAA)	80.000
Göteborg, Schweden	Juni	Demonstration (EU-Gipfel)	Zehntausende
Genua, Italien	Juli	Demonstration (G8)	300.000
Berlin	Oktober	Demonstration (Krieg)	30.000
London, Großbritannien	November	Demonstration (Krieg)	100.000
Rom, Italien	November	Demonstration (WTO und Krieg)	130.000
Beirut, Libanon	November	1. Sozialforum im Nahen Osten	unbekannt
Brüssel, Belgien	Dezember	Demonstration (EU-Gipfel)	100.000
Argentinien	Dezember	Aufruhr gegen Regierung und IWF	Millionen
2002			
Porto Alegre, Brasilien	Januar	2. Weltsozialforum	50.000

Ort	Datum	Aktion (Anlass)	Anzahl
Seoul, Südkorea	Februar	Demonstration (Privatisierungen/ Bush-Besuch)	Zehntausende
Barcelona, Spanien	März	Demonstration (Krieg und Privatisierung)	500.000
Rom, Italien	März	Demonstration (Berlusconi)	3 Mill.
Italien	April	Generalstreik	13 Mill.
Marokko	April	Demonstrationen (Israels Besatzung Palästinas)	1,5 Mill.
Ägypten	April	Demonstationen (Israels Besatzung Palästinas)	Hunderttausende
Washington D.C., USA	April	Demonstration (Krieg)	Zehntausende
Berlin	Mai	Demonstration (Bush-Besuch)	100.000

1 Unter SAP sind hier die verschiedenen Formen von Strukturanpassungsprogrammen gefasst. Dies ist nur eine Auswahl aus Tausenden Demonstrationen und Protesten, die seit Seattle stattgefunden haben.

Globalisierung – hinter den Kulissen

Die Globalisierung der Konzerne

Susan George

Transnationale Unternehmen

Das internationale Wirtschafts- und Finanzsystem wird von transnationalen Industrie- und Finanzunternehmen (TNU) beherrscht, deren einfaches, wenn auch nicht schriftlich fixiertes Programm auf drei Forderungen beruht:

- Freiheit der Investition
- Freiheit des Kapitalverkehrs
- Freiheit des Handels mit sämtlichen Gütern und Dienstleistungen, einschließlich lebender Organismen und geistigen Eigentums

Ihr oberstes Ziel ist die Freiheit, produzieren, vertreiben und investieren zu können, was sie wollen, wo sie wollen und so lange sie wollen, sowie Kapital, Personal und Güter nach eigenem Ermessen bewegen zu können. Zu den Untergruppen dieser grundsätzlichen Freiheiten gehört die massive Privatisierung staatlicher Betriebe und öffentlicher Versorgungseinrichtungen. Nichts soll a priori vom Markt ausgeschlossen sein, weder Gesundheits- und Bildungswesen noch menschliche Organe, genetisches Material, Lebensmittel, Saatgut, Wasser, Luft oder Wälder und auch nicht Kunst, Musik oder Sport.
Die transnationalen Unternehmen stehen für gewöhnlich über dem Gesetz, auch wenn sie Menschen und Umwelt nachhaltig schädigen. Man denke nur an Union Carbide in Bhopal, an das Vorgehen von Shell gegen die Ogoni in Nigeria oder die Ölpest vor der bretonischen Küste, die auf die

Verantwortungslosigkeit von Total-Fina zurückzuführen war. Diese Unternehmen fordern die Deregulierung und die strikte Eingrenzung staatlicher Eingriffe, außer wenn es sich um die im Begriff *corporate welfare* zusammengefassten Maßnahmen wie z.B. Steuervergünstigungen für Konzerne oder staatliche Unterstützung für ihre Forschung handelt; diese sollen selbstverständlich beibehalten werden – Sozialleistungen an den Bürger jedoch nicht. Nach Ansicht dieser Unternehmen sind Steuern immer schlecht, ausgenommen davon sind Steuern, die die Verbraucher, Angestellten oder Lohnempfänger selbst zahlen.

Die TNU messen ihren Erfolg an Profitraten und dem *shareholder value*, womit der Marktwert des Aktienkapitals eines Unternehmens gemeint ist. Einige Firmen kaufen sogar ihr eigenes Aktienkapital auf, um den Marktpreis steigen zu lassen. Kosteneinsparungen, besonders durch massive Entlassungen, sind eine weitere Methode dieser am Aktienkurs orientierten Gewinnmaximierung. Loyalität den Angestellten oder der Gemeinde des Firmenstandorts gegenüber gehören der Vergangenheit an.

Die Vereinten Nationen (UN) behaupten, es gebe zurzeit etwa 60.000 TNU mit einer halben Million Tochtergesellschaften. Von den 100 größten Wirtschaftseinheiten der Welt sind 51 Unternehmen, nur 49 sind Staaten. General Motors oder General Electric sind bedeutend größer als Saudi-Arabien oder Polen. Die 200 Top-Firmen sind für etwa ein Viertel aller gemessenen wirtschaftlichen Aktivitäten in der Welt bzw. des Bruttoweltprodukts verantwortlich.

Alles in allem beschäftigen die von den Vereinten Nationen gezählten 60.000 TNU etwa 60 Millionen Personen. Nehmen wir großzügig an, dass jeder dieser Arbeitsplätze irgendwo in der Wirtschaft zwei weitere Arbeitsplätze schafft, dann kommen wir immer noch auf nur 180 Millionen Beschäftigte durch die transnationalen Unternehmen. Damit liegt ihr An-

teil deutlich unter 10 % der gesamten Arbeitskräfte auf der Welt. In den 90er Jahren steigerten die 100 Top-TNU innerhalb von fünf Jahren ihren Umsatz um 20 %, während sie die Zahl ihrer Beschäftigten leicht reduzierten.
Die TNU beschäftigen also im Vergleich zu ihrer Größe relativ wenig Personen. Auch investieren sie sehr viel weniger in echte ökonomische Aktivitäten, als die meisten Leute annehmen. In den vergangenen fünf Jahren waren mehr als Dreiviertel von dem, was in den Medien und von der UN als »ausländische Direktinvestitionen« bezeichnet wird, in Wirklichkeit grenzüberschreitende Fusionen und Käufe. Die TNU sind ständig auf der Suche nach größeren Marktanteilen; und das können sie leichter durch Aufkäufe als durch Firmenneugründungen erreichen.
1995 verfügten Banken, Versicherungsgesellschaften, Pensionsfonds und institutionelle Investoren über ein Geldvolumen von 28 Billionen US-$, ein Betrag, der sich heute wohl verdoppelt haben dürfte. Wie die Bank für Internationalen Zahlungsausgleich feststellt, werden die Manager dieses Geldes regelmäßig vom Herdentrieb erfasst und verkaufen sofort ihre Wertpapiere, sobald sie ungünstige Anzeichen wahrnehmen, und zwar besonders auf den instabilen so genannten ›aufstrebenden Märkten‹. Wie die Bank für Internationalen Zahlungsausgleich weiter erklärt, entspricht eine Schwankung von nur 1 % im Wertpapierbestand dieser Giganten mehr als einem Viertel des gesamten Börsenkapitals aller aufstrebenden Märkte in Asien bzw. zwei Dritteln des Wertes aller lateinamerikanischen Aktienmärkte.[1]
Daher war es nicht im Geringsten überraschend, dass Länder wie Thailand, Korea, Indonesien oder Brasilien von plötzlichen Finanzkrisen heimgesucht wurden. Bei der Größe des Volumens und der Unbeständigkeit der Kapitalmittel, die im Streben nach Profit um die Welt fließen, besteht das Wunder vielmehr darin, dass diese Krisen nicht häufiger vorkommen.

Profit ist nicht gleich Profit: Das Weltwirtschaftsforum – der Gipfel in Davos – veröffentlichte einen jährlichen Konkurrenzfähigkeits-Index, auf dem z. B. Deutschland und Frankreich relativ weit unten rangieren. Und warum? Weil in diesen Ländern die durchschnittliche Rendite für Firmenkapital bei ›nur‹ 12 % liegt. Wohingegen Pensionsfonds und andere institutionelle Investoren eine Rendite von mindestens 15 % einfordern, mancherorts erreichen sie sogar 23 %. Wenn Kapital in dieser Weise belohnt wird, dann wird man nicht gerade eine Riesensumme zur Entlohnung der Arbeit erübrigen. Und in der Tat mussten die Arbeiter erleben, dass ihr Stück vom Kuchen während der vergangenen 20 Jahre immer kleiner wurde.

Wir leben in einer Zeit der von Unternehmen geführten, von Konzernen diktierten Globalisierung. Obgleich die TNU ihr politisches Programm bisher noch nicht vollständig durchsetzen konnten, sind sie Experten im Gebrauch offizieller und inoffizieller Instrumentarien zur Erlangung der drei eingangs erwähnten grundsätzlichen Forderungen: Freiheit der Investition, Freiheit des Kapitalverkehrs sowie Freiheit des Handels mit Gütern und Dienstleistungen. Sie sind ein ganzes Stück vorangekommen.

Interessenverbände der Konzerne

Die transnationalen Unternehmen sind von Natur aus an einer größtmöglichen Freiheit des Handels interessiert, da ein Drittel des Welthandels zwischen Niederlassungen derselben Firmen abgewickelt wird (so ›handelt‹ z. B. IBM mit IBM, Ford mit Ford usw.); ein weiteres Drittel nimmt der Handel zwischen Niederlassungen verschiedener TNU ein (Ford handelt z. B. mit IBM). Von Anfang an haben die Unternehmen die Agenda der WTO bestimmt, wie David Hartridge,

Direktor der WTO Services Division, erklärte: »... ohne den enormen Druck des amerikanischen Finanzdienstleistungssektors, vor allem von Unternehmen wie American Express und CitiCorp, hätte es kein Dienstleistungsabkommen gegeben, und von daher wahrscheinlich auch keine Uruguay-Runde und keine WTO.«[2]

Ich möchte nun kurz einige der inoffiziellen Einrichtungen erwähnen, eine Anzahl höchst effektiver Lobbygruppen, mit deren Hilfe die TNU Meinungsmacher und Regierungen beeinflussen. Die meisten haben, wenn sie an transnationale Interessenverbände denken, prominente Foren vor Augen wie das in Davos. Tatsächlich aber sind die wichtigsten Organisationen sehr viel diskreter. Zu ihnen gehören:

- Der aus den Vorstandsvorsitzenden von 47 der größten europäischen TNU bestehende Europäische Runde Tisch der Unternehmer (ERT). Der ERT arbeitet eng mit der Europäischen Kommission und einzelnen Staatsoberhäuptern zusammen. Er hat praktisch einige der wichtigsten Weißbücher der Kommission geschrieben und verantwortet weitestgehend das Transeuropäische Netz (TEN).[3]
- Der TransAtlantic Business Dialogue (TABD), der sich aus geschäftsführenden Direktoren aus Nordamerika und Europa zusammensetzt. Der TABD hält regelmäßige Konferenzen mit Spitzenpolitikern und Direktoren internationaler Vertretungen ab. Er beeinflusst in entscheidendem Maß internationale Handelsgespräche und unterhält ständige Arbeitsgruppen zu einer Reihe von Themen, wozu auch die Festlegung von Normen für Güter und Dienstleitungen gehört, damit Produkte auf allen Märkten frei verkauft werden können.
- Die US Coalition of Service Industries (USCSI) koordi-

niert eine große Anzahl regionaler Dienstleistungsfirmen. Sie arbeitet in Hinsicht auf die WTO eng mit dem Handels-Sonderbeauftragten der US-Regierung zusammen.

- Der US Council for International Business trat insbesondere bei dem Versuch in Erscheinung, das Multilaterale Abkommen über Investitionen (MAI) einzuführen.

Was WTO-Verhandlungen betrifft, haben sowohl die US-Regierung als auch die Europäische Kommission TNU-Beratungsgruppen eingerichtet, die ihnen die entsprechenden Vorgaben machen sollen. Der Handels-Sonderbeauftragte hat über zwei Dutzend nach Branchen geordnete Komitees eingerichtet, in denen über 800 Personen aus transnationalen Unternehmen vertreten sind. Als US-Umweltgruppen gegen die Regierung klagten, weil sie nicht im Komitee für Holz- und Papierprodukte vertreten waren, entschied ein Bundesrichter zu ihren Gunsten. Anstatt nun die Umweltschützer einzubeziehen, legte die US-Regierung lieber Berufung gegen dieses Urteil ein. Die Europäische Kommission gründete das European Services Forum unter dem Vorsitz des Präsidenten der Barclays Bank und forderte es vor kurzem auf, die vielversprechendsten Märkte sowie etwaige Handelsschranken auf den Gebieten »Erziehung, Umwelt, Gesundheit und Soziales sowie audiovisuelle Dienste« zu benennen.[4]

Keine andere Gruppe der Zivilgesellschaft hat auch nur annähernd einen solchen Zugang zu politischen Entscheidungsträgern wie die transnationalen Unternehmen.

Nach dieser Blitzreise durch die Weltwirtschaft hat man vielleicht den Eindruck, dass die Akteure, also die transnationalen Industrie- und Finanzunternehmen mit ihren jeweiligen Lobbys, die Weltbank, der IWF und die WTO einfach zu mächtig sind, als dass man gegen sie angehen oder sie gar verändern könnte. Vielleicht stimmt es ja, dass konzernbestimmte Globalisierung unvermeidlich ist und wir einfach lernen müssen, damit zu leben. Konservative amerikanische Stiftungen and Expertenkommissionen haben in den letzten 20 Jahren Hunderte Millionen US-$ dafür ausgegeben, uns davon zu überzeugen, dass Widerstand zwecklos ist und dass das System auf jeden Fall gut für uns ist. Am Ende sind wir davon überzeugt, dass jeder von der Globalisierung profitieren wird, dass niemand ausgeschlossen wird und dass wir uns folglich keine Sorgen zu machen brauchen.

Den Rest meiner Ausführungen möchte ich darauf verwenden zu zeigen, dass das Unsinn ist. Erstens sind die ideologischen Argumente des Washington-Konsens und der transnationalen Unternehmen falsch. Zweitens ist die konzernbestimmte, neoliberale Globalisierung keine Naturgewalt wie etwa die Schwerkraft. Was die einen gebaut haben – und es handelt sich hier um ein Gebäude –, können andere wieder einreißen und durch ein besseres und gerechteres Regelwerk ersetzen. Drittens und nicht zuletzt wurden auf diesem Gebiet schon entscheidende Siege erzielt. Wie die meisten Siege waren es Teilsiege und sind vielleicht instabil, aber nichtsdestoweniger sind sie ein Zeichen dafür, dass die Zeiten sich ändern. Die Konzerne, wie mächtig sie auch sein mögen, bekommen es mit der Angst zu tun. Der Beweis dafür ist, dass sie eine Krisensitzung nach der anderen abhalten und pausenlos ihre PR-Firmen zu Rate ziehen, wie man wohl die sozialen Bewegungen in Misskredit bringen könne, wie man ihnen den Geldhahn zudrehen oder aber wie man sie integrieren könne.

Die Ideologie des Neoliberalismus herausfordern

Die Konzerne behaupten, ihre Art der Globalisierung sei für jedermann gut. Ich habe schon erklärt, dass diese Unternehmen weder beschäftigungs- noch umweltfreundlich sind und dass sie nur am *shareholder value* interessiert sind. Also ist es auch nicht überraschend, dass die neoliberale Form der Globalisierung keineswegs für alle gut ist. Seit den frühen 90er Jahren sind die Unternehmensgewinne um durchschnittlich 108 % gestiegen, der Aktienindex von Standard & Poor ist um 224 % und die pauschale Vergütung von Firmenchefs um satte 481 % angewachsen. Im selben Zeitraum hat sich der durchschnittliche Jahreslohn für Arbeiter aber nur um 28 % verbessert und lag damit knapp über dem Inflationsausgleich. Wenn Arbeiter ähnlich ihrer Chefs entlohnt würden, dann hätten sie durchschnittlich ein Jahreseinkommen von 110.000 US-$ statt 23.000 US-$. Der Mindeststundenlohn in den USA betrüge nicht 5,15 US-$, sondern 22 US-$. Ein Arbeiter in den USA, der 40 Stunden pro Woche, 52 Wochen pro Jahr zum Mindestlohn arbeitet, verfügt über nur 10.700 US-$ pro Jahr. Dieser Betrag liegt dabei 40 % unter der offiziellen Armutsgrenze für eine vierköpfige Familie.

Des Weiteren zeigen Studien der UNCTAD und der UN-Universität, dass die Ungleichheiten in den meisten Ländern unerbittlich zunehmen, sei es in China, Russland, Lateinamerika oder im Westen. 85 % der Weltbevölkerung leben in Ländern, in denen die Ungleichheiten sich nicht vermindern, sondern wachsen. Diese Situation verschlimmert sich durch die Verschuldung der Dritten Welt, die ständig weiter steigt und eine unerträgliche Last darstellt.

Wenn wir uns die Ungleichheiten auf globaler Ebene anschauen, so betrug der Unterschied zwischen den reichsten und den ärmsten 20 % der Weltbevölkerung am Ende des Zweiten Weltkriegs 30:1, Anfang der 70er Jahre lag er bei 60:1, heute schon bei 82:1 und er wird größer. Der Wirtschaftswissenschaftler Robin Hahnel weist darauf hin, dass von der unmittelbaren Nachkriegszeit bis zu den frühen 70er Jahren – eine Zeit, in der die Kontrolle des Kapitals, die Einschränkung der Auslandsinvestitionen und unterschiedliche Ent-

wicklungsmodelle favorisiert wurden – die Wachstumsraten des Bruttoinlandsprodukts pro Kopf etwa doppelt so hoch waren wie in der jüngeren, neoliberalen und von den TNU beherrschten Zeit, die gegen Ende der 70er Jahre begann.[5]
In jeder beliebigen Gesellschaft nützt die Globalisierung hauptsächlich den obersten 20 % und je höher sie auf der sozialen Skala rangieren, desto mehr profitieren sie davon. Je niedriger sie dagegen einzustufen sind, desto mehr verlieren sie noch von dem wenigen, was sie haben. Die Politik der TNU und ihrer Verbündeten, IWF, Weltbank und die Welthandelsorganisation, ist Wasser auf die Mühlen der Ungleichheit.

Soziale Bewegungen

Die neoliberale, von Unternehmen diktierte Globalisierung ist nicht unvermeidlich, obwohl die Interessenverbände, die ideologische Konditionierung und der Konsens der Konzerne dies oft so erscheinen lassen. Die Globalisierung, so wie wir sie kennen, wurde besonders seit dem Fall der Berliner Mauer in Gang gesetzt, bevor die meisten überhaupt begriffen, was vor sich ging.
Die Dritte Welt wurde weitestgehend zum Schweigen gebracht, denn sie ist verschuldet und von IWF, Weltbank und dem Wohlwollen des Nordens abhängig. Die Führungsschichten des Südens wurden zum großen Teil kooptiert. Was die Führungsschichten und die Regierungen des Nordens betrifft, erfreuen sie sich bis auf wenige Ausnahmen am Status quo – die Führungsschichten, weil sie sich auf noch nie da gewesene Art und Weise bereichern, und die Regierungen, weil sie hauptsächlich dem Konsens der Konzerne folgen und die Unterhöhlung ihrer Macht stillschweigend zu dulden scheinen. Der so genannte »Dritte Weg« ist eine Sackgasse. Wer

bleibt da noch? Wer könnte den jetzigen Kurs der Globalisierung ändern? Ist es nicht eine Illusion zu glauben, dass das möglich ist?
Die Antwort – und zwar die einzige Antwort – liegt in der Bürgerbewegung, auch soziale Bewegungen, Nichtregierungsorganisationen (NGOs) oder Zivilgesellschaft genannt, die eine schwierige, aber nicht unlösbare Aufgabe hat. An dieser Stelle muss man sich unbedingt die bereits erzielten Erfolge ins Gedächtnis rufen.

Bisherige Erfolge

Eine der zuvor von mir erwähnten drei Freiheiten, die von den TNU gefordert werden, ist die Freiheit der Investition. Zwischen 1995 und 1998 versuchten die TNU, ein Multilaterales Abkommen über Investitionen (MAI) durchzusetzen. Dieses Abkommen hätte ihnen die totale Kontrolle über diesen äußerst wichtigen Bereich verschafft, wobei es ihnen freigestanden hätte, Regierungen auf direktem Wege gerichtlich zu belangen, wenn diese mit irgendeiner Verordnung oder einem Gesetz die erwarteten Profite beeinträchtigt hätten. Trotz aller Geheimhaltung – das MAI wurde hinter verschlossenen Türen bei der OECD ausgehandelt – erfuhren die Bürger von diesem skandalösen Abkommen und konnten ihre Regierungen dazu zwingen, es fallen zu lassen.
Einige Firmen, die versuchten, dem Verbraucher genetisch veränderte Produkte aufzuzwingen, mussten erkennen, dass die Basisdemokratie noch nicht tot ist. So ist z. B. Monsantos landwirtschaftliche Abteilung heute etwa null Dollar wert. Shell sorgte wegen seiner Bohrinseln und dem umfassenden Katalog von Umwelt- und Menschenrechtsvergehen in Nigeria für Negativ-Schlagzeilen. In Frankreich erklärte die Firma Total-Fina nach der verheerenden Ölpest durch den Tanker

»Erika«, dass sie sich ordnungsgemäß verhalten habe und nicht dafür verantwortlich sei. Nur wenige Tage später versprach die Firma aufgrund des öffentlichen Drucks, sie werde sich mit ein paar hundert Millionen Francs an der Schadensregulierung beteiligen.

Und muss ich an den Kampf von Seattle und an die April-Demonstrationen in Washington gegen die Weltbank und den IWF erinnern? Diese unübersehbaren Ereignisse sind nicht einfach so passiert – sie waren vielmehr das Ergebnis vieler Jahre geduldiger Organisationsarbeit in Gruppen auf der ganzen Welt.

Diese Bewegung ist international und steht auf breiter Basis. Die verschiedenen nationalen Gruppierungen, aus der die Bürgerbewegung besteht, sind Arbeiter und Gewerkschaften, Kleinbauern und ihre Organisationen, Verbraucher, Umweltschützer, Studenten, Frauen, Arbeitslose, indigene Bevölkerungsgruppen und Anhänger von Religionen. Es sind auch einige Wissenschaftler, Techniker und andere Intellektuelle dabei, aber lange nicht genug. Diese Menschen haben ganz unterschiedliche Hintergründe, sie haben sich von ganz verschiedenen Ausgangspunkten auf diese Reise gemacht und die meisten von ihnen kannten sich vor fünf Jahren noch nicht einmal. Und dennoch – trotz aller kulturellen und organisatorischen Schwierigkeiten – sind sie zu einer gemeinsamen Einschätzung gekommen und sind dabei, gemeinsame Plattformen und Strategien zu erarbeiten. Sie sind die Gegenreaktion auf die konzernbestimmte Globalisierung und sie werden nicht weichen. Hier sind, in Kurzform, einige der Forderungen, die sie stellen:

- *Wir brauchen fairen Handel, nicht freien Handel.* Wie jedes andere System braucht auch das Welthandelssystem Regeln, aber nicht die derzeit geltenden Regeln der WTO. Bildung, Gesundheit, Kultur und Umwelt dürfen nicht als Waren behandelt werden und Lebensmittelsicherheit sollte Priorität gegenüber dem landwirtschaftlichen Handel haben. Der WTO-Schlichtungsmechanismus – sein Schiedsgericht – sollte internationalem Recht wie Menschenrechten, multilateralen Umweltabkommen und den wichtigsten Übereinkünften der Internationalen Arbeitsorganisation (ILO) untergeordnet sein. Dieses Organ hat schon viel zu viel Macht und ihm sollte keine weitere zugestanden werden.

- *Wir müssen internationales Kapital besteuern.* Täglich werden allein auf den Devisenmärkten 1,5 Billionen US-$ umgesetzt und ein großer Teil davon ist rein spekulativ und hat mit der realen Wirtschaft nichts zu tun. Auf Devisen sollte eine Tobin-Steuer – eine sehr geringe Belastung – erhoben werden. Man könnte ebenfalls weltweit eine Steuer auf Fusionen, Ankäufe und Umsätze der TNU erheben. Das Geld sollte für die Benachteiligten auf der ganzen Welt verwendet werden, um die Armut abzuschaffen und zumindest allmählich das Nord-Süd-Gefälle abzubauen.
- *Wir müssen die Steuerparadiese abschaffen.* Kriminelle Wirtschaft floriert z. T. auch deswegen, weil rechtmäßige Regierungen Geldwäsche und Wirtschaftsverbrechen tolerieren. Und da wir gerade beim Thema sind: Warum nicht auch die Billigflaggen abschaffen?
- *Wir brauchen Gesetze zum Schutz der Umwelt*, angefangen bei vorbeugenden Maßnahmen. Bedürftigen müssen materielle Anreize gewährt werden, damit sie ihre Umwelt schonen. Kredite der Weltbank an ökologisch destruktive Projekte müssen unterbunden werden.
- *Wir müssen die Unternehmen sowohl finanziell als auch rechtlich für all ihre Handlungen verantwortlich ma-*

chen, d. h. auch für die Handlungen ihrer sämtlichen Tochterunternehmen. Kein Bhopal mehr, keine Ölverschmutzungen mehr.

- Und selbstverständlich *müssen wir die Schulden der Dritten Welt streichen,* sonst verdammen wir unzählige Millionen von Menschen zu ständigem Elend und Tod.

Das ist nur ein Anfang. Sicherlich brauchen wir eine größere Vielfalt und mehr Verantwortlichkeit auf lokaler Ebene, demokratischere Regierungen in den einzelnen Ländern, mehr Kontrolle über die transnationalen Unternehmen. Aber bisher haben wir noch keine Entwürfe, nur ein paar Leitlinien. Ehrlich gesagt, waren wir einfach zu beschäftigt damit, das Allernötigste zu tun. Ich bin mir auch nicht sicher, ob eine »globale Kontrolle« sinnvoll ist. Aber ich bin mir sicher, dass es nicht eine einzige Weltregierung geben soll. Wir sollten lieber auf Subsidiarität aus sein, ein komplizierter Begriff, um auszudrücken, dass Entscheidungen so nahe wie möglich an den Menschen getroffen werden sollten, die nachher mit diesen Entscheidungen leben müssen. Verschiedene Schichten von Kontrolle sind möglich und wünschenswert.
Ich spreche mich hier auch für eine vielgestaltige Bürgerbewegung aus und sehe keinen Grund, warum wir nicht gewinnen sollten. Der Konsens der Konzerne ist nicht einmal ökonomisch effizient. Sie mögen das Geld haben, sie mögen im Augenblick die größte Macht besitzen, aber ihr Vorgehen ist mit Sicherheit ökologisch unhaltbar, kulturell einseitig, sozial polarisierend, finanziell destabilisierend und demokratisch inakzeptabel. Wir dagegen sind zahlenmäßig überlegen, wir haben hervorragende Ideen und wir organisieren uns langsam auf nationaler und internationaler Ebene. Und was noch besser ist: Wir stehen auf der richtigen Seite des Kampfes, denn wir kämpfen für Würde, Anstand und Demokratie. Ich hoffe, ihr schließt euch uns an.

Susan George, Jg. 1934, ist Co-Direktorin des Transnational Institute in Amsterdam. Außerdem ist sie Vizepräsidentin von Attac Frankreich und Autorin von zahlreichen Büchern. www.tni.org/george

Eine Version dieses Artikels mit dem Titel »Confronting and Transforming the International Economic and Financial System: A Succinct User's Guide« wurde ursprünglich als Rede vor dem International Network of Engineers and Scientists for Global Responsibility (INES) am 14. Juni 2000 in Stockholm gehalten. Dies ist eine gekürzte Version.

1 Bank für Internationalen Zahlungsausgleich, 68. Jahresbericht (Basel, 8. Juni 1998), Kap. 5 und S. 90.
2 David Hartridge, Director of Trade in der Services Division der WTO, ›What the General Agreement on Trade in Services (GATS) Can Do‹, Clifford Chance Conference über ›Opening Markets for Banking Worldwide‹, www.1999.cliffordchance.com/library/publications/wto/section3.
3 Siehe Corporate European Observatory (CEO), Europe, Inc, Pluto Press 1999.
4 Robert Madelin, DGI, Direktorat M, an Andrew Buxton, Präsident des European Services Forum, 24. Januar 2000.
5 Hahnel nennt ausführliche Zahlen in seinem Kommentar vom 8. April 2000 für das ZNet network (einen Abonnentendienst). Nur Asien wies im zweiten Zeitraum im Vergleich zum ersten ein etwas schnelleres Wachstum auf. Dieses Wachstum ging nach der Krise von 1997–98 drastisch zurück.

Globalisierte Finanzmärkte

Jörg Huffschmid

Finanzmärkte werden in der Öffentlichkeit als ausführende Organe jener Gesetzmäßigkeiten präsentiert, die als Zwänge der Globalisierung über die Welt gekommen sind. Sie entscheiden über die Richtigkeit der Politik von Unternehmensleitungen und demokratisch gewählter Regierungen. Sie testen, beurteilen, belohnen, verurteilen und bestrafen die Politik, korrigieren ihre Fehler und sorgen durch ihren disziplinierenden Druck dafür, dass Fehler tunlichst vermieden werden. Finanzmärkte haben sich in den letzten beiden Jahrzehnten von einem Teilmarkt der Wirtschaft zum Zuchtmeister ganzer Gesellschaften entwickelt.
Finanzmärkte in ihrer gegenwärtigen Form sind keinesfalls Ausdruck ökonomisch unausweichlicher Sachzwänge. Sie stellen vielmehr eine gesellschaftliche Gegenreform dar, deren Ziel der Abbau sozialer Standards sowie die Erhöhung der Unternehmensgewinne ist. Dieses Argument soll anhand von fünf Thesen erläutert und begründet werden.

1. Die wirtschaftliche Grundlage der Globalisierung ist die Internationalisierung, deren Entwicklung aus den inneren Widersprüchen kapitalistischer Wirtschaftssysteme folgt.

Kapitalistische Ökonomien beruhen auf dem Privateigentum an Produktionsmitteln und der Steuerung der Produktion und Reproduktion durch die Gewinnerwartungen privater Unternehmen auf den Märkten. Die sich hieraus ergebende Konkurrenz schafft jenen Druck, der zur Entwicklung der

Produktivkräfte und raschem technologischen Fortschritt führt. Die steigende Arbeitsproduktivität ist zugleich die Grundlage, den materiellen Lebensstandard der Gesellschaft auch bei wachsender Bevölkerung anzuheben. Gleichzeitig sorgen die gesellschaftlichen Macht- und Konkurrenzverhältnisse allerdings dafür, dass sich die Lebensbedingungen nur einseitig und für einen großen Teil der Menschheit nicht verbessern.

Die rasche Entwicklung der Produktivkräfte führt nämlich zu einem erhöhten Angebot auf den Märkten für Güter und Dienstleistungen in den Zentren kapitalistischer Entwicklung, dem wegen der machtbedingten Ungleichheit der Einkommensverteilung zu Lasten der Löhne und Gehälter keine rasch steigende Konsumnachfrage gegenübersteht. Diese systemische Diskrepanz zwischen Angebot und Nachfrage ist die Ursache der periodischen Wirtschaftskrisen, die als Konjunkturzyklen die Entwicklung des Kapitalismus begleiten.

Zugleich ist die Überproduktion oder Überakkumulation die Triebkraft der Internationalisierung, die ebenfalls ein Grundzug kapitalistischer Systeme ist. Denn die Unternehmen müssen, um in der Konkurrenz zu überleben, versuchen, die Enge des Binnenmarktes durch Expansion nach außen zu überwinden. Das kann auf drei Ebenen geschehen: erstens durch verstärkten Export bereits im Inland produzierter Waren, zweitens durch Investition von Kapital und Produktion von Gütern und Dienstleistungen im Ausland (Direktinvestition) und drittens durch die Anlage von Gewinnen in Wertpapieren auf den internationalen Finanzmärkten ohne eigene Produktion (Finanzanlage). In allen drei Fällen handelt es sich bei der Internationalisierung nicht etwa um eine planmäßige und systematische internationale Arbeitsteilung, sondern um Ventile der Kapitalverwertung, mit deren Hilfe die

Enge des Binnenmarktes überwunden werden soll. Das Muster der internationalen Verteilung von Investition, Produktion, Einkommen und Wohlstand bzw. Armut hängt von den Konkurrenzpositionen ab, die ihrerseits maßgeblich durch Machtverhältnisse geprägt sind. Die Einbeziehung von Nationalstaaten in die Konkurrenz um den Weltmarkt hat die Herausbildung des Imperialismus im letzten Drittel des 19. Jahrhunderts geprägt und maßgeblich zum ersten Weltkrieg beigetragen. Heute äußert sie sich in zunehmend härterer Standortkonkurrenz.

2. Der Kern der Globalisierung im aktuellen Kontext ist mehr als bloße wirtschaftliche Internationalisierung. Es ist die Ablösung eines innergesellschaftlichen und internationalen Reformprojektes durch ein Projekt der nationalen und internationalen Gegenreform. Dies ist in erster Linie kein wirtschaftlicher, sondern ein politischer Prozess.

Dieses Projekt der umfassenden gesellschaftlichen Gegenreform wurde um die Mitte der 70er Jahre begonnen und dominierte in den 90er Jahren sowohl die internationalen Verhältnisse als auch die innergesellschaftliche Entwicklung in den meisten Ländern der Welt.

International richtet sich die Gegenreform gegen eine Konstellation, die als kooperative Internationalisierung bezeichnet werden kann. Unter dem Eindruck von Weltwirtschaftskrise und Weltkrieg und veränderter internationaler Kräfteverhältnisse hatte sich ein System herausgebildet, das gut ein Vierteljahrhundert die internationalen Beziehungen wie auch die nationale Politik prägte. Herausragende Eckpunkte waren die Gründung der Vereinten Nationen und die Verabschiedung der Charta der Menschenrechte, die Dekolonialisierung und der Aufstieg der Entwicklungsländer (Konferenz von Bandung, Erklärung zu einer Neuen Internationalen Weltwirtschaftsordnung (NIWO)) sowie ein internationales ökonomisches Kooperationsregime zwischen den entwickelten kapitalistischen Ländern, das auf der Konferenz von Bretton Woods 1944 konzipiert worden war. Es umfasste ein System fester Wechselkurse, die Akzeptanz umfassender Kapitalverkehrskontrollen und mit dem Internationalen Währungsfonds (IWF) und der Weltbank (WB) zwei Einrichtungen, in denen diese Kooperation institutionalisiert wurde.

Im Inneren der kapitalistischen Gesellschaften richtete sich die Gegenreform gegen wirtschaftspolitische Zielvorstellungen, die nach dem Zweiten Weltkrieg fast universell akzeptiert waren: Vollbeschäftigung, sozialer Ausgleich, Verstaatlichung oder Vergesellschaftung wesentlicher finanzieller oder infrastruktureller Schlüsselsektoren, mehr Demokratie und Mitbestimmung auch in der Wirtschaft.

Die Zeit dieser nationalen und internationalen Reformkonstellationen war auch die Zeit außerordentlich hoher ökonomischer Wachstumsraten und erheblicher sozialpolitischer Fortschritte. Sie war aber keine Idylle, sondern international durch Kalten Krieg und hegemoniale Konflikte innerhalb des kapitalistischen Lagers und national durch Konflikte und Widerstand der Unternehmen gegen weitergehende soziale Fortschritte geprägt. Als die Prosperitätsdynamik der Nachkriegsphase erschöpft war, stellte sich die historische Alternative einer Weiterführung und Erweiterung der Reform- und Kooperationspolitik oder ihrer schrittweisen Liquidierung. Bekanntlich setzte sich die zweite Möglichkeit als neoliberale Gegenreform durch.

Die internationale ökonomische Kooperation wurde zugunsten einer unbeschränkten Konkurrenz aufgegeben. An die Stelle der kooperativen trat die konfrontative Internationalisierung. Mit der Aufkündigung der Wechselkursbindung setzten Währungskonkurrenz und Währungsspekulation ein, die seitdem für hohe Unsicherheit und irrationale Schwankungen an den Währungsmärkten sorgen und immer wieder massive Währungskrisen verursacht haben. Die Liberalisierung des internationalen Kapitalverkehrs schuf den Rahmen nicht nur für hemmungslose internationale Konkurrenz, sondern war auch ein Schlag gegen innergesellschaftliche Reformpolitik. Der IWF, seiner ursprünglichen Aufgabe, der Sicherung des Regimes fester Wechselkurse, beraubt, suchte sich unter dem Einfluss der USA ein neues Betätigungsfeld und wurde zur wirtschaftspolitischen Kontroll-, Überwachungs- und Steuerungszentrale gegenüber den Entwicklungsländern. Für die meisten dieser Länder begann damit der Abstieg in die Spirale von Verschuldung und Unterentwicklung. In den Industrieländern begann die Periode der Deregulierung, des Sozialabbaus, der Umverteilung des Einkommens zugunsten der Gewinne und der Privatisierung wesentlicher Bestandteile des öffentlichen Sektors.

Der entscheidende Punkt bei dieser Wende besteht darin, dass es sich hierbei nicht um eine zwangsläufige, durch Politik nicht beeinflussbare Entwicklung, sondern um bewusst herbeigeführte politische Weichenstellungen handelt, die allerdings im Namen einer Sachlogik des Weltmarktes verkauft wurden und nach wie vor werden. Der Weltmarkt hatte vorher auch bestanden, aber er war politisch reguliert und gezähmt. Seine Deregulierung und Entfesselung war nicht sachnotwendig, sondern Resultat einer neuen politischen Orientierung, die ihrerseits auf einem veränderten politischen Kräfteverhältnis aufbaute.

3. Eine wesentliche Rolle bei der Umsetzung des weltweiten Projekts der Gegenreform spielen die internationalen Finanzmärkte.

Der ökonomische Druck hoher liquider Mittel und die politische Weichenstellung zur Freigabe der Wechselkurse und zur Liberalisierung des Kapitalverkehrs hat den internationalen Kapitalmärkten, die sich zunächst als Begleiterscheinung dieser beiden Faktoren entwickelten, eine neue politische Rolle gegeben. Heute sind Kapitalmärkte weniger Märkte zur Finanzierung von Investitionen, sondern Märkte, auf denen bestehende Schuld- und Finanzierungstitel in immer schnellerem Rhythmus gehandelt und umgeschlagen werden. Dabei tritt bei der Entscheidung über eine Finanzanlage – Aktien oder Anleihe oder ein hiervon abgeleitetes Termingeschäft (Derivat) – weniger die Erwartung über die Entwicklung der ökonomischen Substanz eines Unternehmens, sondern in erster Linie die Erwartung über die Kursentwicklung seiner Aktien in den Vordergrund. Die hat wiederum oft wenig mit der Substanzentwicklung und viel mit den Erwartungen über die Annahmen der Akteure auf den Finanzmärkten zu tun (Herdentrieb). Diese Spekulation führt dazu, dass Kursentwicklungen vielfach einen rational nicht erklärbaren und sehr schwankenden Verlauf nehmen und dass Perioden massiven Kapitalzuflusses von einer plötzlichen Trendumkehr und ebenso massivem Kapitalabfluss abgelöst werden. Die Unsicherheit von Entwicklungen auf den Finanzmärkten wird dadurch vergrößert, dass sie von einer relativ neuen Gruppe von Akteuren beherrscht werden: Institutionelle Investoren (Versicherungen, Pensionsfonds und Investmentfonds) sammeln große Summen Kapital und üben durch ihre Anlageentscheidungen einen unmittelbaren Einfluss auf die Kapitalmärkte aus.

Dieses neue Gewicht der großen Akteure auf den Finanzmärkten verschafft ihnen eine wesentliche Rolle bei der Durchsetzung neoliberaler Politik in den kapitalistischen Ländern:

Gegenüber den Geschäftsführungen der führenden Konzerne üben die institutionellen Anleger ihren Einfluss im Sinne der Stärkung der *shareholder-value*-Orientierung aus. Damit ist eine Orientierung gemeint, die ausschließlich das Interesse der Aktionäre, als Eigentümer des Unternehmens, an Kurs- und Gewinnsteigerungen verfolgt und alle anderen – soziale, ökologische, regionale – Ansprüche in den Hintergrund drängt. *shareholder-value*-Orientierung ist dann besonders problematisch, wenn sie auf schnelle Kurssteigerungen zielt und demgegenüber langfristig strategische Weichenstellungen vernachlässigt. Für die institutionellen Investoren ist eine solche Strategie sinnvoll, weil sie von den Kurssteigerungen profitieren und ihr Kapital vor Eintritt der negativen Folgen aus dem Unternehmen abziehen können.

Gegenüber Regierungen der Industrieländer spielen die institutionellen Anleger ihre »Exit-Option« aus, d.h. die Möglichkeit, das von ihnen gesammelte Kapital jederzeit und praktisch ohne Kosten – gestützt durch den hohen Entwicklungsstand der Informations- und Kommunikationstechnologie – in ein anderes Land zu verlagern. Dies setzt die Regierungen unter Druck, ihr Land zum attraktiven Standort für Finanzanleger zu machen und ihre Wirtschaftspolitik ganz an deren Interessen auszurichten. Dieser Druck ist ein wesentlicher Grund für den massiven wirtschaftspolitischen Kurswechsel in allen großen kapitalistischen Ländern während der letzten beiden Jahrzehnte zugunsten einer Politik marktradikaler Deregulierung, des rabiaten Sozialabbaus und fundamentalistischer Fixierung der gesamtwirtschaftlichen Politik auf Inflationsbekämpfung, zu Lasten der Beschäftigung und der sozialen Sicherheit.

Auch gegenüber den Entwicklungsländern spielen die Finanzmärkte – unterstützt durch die Institutionen IWF und Weltbank – eine nicht minder problematische Rolle. Sie bestehen vor allem darauf, dass die Länder attraktive Standorte für ausländische Anleger von – zumeist kurzfristigem – Kapital sind und ihre Wirtschaftspolitik schematisch an niedrigen Inflationsraten und Haushaltsdefiziten einerseits, hohen Zinsen und Handelsüberschüssen andererseits ausrichten, die vor allem zu dem Zweck genutzt werden, die Auslandsschulden zu bedienen. Die Finanzkrisen der Entwicklungsländer während des letzten Jahrzehnts sind in erster Linie durch den von außen kommenden Druck der Finanzanleger verursacht worden, denen die – natürlicherweise schwachen und unterentwickelten – Finanzsysteme in der Dritten Welt nicht standhalten konnten.

4. Das bisherige Resultat der Gegenreform ist zunehmende soziale Ungleichheit und Polarisierung, politische Destabilisierung und Aggressivität nach innen und außen.

Dies lässt sich sowohl in den Ländern des Nordens als auch verstärkt in denen des Südens beobachten.
Im Norden nimmt die Ungleichheit der Einkommensverteilung zu. In allen Ländern ist die Zahl der Armen gegenüber den 70er Jahren rasant gestiegen. Deregulierung und Privatisierung öffentlicher Leistungen treffen natürlich jene besonders stark, die darauf aufgrund ihrer sozialen Positionen besonders angewiesen sind. Soziale Polarisierung geht mit politischer Destabilisierung einher: Überall hat die Krimina-

lität drastisch zugenommen, demokratiefeindliche Tendenzen erhalten mehr Unterstützung

Am härtesten aber ist der Süden betroffen, nicht zuletzt deshalb, weil es dem Norden gelingt, einen Teil der eigenen Probleme auf den Süden abzuwälzen. Aus dem jüngsten Weltentwicklungsbericht der Weltbank geht hervor:

Die Zahl der Menschen, die von weniger als einem US-$ pro Tag leben müssen, lag 1998 bei 1,2 Milliarden, also bei einem Fünftel der Erdbevölkerung. Sie war damit um 16 Millionen Personen höher als 1987. Rechnet man China, wo die Zahl dieser Armen um 90 Millionen oder fast ein Drittel gesunken ist, heraus, kommt man auf einen Anstieg von 106 Millionen. 2,8 Milliarden Menschen, mehr als zwei Fünftel der Erdbevölkerung, leben von weniger als zwei US-$ pro Tag. 1,3 Milliarden Menschen haben nach wie vor keinen Zugang zu sauberem Wasser.[1] Auf das ärmste Fünftel der Länder der Welt entfallen jeweils nur 1 % des Weltsozialproduktes, der Weltexporte und der Direktinvestitionen und nur 0,2 % aller Internetzugänge der Welt.[2]

Umgekehrt konzentriert sich der ökonomische Reichtum bei einer kleinen Gruppe von Ländern. Auf das Fünftel der reichsten Länder der Welt entfallen gut zwei Drittel (68 %) aller Auslandsinvestitionen, gut vier Fünftel (82 %) aller Exporte, knapp neun Zehntel (86 %) der gesamten Wirtschaftsleistung und weit über neun Zehntel (93,3 %) aller Internet-Anschlüsse der Welt. Das Vermögen der drei reichsten Männer der Welt überstieg 1998 das gesamte Sozialprodukt aller am wenigsten entwickelten Länder mit 600 Millionen Einwohnern.[3]

Es leuchtet ein, dass derartige Polarisierungen nicht grenzenlos hingenommen werden. Die Demonstrationen der letzten Jahre anlässlich der Treffen von WTO, IWF, der G8 oder des Weltwirtschaftsforums belegen dies deutlich. Auch in den Industrieländern gibt es eine allmählich wachsende Bewegung gegen Sozialabbau, Deregulierung, Umverteilung und das »Diktat der Finanzmärkte«. Das 1998 in Frankreich gegründete Netzwerk Attac (= association pour la taxation des transactions financières pour l'aide au citoyen) hat sich außerordentlich schnell ausgebreitet und mittlerweile auch in anderen Ländern etabliert.

Die Versuche internationaler Institutionen wie der Welthandelsorganisation, des IWF und der Weltbank, die Kritik aufzugreifen und zu berücksichtigen, sind bislang wenig glaubwürdig und erschöpfen sich im Wesentlichen in einer Änderung der Rhetorik. Sie müssen so lange unglaubwürdig bleiben, wie der Norden nicht bereit ist, die internationalen Institutionen dadurch zu demokratisieren, dass den Ländern des Südens ein sehr viel größeres Gewicht einschließlich eines größeren Stimmrechts in den globalen Institutionen eingeräumt wird. Daran denkt aber keine Regierung der großen Industrieländer. Stattdessen wird die Politik autoritärer Befriedung verstärkt: Im Inland stoßen die Demonstrationen auf stärkeren und härteren Polizeieinsatz. Gegenüber dem Ausland gewinnt die Perspektive militärischer Intervention zunehmend an Gewicht und Gestalt. Dies ist der Hintergrund für den Beginn einer neuen Aufrüstungswelle der großen Industrieländer in einer Welt, in der ihre territoriale Integrität und Sicherheit nicht gefährdet oder auch nur bedroht werden kann. Es zeigt sich erneut: Projekte zunehmender Ungleichheit bedürfen letztlich der polizeilichen bzw. militärischen Abstützung.

5. Die fortschrittliche Antwort auf die Globalisierung als Gegenreform liegt erstens im Widerstand gegen die Politik der sozialen Ausbeutung und Polarisierung, zweitens in einer politischen Kontrolle der Finanzmärkte, drittens in einem wirtschaftspolitischen Kurswechsel in den Zentren und viertens im schrittweisen Aufbau einer neuen weltwirtschaftlichen Kooperation.

Der Widerstand hat bereits begonnen, in den Industrieländern wie in den Entwicklungsländern – Attac und der Aufstand der Zapatisten in Chiapas können hierfür als Symbole genommen werden. Wann mit seiner weiteren Ausbreitung, Vernetzung und Vertiefung die Schwelle zu einem Durchbruch überschritten wird, ist allerdings noch offen.
Die Forderung nach demokratischer Kontrolle der Finanzmärkte richtet sich einerseits auf ihre Stabilisierung, also die Verlangsamung des Tempos und die Beschränkung der Spekulation und aller sonstigen Momente, die Finanzmärkte so instabil, unberechenbar und gefährlich für ganze Länder und ihre Finanzsysteme machen. Sie richtet sich darüber hinaus aber auch darauf, die Macht der großen Anleger auf den Finanzmärkten gegenüber Unternehmen, Regierungen und Parlamenten zu beschränken und sie den demokratischen politischen Entscheidungsprozessen unterzuordnen.
Eine derartige Beschränkung der Macht von Finanzmärkten über die Gesellschaft erfordert aber auch einen wirtschaftspolitischen Kurswechsel in den Industrieländern. Er muss sich darauf richten, die Entstehung überschüssiger Profitmengen zu verhindern, die wegen unzureichender Absatzaussichten nicht wieder produktiv investiert werden. Das kann durch stärkere Besteuerung der Profite oder durch stärkere Anhebung der Löhne und Gehälter (und damit der Konsumausgaben) oder durch beides geschehen. In einem solchen neuen, auf Produktion, Beschäftigung und soziale

Sicherheit ausgerichteten Gesamtrahmen können auch die Finanzmärkte ihre vernünftige Aufgabe wieder erfüllen, Investitionen zu finanzieren und die langfristige private Vermögensbildung zu fördern.

Eine durch einen solchen Kurswechsel ökonomisch ins Gleichgewicht gebrachte Gesellschaft ist nicht darauf angewiesen, die ungelösten binnenwirtschaftlichen Probleme auf das Ausland abzuwälzen und auf Kosten dritter Länder zu lösen. Sie ist damit auch besser in der Lage, ihre Aufgaben bei der internationalen Entwicklung zu erfüllen: durch die Steigerung der öffentlichen Entwicklungshilfe auf jene 0,7 % des Sozialproduktes, die den Entwicklungsländern in den 70er Jahren versprochen, aber nie erreicht wurde, durch die gut vorbereitete Marktöffnung für Produkte aus der Dritten Welt und durch bessere wirtschaftliche und technische Zusammenarbeit in demokratischen Institutionen.

Diese hier systematisch getrennten Stränge von Gegenwehr und Alternativen sind natürlich nicht als zeitliche Aufeinanderfolge zu verstehen, sondern sie greifen faktisch ineinander und überlappen sich gegenseitig. Ihre Verwirklichung steht auch nicht heute oder morgen an, sondern erfordert einen langen Prozess der Aufklärung und Mobilisierung. Widerlegt werden muss die Behauptung, dass die Globalisierung ein ökonomischer Sachzwang sei, zu dem es keine Alternative gebe. Diese Aufklärung ist erforderlich, damit sich die spontanen Proteste und Widerstandsaktionen zu einer breiten, ausdauernden und energischen sozialen Bewegung weiterentwickeln können. Nur eine solche Bewegung wird in der Lage sein, den Lebens- und Demokratiebedürfnissen der Menschen gegenüber den Gewinninteressen des Kapitals Nachdruck zu verleihen.

Jörg Huffschmid, Jg. 1940, Professor für Politische Ökonomie und Wirtschaftspolitik an der Universität Bremen, Mitglied der Arbeitsgruppe Alternative Wirtschaftspolitik, European Economists for an Alternative Economic Policy in Europe (www.memo.uni-bremen.de/europe/euromemo/indexmem.htm) und des wissenschaftlichen Beirats von Attac.

1 Vgl. den Weltentwicklungsbericht 2000, Einführung.
2 Vgl. den Weltentwicklungsbericht 1999, Überblick, S. 3 f.
3 Ebd., Überblick, S. 4.

Literatur

Henwood, D. (1998): Wall Street – How it works and for whom, London, New York

Huffschmid, J. (2002): Politische Ökonomie der Finanzmärkte, Hamburg

GATS und der »Markt« für Dienstleistungen

Markus Krajewski

»Das GATS ist nicht bloß eine Sache, die zwischen Regierungen existiert. Es ist zuerst und hauptsächlich ein Instrument zum Nutzen der Wirtschaft.«
Wer so offen und ehrlich die Hauptfunktion des Allgemeinen Abkommens über den Handel mit Dienstleistungen (General Agreement on Trade in Services, GATS) der WTO beschreibt, ist kein wütender Globalisierungsgegner, sondern die EU-Kommission.

Die Regeln des GATS

Mit dem GATS wurde 1995 der Handel mit Dienstleistungen in das bislang nur auf den Warenhandel beschränkte internationale Handelsrecht einbezogen. Das GATS enthält die völkerrechtlich verbindlichen Verpflichtungen der inzwischen knapp 150 WTO-Mitgliedsstaaten. Das Abkommen definiert den Begriff Dienstleistungen nicht; es erfasst »alle Dienstleistungen mit Ausnahme solcher Dienstleistungen, die in Ausübung hoheitlicher Gewalt erbracht werden.« Diese Formulierung kann so verstanden werden, dass sie außer Polizei, Justiz und Militär keine anderen Dienstleistungen betrifft. Einen eindrucksvollen Überblick über alle Bereiche, die das GATS erfasst, gibt die von der WTO benutzte Klassifizierungsliste der Dienstleistungssektoren: Sie enthält über 150 verschiedene Sektoren, von A wie Abwasserentsorgung bis Z wie Zahnarztleistungen.

Das GATS gilt nicht nur für die grenzüberschreitende Erbringung von Dienstleistungen (z.B. eine ärztliche Behandlung per Internet, Mode 1), sondern auch für den Konsum von Dienstleistungen im Ausland (z.B. während einer Urlaubsreise, Mode 2) oder für die Dienstleistungserbringung einer natürlichen Person im Ausland (z.B. ein ausländischer Friseur, Mode 4). Besonders wichtig ist jedoch, dass das GATS auch für Dienstleistungen durch einen ausländischen Investor gilt (Mode 3). Das GATS wurde damit zu Recht als »erstes multilaterales Investitionsschutzabkommen« bezeichnet, auch wenn es in der Bedeutung nicht dem geplanten Multilateralen Investitionsschutzabkommen (MAI) entspricht. Bei MAI handelte es sich um ein geplantes internationales Abkommen zum Schutz ausländischer Investitionen, das sehr umfangreiche Rechte der Investoren vorsah. Es wurde Mitte der 1990er ausgehandelt, scheiterte aber nicht zuletzt aufgrund einer breiten Widerstandskampagne.

Die WTO-Mitglieder haben sich im GATS zu einer Reihe von Zugeständnissen verpflichtet: Dazu zählt u.a. der allgemeine Meistbegünstigungsgrundsatz, der besagt, dass ein Land nicht zwischen verschiedenen ausländischen Anbietern diskriminieren darf. So darf z.B. die EU ein Dienstleistungsunternehmen aus den USA nicht schlechter behandeln als einen kanadischen Anbieter. Von größerer Bedeutung sind jedoch das Inländerprinzip und der Marktzugangsgrundsatz. Beide Prinzipien verlangen, dass ausländische Anbieter von Dienstleistungen weder rechtlich noch tatsächlich schlechter behandelt werden dürfen als inländische Anbieter. Einer internationalen Hotelkette beispielsweise darf die Eröffnung eines weiteren Hotels nicht verboten werden, wenn sie lokalen Hoteliers gestattet ist. Auch Regelungen, die dem Aufbau eines nationalen Banksektors dienen und die einheimischen

Banken daher bessere Konditionen einräumen als der ausländischen Konkurrenz, würden das GATS verletzen.

Das Inländerprinzip und der Marktzugangsgrundsatz gelten jedoch nur, wenn ein WTO-Mitglied sich hierzu in einer speziellen Liste von Zugeständnissen (*Schedules of Specific Commitments)* verpflichtet hat. Dabei können ganze Sektoren von der Inländerbehandlung ausgenommen oder bestimmte Maßnahmen, die beibehalten werden sollen, ausdrücklich aufgeführt werden. Wer also wissen will, welche Auswirkungen das GATS auf ein Land hat, muss einen Blick in die jeweilige Liste der Zugeständnisse werfen, die oft viele Seiten lang ist.

Hat sich ein Land einmal im Rahmen des GATS zur Marktöffnung und zur Inländerbehandlung verpflichtet, ist dies faktisch kaum noch veränderbar. Dies dient vor allem dem Interesse an Investitionssicherheit seitens internationaler Konzerne. Führt ein Land dennoch neue Regeln ein, die dem GATS widersprechen, kann das Abkommen mit Hilfe des bindenden WTO-Streitschlichtungsverfahrens durchgesetzt werden. Dadurch beeinträchtigen die GATS-Disziplinen auch den demokratischen Prozess: Zukünftigen Regierungen fällt es schwer, eine Politik zu verfolgen, die nicht auf Marktöffnung und Handelsliberalisierung setzt.
Dass es bislang noch keine Fälle gibt, in denen bestimmte soziale oder ökologische Regulierungen eines Landes von der WTO als GATS-widrig bezeichnet wurden, liegt z. T. daran, dass die bisherigen Verpflichtungen im GATS-Rahmen oft kaum über das ohnehin vorhandene Liberalisierungsniveau hinausgehen. Viele Regierungen dürften aber – in einer Art vorauseilendem Gehorsam – auf bestimmte Regulierungen von vornherein verzichtet haben, weil sie befürchteten, andernfalls GATS-Recht zu verletzen.

Dem GATS wohnt eine besondere Liberalisierungsdynamik inne: Anfang des Jahres 2000 begann eine neue Runde von Verhandlungen zur weiteren Liberalisierung des Dienstleistungshandels (GATS 2000-Verhandlungen). Gerade im Bereich öffentlicher Dienstleistungen fürchten viele BeobachterInnen eine Ausweitung der Liberalisierung. Die USA haben schon Interesse am Bereich tertiäre Bildung (Universitäten und Erwachsenenbildung) und die EU in den Bereichen Post- und Kurierdienste bzw. Wasserversorgung angemeldet.

Die GATS 2000-Verhandlungen und ihre »Spielregeln«

Das Mandat für die GATS 2000-Verhandlungen ist im GATS-Vertragstext bereits festgelegt. Auf der Ministerkonferenz von Doha (Katar) im November 2001 wurden bestimmte Zeitrahmen für diese Verhandlungen gesetzt. Die Verhandlungen befinden sich seit Herbst 2001 in der *request and offer*-Phase, die im März 2003 abgeschlossen sein soll. In dieser (nicht öffentlichen) Phase legen die Regierungen sich gegenseitig Forderungen nach konkreten Liberalisierungsmaßnahmen vor (*request*) bzw. machen Angebote zu Zugeständnissen (*offer*). Eine Regierung kann zwar eine Forderung theoretisch ablehnen, ob sie damit erfolgreich sein wird, hängt jedoch von der tatsächlichen Verhandlungsmacht ab. Da die GATS-Verhandlungen auf einen Abbau von Handelsbarrieren gerichtet sind, gerät eine Regierung, die eine Handelsschranke beibehalten möchte, unter Rechtfertigungsdruck.

Zudem ist eine genaue Vorstellung über zukünftige Regulierungsinteressen erforderlich, um das flexible Instrumentarium des GATS wirksam nutzen zu können. Verhandlungsführer müssen wissen, welche Regelungsspielräume freigehalten werden sollen, um sie als Ausnahme in die Liste der Zugeständnisse aufzunehmen. Den Entwicklungsländern fehlen jedoch häufig die personellen und materiellen Ressourcen, und sie sind von informellen Treffen, in denen Schlüsselentscheidungen getroffen werden, oft ausgeschlossen.

Für ein Verständnis der »wahren Spielregeln« des GATS muss auch der Einfluss der Dienstleistungsindustrie auf die Verhandlungen gesehen werden. Der ehemalige Direktor der GATS-Abteilung im WTO-Sekretariat Hartridge bestätigt: »Ohne den enormen Druck der amerikanischen Finanzdienstleistungsindustrie, insbesondere von Firmen wie American Express oder Citicorp, hätte es kein Dienstleistungsabkommen gegeben«. Ein Beispiel für die enge Zusammenarbeit zwischen Regierung und Industrie ist die Lobby-Gruppe Liberalisation of Trade in Services (LOTIS) in London. In ihr erörtern leitende Beamte des britischen Außen-, Handels- und Finanzministeriums gemeinsam mit Vertretern großer Banken, Versicherungsunternehmen und Wirtschaftsberatungskanzleien aktuelle Verhandlungsstrategien im GATS-Kontext. Zivilgesellschaftliche Gruppen oder Gewerkschaften sind an diesem Dialog nicht beteiligt. Vielmehr überlegen Regierung und Industrie sogar gemeinsam, wie man den GATS-KritikerInnen den Wind aus den Segeln nehmen kann.

Hintergrund: Der Handel mit Dienstleistungen und seine »Beschränkungen«

Zu dem Interesse großer multinationaler Unternehmen am Export von kapital- und technologieintensiven Dienstleistungen (Finanzdienstleistungen, Telekommunikation, Computer- und Informationsdiensten) tritt ein neueres Phänomen, das für die Dynamik des GATS mitverantwortlich ist: Durch die Liberalisierung und Privatisierung des öffentlichen Sektors entsteht ein »Markt« für öffentliche Dienstleistungen wie Bildung, Gesundheitsvorsorge, öffentlicher Verkehr oder Wasserversorgung. Nationale und internationale Anbieter dieser Dienstleistungen drängen auf diesen neuen »Markt«. Die Liberalisierung und Privatisierung öffentlicher Dienstleistungen ist aber nur dann sinnvoll, wenn die jeweiligen Leistungen allen VerbraucherInnen zu gleich niedrigen Preisen zur Verfügung gestellt werden können. Die Praxis zeigt, dass dies nicht immer der Fall ist. Die Privatisierung der öffentlichen Wasserversorgung und die Übertragung auf internationale Wasserkonzerne in Cochamamba (Bolivien) und Debrecen (Ungarn) hat zu einer drastischen Erhöhung der Wasserpreise geführt.

Handelsliberalisierung bedeutet Abbau von Handelsschranken. Die Schranken des Dienstleistungshandels sind oft innerstaatliche Regulierungen eines bestimmten Sektors: Wird die Zahl der Hotels in einem Naturpark beschränkt, so geschieht dies aus Umweltschutzgründen. In der Logik des GATS handelt es sich jedoch um eine den Handel einschränkende Marktzugangsschranke, die es abzubauen gilt. Ähnliches gilt für verbraucherschützende Standards, die von ausländischen Anbietern u.U. nicht erfüllt werden, oder die Sonderkonditionen für nationale oder regionale Monopolanbieter von Grunddienstleistungen (wie z.B. das Briefmonopol der Post oder die Versorgungsmonopole von Stadtwerken für die Energie- und Wasserversorgung).

Der Abbau innerstaatlicher Regulierungen ist zumeist die Kehrseite der wegfallenden Beschränkungen im Dienstleistungshandel. Oft sind die Befürworter der weiteren Liberalisierung des Dienstleistungshandels zugleich Befürworter einer grundsätzlichen Politik der Deregulierung. Zwischen der Liberalisierung des Dienstleistungshandels und den nationalen Deregulierungspolitiken besteht in Praxis und Ideologie ein innerer Zusammenhang.

Die »Stop the GATS Attack«-Kampagne

GATS und die Dienstleistungsliberalisierung im Allgemeinen spielt in der neuen globalisierungskritischen Bewegung eine zentrale Rolle. Es lässt sich eine direkte Linie von den internationalen Protestaktionen gegen das MAI über die Ereignisse während der WTO-Ministerkonferenz von Seattle im Dezember 1999 zu den gegenwärtigen Aktivitäten zeichnen: Viele der Gruppen und Organisationen, die sich aktiv an den Protesten gegen das MAI und in Seattle beteiligt haben, sind nun auch mit Blick auf das GATS aktiv. Auch die Themen der MAI- und GATS-Kampagnen ähneln sich: Bewahrung nationalstaatlicher Regulierungsmöglichkeiten für soziale und ökologische Probleme, Nachteile einer weiteren Liberalisierung für Länder des Südens, Macht und Einfluss internationaler Konzerne, Intransparenz und Demokratiedefizit internationaler Regime.

Die Anti-GATS-Kampagne in Deutschland steht noch an ihrem Anfang. Kleinere NGOs (WEED) und einige kritische GewerkschaftlerInnen haben sich des Themas zwar angenommen, in der öffentlichen Debatte spielt es aber noch (fast) keine Rolle. Anders in anderen Staaten: In Großbritannien ist es vor allem dem World Development Movement (WDM) gelungen, das GATS in die öffentliche Wahrnehmung zu bringen. Dies nicht zuletzt deshalb, weil in Großbritannien ohnehin eine breite Diskussion über die Zukunft öffentlicher

Dienstleistungen (vor allem Bahn und Gesundheitsvorsorge) läuft. Öffentlich stärker beachtete GATS-Aktivitäten gibt es auch in Kanada (Council of Canadians, Polaris Institute) und in der Schweiz (Erklärung von Bern) sowie in den USA, wo sich verschiedene Kampagnen-Gruppen das Thema GATS auf die Fahnen geschrieben haben (Public Citizen, Alliance for Democracy).

Gemeinsame Plattform der internationalen GATS-KritikerInnen ist der Aufruf »Stop the GATS Attack«, den inzwischen über 500 Gruppen aus knapp 60 verschiedenen Ländern unterzeichnet haben. Darin fordern sie eine umfassende und vollständige Bewertung (*assessment*) der Auswirkungen des GATS und der neuen Liberalisierungsvorschläge, eine Entschärfung des geltenden GATS-Regimes, eine Garantie des Rechts nationaler Regierungen, öffentliche Dienstleistungen bereitzustellen, die Unterstützung von Ländern des Südens bei der Bereitstellung universeller Dienstleistungen und die Entwicklung eines effektiven Mechanismus zur Beteiligung der Zivilgesellschaft an zukünftigen Verhandlungen.

Die Forderungen sind deutlich moderat. Die KritikerInnen setzen auf eine Re-Nationalisierung der Politik, um soziale und ökologische Regulierungsmöglichkeiten zu erhalten bzw. wiedereinzuführen. Die Einigung auf diesen kleinsten gemeinsamen Nenner hat innerhalb der GATS-Kampagne eine Vielzahl höchst unterschiedlicher Gruppen vereint: globalisierungskritische Aktionsgruppen, entwicklungspolitische NGOs, lokale Basisgruppen, Gewerkschaften und berufsbezogene Interessengruppen (Gesundheit, Bildung und Medien). Gleichzeitig werden lokale, nationale und internationale Themen verknüpft.

Diese Verknüpfung ist nicht nur für das GATS spezifisch. Sie gehört zu den zentralen Merkmalen der neuen globalisierungskritischen Bewegung überhaupt und ist mitverantwortlich für deren Erfolge. Gerade der Bereich Dienstleistungshandel zeigt, wie facettenreich die Kritik ist, da die Liberalisierung von Dienstleistungen unmittelbar spürbare Auswirkungen auf lokaler und nationaler Ebene haben kann. Ob das GATS für eine bestimmte Liberalisierungsmaßnahme verantwortlich ist oder nicht, spielt zunächst keine maßgebliche Rolle. Entscheidend ist, dass das GATS ein Teil von lokal, national und international beobachtbaren Strategien zur weiteren Liberalisierung des Dienstleistungshandels ist.

Dr. Markus Krajewski, Jg. 1969, Lecturer am King's College London, u. a. Mitglied bei WEED, Germanwatch sowie bei Attac Deutschland und Attac London. markus.krajewski@kcl.ac.uk

Literatur

Fritz, Thomas (2000): Das Dienstleistungsabkommen der WTO – Der Süden auf dem Abstellgleis? Berliner Landesarbeitsgemeinschaft Umwelt und Entwicklung BLUE 21 (http://www.blue21.de)

Sexton, Sarah (2001): Trading Health Care Away?, GATS, Public Services and Privatisation, The Corner House Briefing 23 (http://cornerhouse.icaap.org/briefings/23.html)

Sinclair, Scott (2000): GATS: How the WTO's new »services« negotiations threaten democracy, Canadian Center for Policy Alternatives

Wahl, Peter (2001): WTO-Gespräche über Dienstleistungen, *Blätter für deutsche und internationale Politik*, Heft Oktober 2001, S. 1208–1214 (http://www.weedbonn.org/)

WEED Arbeitspapier: GATS und Demokratie, Herausgegeben in Kooperation mit dem Seattle-to-Brussels-Netzwerk (http://www.weedbonn.org)

Wesselius, Erik (2001): Liberalisation of Trade in Services: Corporate Power at Work, und unter http://www.gatswatch.org/LOTIS/LOTIS.html

World Development Movement (2002), GATS: A Disservice to the Poor, The high costs and limited benefits for developing countries of the General Agreement on Trade (http://www.wdm.org.uk/)

http://www.gatswatch.org/
http://www.wdm.org.uk/campaign/GATS.htm
http://www.weedbonn.org/handel/index.htm
http://www.wto.org/english/tratop_e/serv_e/serv_e.htm

Brot, Land und Freiheit! – Über den Hunger in der Welt

Stefan Ofteringer

Die Globalisierung schafft Armut und Hunger – gegen jedes Menschenrecht

Zum Ende des Jahres 2001 wiederholte sich in Argentinien eine Geschichte. In einigen Städten des südamerikanischen Landes plünderten aufgebrachte Bürger Supermärkte, weil sie nicht mehr wussten, was sie am nächsten Tag essen sollten. Nach zehn Jahren harter Währungspolitik stand Argentinien am Rande des Ruins und war nicht mehr kreditwürdig bei den internationalen Geldgebern. Die Folgen für die Bevölkerung waren fatal.

Hungerrevolten sind keine Seltenheit und stehen sinnbildlich für die alltägliche Katastrophe. Über 820 Millionen Menschen leiden weltweit unter Hunger oder Mangelernährung. Betrachtet man die Statistik, zeigt sich, dass die meisten Hungernden in den ärmsten Ländern Afrikas, Asiens und Lateinamerikas leben. Nach Angaben der UN-Organisation für Landwirtschaft und Ernährung (FAO) ist die Not in Afrika südlich der Sahara besonders groß. Die meisten Opfer fordern nicht die schrecklichen Katastrophen in Form von Dürren und anderen Ernteausfällen, sondern die alltägliche soziale Not.

Wer sind die Hungernden?

Dass Hunger die Folge ungleicher Verteilung ist, kann man an Zahlenbeispielen belegen. Die Weltproduktion an Lebensmitteln reicht bei weitem aus, um einen Grundbedarf an Versorgung für alle Menschen zu gewährleisten. Diese Zahl relativiert sich erst, wenn man betrachtet, dass die Verteilung des Kalorienverbrauchs regional stark unterschiedlich ist. Während jedem Deutschen bis zu 4.500 Kalorien täglich zur Verfügung stehen, können viele Menschen in Afrika, Asien und Lateinamerika kaum den Grundbedarf von 2.200 Kalorien decken. Versuche, dem sozialen Problem mit technokratischen Mitteln beizukommen, haben die Ursachen stets verstärkt. Den Anfang bildete dabei die »Grüne Revolution«, mit der in den 50er und 60er Jahren von westlichen Regierungen und Konzernen versucht wurde, das Hungerproblem mit der technologischen Aufrüstung der Landwirtschaft zu bekämpfen. Ertragssteigerungen in den Entwicklungsländern sollten durch die Einführung von Düngemitteln und Hochertragssorten erreicht werden. Die »Grüne Revolution« hat den Hunger jedoch verschärft, da Kleinbauern zugrunde gingen und die internationalen Abhängigkeiten verstärkt wurden. Die Tendenzen gehen heute wieder in diese Richtung, allerdings unter dem Etikett marktliberaler Strategien und den Mitteln neuer Technologien, wie etwa der »Grünen Gentechnik«.

Paradoxerweise leben auch heute noch über 80 % der Hungernden auf dem Lande, also genau dort, wo Nahrung produziert wird. Die große Mehrheit dieser Menschen besitzt die Fähigkeiten, Nahrungsmittel für die eigene Versorgung selber herzustellen, denn sie sind Bauern oder LandarbeiterInnen. Ihre Fähigkeiten können sie jedoch nicht einsetzen, denn es mangelt ihnen an Land. Immer größer wird auch das Heer der Stadtbewohner, die sich nicht mehr ausreichend ernähren können, da ihr Einkommen schlicht nicht ausreicht.

Die Lage der Hungernden ist bereits seit Jahrzehnten hinreichend bekannt. Trotzdem sind bei der Bekämpfung von Hunger und Mangelernährung in den letzten 20 Jahren kaum Fortschritte erzielt worden. Anlässlich des Welternährungsgipfels von 1996 hatten die über 140 Mitgliedsstaaten der

FAO sich das – nicht ohne Zynismus formulierte – Ziel gesetzt, die Zahl der Hungernden von damals 820 Millionen Menschen bis zum Jahr 2015 um die Hälfte zu reduzieren. Nach fünf Jahren gibt die FAO an, dass sich diese absolute Zahl kaum geändert hat und ihre Halbierung mit den Mitteln von heute rund 60 Jahre dauern würde.[1] In dieser erschreckenden Bilanz spiegelt sich der Gegensatz von Interessen innerhalb der FAO wider, denn viele Industrieländer wollen einen Wandel in der internationalen Agrarpolitik verhindern, da sie sonst unter dem Druck stehen würden, ihre hohen Subventionen für die Landwirtschaft abzubauen. Auf der Ebene der Regierungsverhandlungen zeigt sich aber auch deutlich, dass in den Entwicklungsländern wenig Bewusstsein für die Bekämpfung des Hungers besteht. Der Druck, konkrete Umverteilungsmaßnahmen, wie etwa Landreformen, in den Katalog von Maßnahmen der Erklärung von Rom aufzunehmen, kam von den sozialen Bewegungen und den NGOs, die sich unabhängig von den Regierungen artikulierten.

Die internationalen Finanzinstitutionen

Wie in Argentinien spielen die internationalen Finanzinstitutionen, der Internationale Währungsfonds (IWF) und die Weltbank (WB), in der Politik der armen Länder eine bedeutende Rolle. Sie vergeben Kredite, um Entwicklungsprojekte durchzuführen oder Zahlungsbilanzschwierigkeiten der Länder abzuwenden. Als Bedingung für das »frische Geld« fordern sie von den Regierungen Programme, mit denen die Wirtschaft mittel- und langfristig stabilisiert werden soll. Schließlich sollen sie in der Lage sein, die Kredite zurückzuzahlen.
In den 80er und 90er Jahren haben diese Strukturanpassungsprogramme (SAP) eine fragwürdige Berühmtheit erlangt.

Um die zentralen Ziele, Inflationsbekämpfung, staatliche Ausgabenkürzungen, Privatisierung und Liberalisierung zu erreichen, mussten und müssen in vielen Staaten Subventionen für Grundnahrungsmittel gestrichen werden. Häufig explodierten die Brotpreise innerhalb weniger Wochen um mehrere hundert Prozent, Hungersnöte waren die direkte Folge. Hungerrevolten wie in Argentinien haben sich in einigen Ländern in direktem Zusammenhang mit der Umsetzung von SAP zugetragen, wie etwa in Venezuela 1989, als Tausende Plünderer während des so genannten »Caracazo« von Polizei und Militär erschossen wurden. Bis heute sind die IWF und WB Beispiele erfolgreicher SAP-Politik schuldig geblieben.

Erst die massive internationale Kritik an den Programmen führte Ende der 90er Jahre zu einem Umschwung in der Politik von IWF und WB. In Folge der Asienkrise, die 1998 Millionen von Menschen in den südostasiatischen «Tigerstaaten« von einem auf den anderen Tag ins Elend riss, wollte man die Politik stärker an den Bedürfnissen der Armen orientieren. Zukünftig sollen die Nehmerländer so genannte »Strategiepapiere zur Armutsreduzierung« (PRSP) vorlegen, um der Armutsbekämpfung eine hohe Priorität in der Politik einzuräumen und die Zivilgesellschaft mit einzubinden. Dieses Ziel wurde jedoch meist verfehlt, so z. B. in Honduras, einem der Pilotländer. Die dortige Bauernorganisation kritisierte, dass bei der Anhörung nur jene Gruppen beteiligt gewesen seien, die keine Kontakte zur politischen Opposition im Lande unterhielten. Von mehr Demokratie ist also wenig zu spüren, genauso wie von weniger Armut. Solange aber die Landbevölkerung von den Partizipationsprozessen ausgeschlossen bleibt, sind die Stimmen der Hungernden nicht zu hören.

Kein Land – kein Leben

Was für über 80 % der Hungernden auf der Welt gilt, trifft auch auf die mehr als vier Millionen landlosen Familien in Brasilien zu, die unter der extrem ungerechten Landverteilung leiden und in zunehmendem Maße vom Hunger bedroht sind. Über 70 % der landwirtschaftlich nutzbaren Fläche Brasiliens befindet sich seit Jahrhunderten fest in der Hand einer kleinen Oberschicht. Eine Landreform, wie sie die Bewegung der Landlosen (MST) seit Jahren fordert, könnte Abhilfe schaffen.

Die politische Macht der Landbesitzer hat eine Neuverteilung von Land bisher verhindert. Und wenn sich der politische Wille doch einmal durchsetzt, hat der Staat kein Geld, um eine Landreform durchzuführen. Ein kreditfinanziertes Programm der WB soll dieses Problem lösen. Es stützt sich auf den Markt: Begünstigte müssen die Kredite für ihre Parzellen zu Marktbedingungen zurückzahlen. Es sollen »Anreize geschaffen werden«, damit die Kleinbauern marktgerecht und effizient produzieren. Nach einer Untersuchung, die vom Brasilianischen Forum für Agrarreform, einem Zusammenschluss von NGOs, in Auftrag gegeben wurde, ist jedoch nur ein kleiner Teil der Empfänger solcher kreditfinanzierten Parzellen auf Dauer überlebensfähig. In den meisten Fällen gehen die Kleinbauern schlicht Bankrott und verlieren ihr Land wieder – nicht selten fällt es zurück in die Hände des Großgrundbesitzers und die Landlosen sind ärmer als vorher, denn nun sind sie auch noch verschuldet.

Trotzdem hat sich die WB bisher geweigert, eine Überprüfung ihrer marktorientierten Landreformpolitik vorzunehmen. Zweimal hat die brasilianische Landlosenbewegung mit internationaler Unterstützung Überprüfungen bei der zuständigen Kommission der WB eingefordert, beide Male wurden sie abgelehnt. Vielmehr hat die Bank ähnliche Programme auch in anderen Ländern vorgeschlagen. Auf den Philippinen und in Südafrika soll in Zukunft allein der Markt über die Verteilung von Land entscheiden. Wenn sich die bisherigen Erfahrungen dort bestätigen, werden noch mehr Menschen in den Hunger getrieben.

Bauernrechte oder Konzernherrschaft?

Diese Gefahr droht auch von anderer Seite. Internationale Konzerne sind auf ihrer Suche nach neuen Profitmöglichkeiten auf die natürlichen Ressourcen gestoßen. Immer stärker wird der Drang nach Privatisierung von gesellschaftlichem Wissen im Bereich von Pflanzen- und Tiergenen. Die Profitmöglichkeiten sind auf Grund der Stärkung der geistigen Eigentumsrechte im Rahmen der Welthandelsorganisation WTO deutlich gestiegen. Mit der Gründung der WTO ist 1995 auch das Abkommen über die »Handelsbezogenen Aspekte der Rechte auf geistiges Eigentum« (TRIPS, Trade Related Intellectual Property Rights) in Kraft getreten, das den Patentschutz so erweitert hat, dass heute weltweite Monopolrechte auf Saatgut und Pflanzensorten möglich sind.
Bei der Jagd auf die pflanzen- und tiergenetischen Ressourcen wird der Wind immer rauer, sodass der Begriff der »Biopiraterie« heute bereits in den allgemeinen Sprachgebrauch übergegangen ist. Die Beuteopfer der Piraten aus den Konzernzentralen sind die Kleinbauern im Süden, denn diese Ressourcen finden sich zumeist in der südlichen Hemisphäre. Die drohende Entwicklung im thailändischen Reisanbau verdeutlicht dies: Von den 60 Millionen Thais sind etwa die Hälfte Reisbauern. Im Nordosten des Landes haben sie in den vergangenen 50 Jahren die hoch qualitative Sorte Jasminreis entwickelt. Familien produzieren auf vier bis sechs Hektar für ihren Eigenbedarf und den Export, der ihnen ein gerin-

ges Geldeinkommen sichert. Das Gros der Exporte (75 %) geht in die USA, wo der Jasminreis wegen seiner Qualität besonders beliebt ist. Dieses Einkommen droht nun wegzubrechen, denn in den USA gibt es Anstrengungen, eine eigene Jasminreisproduktion aufzubauen – mit geraubtem Genmaterial.

Das US-amerikanische Landwirtschaftsministerium hat 2001 ein Forschungsprogramm aufgelegt, mit dem der Jasminreis in den USA anbaufähig gemacht werden soll. Zwei Universitäten haben zu diesem Zweck Genmaterial vom Internationalen Reisinstitut (IRRI) auf den Philippinen erhalten. Das Institut ist dabei seiner Verpflichtung nicht nachgekommen, ein Abkommen mit den Forschern zu unterzeichnen, das die Rechte der Bauern in Thailand sicherstellen würde. Nun droht denen der Ruin, denn wenn die hoch subventionierte Landwirtschaft in den USA beginnt, den Jasminreis zu produzieren, brechen zunächst die Exporte aus Thailand zusammen. Auch der Weltmarktpreis würde so weit sinken, dass die thailändische Produktion gegenüber den subventionierten US-Exporten keine Chance mehr hätte. Schließlich könnte ein kommerzielles Unternehmen versuchen, die genetischen Eigenschaften von Jasminreis zu patentieren. Dann könnte diese Firma versuchen, von den Kleinbauern Lizenzgebühren einzufordern – für den Anbau der Sorte, die sie und ihre Vorfahren selber entwickelt haben.

Die Möglichkeit der Patentierung und die internationale Durchsetzung des Patents würde durch das TRIPS-Abkommen sichergestellt. Heute gibt es bereits mehrere tausend Patente über tier- und pflanzengenetische Ressourcen, die von internationalen Konzernen wie Monsanto oder DuPont angemeldet sind. Der Fall des Bauern Percy Schmeiser aus den USA zeigt, wie diese ihr »geistiges Eigentum« schützen wollen. Schmeisers Feld war durch Pollenflug von gentechnisch verändertem Saatgut verschmutzt worden. Trotzdem gaben

die Gerichte einer Klage von Monsanto Recht, die Lizenzgebühren für Schmeisers gesamte Ackerfläche forderte, obwohl er nie Monsanto-Saatgut eingesetzt hatte.
Die thailändischen Kleinbauern haben die Verteidigung ihrer Rechte in die Hand genommen. Sie haben mit ihren Protesten vor der US-Botschaft und dem Landwirtschaftsministerium erreicht, dass es Verhandlungen zwischen ihrer Regierung und den USA über den Fall gibt. Außerdem hat die thailändische Regierung ein Sortenschutzgesetz verabschiedet. Um die Rechte der Bauern weltweit durchzusetzen, muss noch eine weitere Forderung der Reisbauern erfüllt werden: »Kein Patent auf Leben!«.

Brot, Land und Freiheit!

Wie in Thailand ist mit den negativen Auswirkungen der Globalisierung auch der Widerstand gewachsen. Seit Anfang der 90er Jahre haben sich eine Reihe von Bewegungen und NGOs in internationalen Netzwerken formiert, um dem Globalisierungsdiskurs Alternativen entgegenzustellen.
Das Bündnis La Via Campesina kämpft mit internationalen Mobilisierungen für Agrarreformen und gegen die ungleiche Welthandelsordnung. Entstanden ist La Via Campesina aus Diskussionen von BauernvertreterInnen auf internationalen Foren seit 1992. Dabei wurde deutlich, dass die Bewegungen kleiner und mittlerer Bauern aus Lateinamerika, Asien, Europa und Nordamerika eine Reihe von Erfahrungen teilen. Weltweit hat das Agrobusiness die bäuerlichen ProduzentInnen weitgehend verdrängt, sei es durch die Agrarpolitik der USA und Europas oder den weiter wachsenden Druck auf die Landwirtschaften im Süden, v. a. für den Export zu produzieren. Deshalb fordert La Via Campesina Ernährungssouveränität, d. h. das verbriefte Recht »jeder Nation, ihre Möglich-

keiten der Nahrungsmittelproduktion zu erhalten, zu entwickeln und dabei die produktive und kulturelle Vielfalt zu respektieren.« Zusammen mit der internationalen Menschenrechtsorganisation FIAN (FoodFirst Informations- und Aktions-Netzwerk) fordert La Via Campesina in ihrer weltweiten Kampagne »Brot, Land und Freiheit« eine gerechtere Verteilung von Land. Mit der Mobilisierung und internationalen Solidaritätsaktionen bei Landbesetzungen wurden die nationalen Bewegungen in vielen Ländern gestärkt. In Honduras hat die Landlosenbewegung in Folge der Aktionstage 1999 konkrete Verbesserungen der Agrarreformgesetze durchgesetzt.

Fordert La Via Campesina faire Regeln für die Entwicklungsländer innerhalb der WTO, beschränken viele NGOs ihre Ansprüche auf Ausnahmeregelungen für Entwicklungsländer (Food- oder Developmentbox) mit dem Ziel, die bäuerliche Landwirtschaft als Rückgrat der weltweiten Ernährung zu erhalten.

Von VertreterInnen der Agroindustrie und ihrer Lobby ist die kleinbäuerliche Landwirtschaft häufig als rückständig charakterisiert worden. Die notwendigen Produktionsfortschritte zur Deckung des Lebensmittelbedarfs einer wachsenden Weltbevölkerung ist aber nicht nur durch hoch technisierte, industrielle Produktion zu decken. Die europäischen Lebensmittelskandale haben bewiesen, dass insbesondere das industrielle Produktionsmodell nicht in der Lage ist, die gesunde Ernährung aller Menschen zu gewährleisten. Erst kürzlich hat eine Studie von Greenpeace und Brot für die Welt eindrucksvoll bestätigt, dass Kleinbauern auch die Ertragssteigerungen erzielen können, um den wachsenden Bedarf der Zukunft zu decken. Die Alternativen liegen also auf der Hand.

Mit Menschenrechten gegen den Hunger!

Im Kampf für eine Welt ohne Hunger haben soziale Bewegungen und NGOs das Recht auf Nahrung zu einer starken Waffe gemacht. Mit der internationalen Unterstützung durch Menschenrechtsorganisationen habe sie erfolgreich für Land, Saatgut und Agrarreformen gestritten. Sie können ihre Regierungen unter Druck setzen, ihre Rechte zu sichern, denn das Recht auf Nahrung zieht staatliche Verpflichtungen nach sich, es ist Teil des Völkerrechts. Landvertreibungen sind genauso Verletzungen dieses Rechts wie unterlassene Agrarreformen oder die Auswirkungen eines Patents. Um den Menschenrechten zur Durchsetzung zu verhelfen, ist es wichtig, den Ruf nach »Brot, Land und Freiheit« wieder hörbar zu machen und die Bewegungen zu unterstützen. Erst wenn sich die sozialen Kräfteverhältnisse ändern, wird sich auch die Politik von IWF, WB und WTO ändern. Eine andere Welt ist möglich, auch eine ohne Hunger!

Stefan Ofteringer, Jg. 1966, ist Sozialwissenschaftler und arbeitet für die Menschenrechtsorganisation FIAN. ofteringer@fian.de

1 FAO – Generalsekretär Jacques Diouf, Rede beim Multi-Stakeholder Dialogue, Berlin, 15.11.2001.

Globalisierung und Privatisierung

Winfried Wolf

In der aktuellen Debatte wird der Prozess der Globalisierung oft als Gegensatz zur Existenz von Nationalstaaten dargestellt. Diese Argumentation mündet bei der Aussage, die Privatisierungstendenzen im modernen Kapitalismus – auf den Gebieten Gesundheit, Altersvorsorge, Infrastruktur und Gefängnisse – seien eine direkte und logische Folge der Globalisierung. Diese Auffassung verkürzt die Geschichte der kapitalistischen Gesellschaft und verkennt zugleich den Kern der aktuellen Entwicklung in den mächtigen kapitalistischen Staaten.

Kapital und Nationalstaat

Kapital wird angelegt, um in kürzester Zeit den größtmöglichen Profit zu erzielen. Da jedes einzelne Kapital von der Profitmaximierung bestimmt ist, kennt es auch keinerlei Rücksichtnahme gegenüber anderen – moralischen, sozialen oder »höheren« – Werten. Auch Zerstörung und Selbstzerstörung kann somit profitabel, ergo (im Sinne der »Lebensphilosophie« des Kapitals) »gut« sein. Dies brachte der neue Chef des US-Konzerns General Electric, Jeffrey Immelt, zum Ausdruck, als er nach dem Anschlag auf das World Trade Center ausführte: »Nachdem ich erst zwei Tage im Amt war, wurde ein Flugzeug mit unserem Triebwerk in ein Gebäude gesteuert, das von uns versichert ist. Dies hat zu einer Katastrophe geführt, über die unsere Sender berichteten. Trotz alledem gehe ich von einem Gewinnwachstum unseres Unternehmens im laufenden Geschäftsjahr von 11 % aus.«[1]

Das einzelne Kapital zerstört demnach, wenn ihm dies ermöglicht wird, seine eigenen Lebensgrundlagen. Es vernichtet die Umweltbedingungen, was auch für ein zukünftiges Funktionieren der kapitalistischen Ökonomie nachträglich sein kann. V.a. reißt es alle sozialen Schranken nieder und kennt keine Rücksichtnahme gegenüber den Menschen, die es ausbeutet. Soziale Sicherheit, Altersversorgung, ein solidarisches Gesundheitssystem widersprechen dem inneren Motor, der den Kapitalismus antreibt. »Was könnte«, so fragte Karl Marx, »die kapitalistische Produktionsweise besser charakterisieren als die Notwendigkeit, ihr durch Zwangsgesetz von Staats wegen die einfachsten Reinlichkeits- und Gesundheitsvorrichtungen aufzuherrschen?«[2]

Dieses grundlegende Verhältnis zeitigt antagonistische Widersprüche. So ist es für jedes einzelne Kapital durchaus wichtig und von Interesse, gut ausgebildete, gesunde Arbeiterinnen und Arbeiter vorzufinden, um diese dann im eigenen Unternehmen »gewinnbringend« zu beschäftigen. Dasselbe einzelne Kapital hat jedoch keinerlei Interesse, die entsprechenden Kosten für Ausbildung, Gesundheit und »Reproduktion« einer lohnabhängigen Klasse zu übernehmen. Es ist des Weiteren von elementarem Interesse für jedes Unternehmen, auf eine ausreichend große Kaufkraft zu stoßen, um die im eigenen Betrieb erstellten Waren absetzen zu können. Indem das einzelne Unternehmen jedoch versucht, mit dem Ziel der Profitmaximierung die Lohnkosten so niedrig wie möglich zu halten, wirkt es in die entgegengesetzte Richtung – in Richtung einer ständig sinkenden Massenkaufkraft.

An dieser Stelle rücken der Staat und seine Funktion ins Blickfeld. Während das einzelne Kapital demnach niemals eine Art »Gesamtinteresse« wahrt, sondern rücksichtslos gegen die Konkurrenz und gegen die »eigene« Belegschaft vorgeht, ist – so Friedrich Engels – »der moderne Staat (...) die Organisation, welche sich die bürgerliche Gesellschaft gibt, um die allgemeinen äußern Bedingungen der kapitalistischen Produktionsweise aufrechtzuerhalten gegen Übergriffe sowohl der Arbeiter wie der einzelnen Kapitalisten. Der moderne Staat (...) ist eine wesentlich kapitalistische Maschine (...), (ist) der *ideelle Gesamtkapitalist*.«[3]

Die Geschichte des Nationalstaats ist entsprechend eine relativ junge Entwicklung, die eng mit der Herausbildung des Kapitalismus zusammenhängt. Die Nationalstaaten Spanien, England, Frankreich und die Niederlande – also die frühen Kapital- und Kolonialmächte – standen am Beginn, der Nationalstaat »Vereinigte Staaten von Amerika« in der Mitte und der italienische und deutsche Nationalstaat am Ende dieser Entwicklung. Der Konflikt zwischen nationalen Institutionen und supranationalen Einrichtungen oder internationalen Unternehmen hat eine Tradition, die ähnlich lang ist wie die Geschichte kapitalistischer Formation. Paul Kennedy schrieb hierzu: »Sobald sie die Macht nach innen konsolidiert hatten, behaupteten sich die Nationalstaaten gegen transnationale Institutionen wie das Papsttum, die Mönchs- oder Ritterorden oder die wirtschaftliche Macht der Hanse, welche in vieler Hinsicht eine Frühform des multinationalen Konzerns war.«[4]

Der in unserem Zusammenhang wichtigste Grund zur Schaffung eines Staates aus kapitalistischer Sicht besteht darin, die elementaren *Voraussetzungen* für die Kapitalakkumulation zu schaffen und diese ständig neu zu gewährleisten.[5]

Der kapitalistische Verwertungsprozess benötigt beispielsweise die Existenz einer guten Infrastruktur (Straßen, Schienen- und Wasserwege, Seehäfen und Flugplätze) und gut ausgebaute Kommunikationswege. Dabei handelt es sich meist um Investitionen, die sich, wenn überhaupt, nur langfristig rechnen. Werden diese Sektoren privatkapitalistisch betrieben, erweisen sich ihre Anlagen als unzureichend effizient

(z.B. weil Konkurrenz jede Kostenökonomie zerstört), als nicht flächendeckend angeboten (weil die Erschließung von Regionen mit geringer Nachfrage nicht lohnt) oder als nicht ausreichend langfristig angelegt (weil das einzelne Kapital auf kurzfristige Profite abzielt).
Ein funktionierender Kapitalismus benötigt des Weiteren ein für seine Interessen »gutes« System von Bildung, Ausbildung und Fortbildung. Auch diese Voraussetzungen können dann nicht »bereitgestellt« werden, wenn allein die kurzfristige Profitmaximierung zählt. Der Ausweg, über eine »Green Card« im Ausland bereits ausgebildetes Personal anzuheuern, steht nicht immer offen. Weiter verlangt das Kapital für seine Verwertung nach der »inneren Sicherheit«. Erforderlich sind Polizei, Militär, Justiz und Gefängnisse, damit in »Ruhe und Ordnung« Profit akkumuliert werden kann. Aber auch hier gilt: Polizei, Militär, ein Gerichtswesen und Gefängnisse »rechnen« sich nicht – jedenfalls nicht unmittelbar und kurzfristig. Schließlich und endlich gibt es das Bedürfnis des Kapitals nach einer »äußeren Sicherheit«, um das nationale Gebiet, die Zahl ausbeutbarer Lohnabhängiger und den Zugang zu Rohstoffen abzusichern und auszuweiten, d.h. gegebenenfalls: um Kriege zu führen. Dafür benötigt das Kapital Militär.

Gesellschaftliche Kämpfe und »Entprivatisierung« einzelner Bereiche

Weshalb wird dann »privatisiert«, wenn all dies notwendige Voraussetzungen der kapitalistischen Produktion sind? Etwa weil die Nationalstaaten verschwinden? Tatsächlich existieren Nationalstaaten weiter und sie sind, siehe die neue Hochrüstung in den USA, teilweise stärker denn je. Haben Internationaler Währungsfonds (IWF) oder »multinationale Konzerne« die Weltherrschaft übernommen? Tatsächlich war und ist der IWF ein Instrument der starken OECD-Nationalstaaten, vor allem der US-Regierung; die großen Konzerne sind in Wirklichkeit international agierende, aber jeweils national in einem starken Nationalstaat eingebundene Großunternehmen.[6] Die Antwort lautet: Privatisiert wird, weil es in den Nationalstaaten keine »verbindlich planende« Instanz (des Kapitals) gibt, die dafür sorgen würde, dass die genannten Voraussetzungen der Kapitalakkumulation erfüllt würden. Vielmehr waren es meist gesellschaftliche Kämpfe, die dazu beitrugen, diese Voraussetzungen der Kapitalakkumulation zu schaffen oder zu erhalten. Diese Kämpfe wiederum hingen eng mit der Herausbildung von Gewerkschaften und systemoppositionellen Parteien zusammen. Im »Kommunistischen Manifest« aus dem Jahr 1848, das im Allgemeinen als ein revolutionäres Programm gilt, werden unter den zehn »Maßregeln«, die »zur Anwendung kommen« müssen, die folgenden genannt: »Zentralisation des Transportwesens in den Händen des Staates«, »Beseitigung der Fabrikarbeit der Kinder« und »Öffentliche und unentgeltliche Erziehung aller Kinder«.[7] Es handelte sich um Kampfforderungen, die dem Kapital zur damaligen Zeit abgerungen werden mussten. Ein halbes Jahrhundert später, zur Zeit der Sozialistengesetze, waren es die Forderungen nach einer allgemeinen Sozialgesetzgebung, die teilweise noch im Kaiserreich und dann nach der Novemberrevolution von 1918 erfüllt wurden. Ein wichtiger Ausbau der Krankenversicherung, die Lohnfortzahlung im Krankheitsfall, war in der Bundesrepublik Deutschland das Resultat eines mehrwöchigen Metallarbeiterstreiks Ende der 50er Jahre. Die Studentenbewegung 1967/68 bewirkte, dass sich in den 70er Jahren der Anteil von Studierenden aus Elternhäuser mit niedrigem Einkommen knapp verdoppelte.

Alle diese »sozialen Errungenschaften« sind kein logisches Beiprodukt des Nationalstaats. Sie wurden vielmehr gegen den Widerstand des Kapitals und der »nationalen« Regierungen durchgesetzt und in der Regel nach erfolgreichen Kämpfen durch »den Staat« gesetzlich sanktioniert. Das heißt aber auch: Nur eine starke demokratische, gewerkschaftliche und sozialistische Bewegung ist ein Garant dafür, dass in der bürgerlichen Gesellschaft wenigstens Ausbildung, Gesundheit, Altersvorsorge usw. nicht »Privatangelegenheit« – nicht privates Risiko und zugleich Angelegenheit der privatkapitalistischen Ökonomie – ist. Damit reduziert sich der »Sozialstaat« auf das gesellschaftliche Kräfteverhältnis zwischen privatem Kapital einerseits und den demokratischen Gegenkräften andererseits.

Die neue Privatisierungsoffensive

In den OECD-Staaten kam es bis in die 80er Jahre hinein zu einem Ausbau sozialstaatlicher Funktionen. In den USA erfolgte die Wende zur Privatisierungsoffensive Anfang der 80er Jahre mit der Reagan-Ära, in Großbritannien ab Mitte der 80er Jahre unter Margaret Thatcher und im kontinentalen Westeuropa ab Ende der 80er Jahre (in der BRD mit der zweiten Legislaturperiode unter Helmut Kohl). In einer detaillierteren Analyse ließe sich aufzeigen, wo jeweils die Wendemarken lagen (in Großbritannien z. B. bei der Niederlage im großen Bergarbeiterstreik). Die allgemeine *Beschleunigung* dieser Privatisierungsoffensive, die weltweit Anfang der 90er Jahre begann, hat allerdings ein gemeinsames Datum: den Zusammenbruch der DDR und der Sowjetunion und damit der Wegfall der »Systemkonkurrenz«.[8]
Mit diesem Datum erlebten wir ein Zusammenfallen unterschiedlicher nationaler und internationaler Faktoren, die in der Summe eine erhebliche Veränderung der gesellschaftlichen Kräfteverhältnisse zugunsten des Kapitals bei entsprechender Schwächung von Gewerkschaften und demokrati-

scher Gegenbewegung bedeuten. Ein Ausdruck davon sind die massiv sinkenden Zahlen der Gewerkschaftsmitglieder, die wir seit diesem Zeitpunkt in fast allen OECD-Staaten erleben. Seither gilt offiziell die »neoliberale« Wirtschaftslehre, wobei der Begriff bereits das »Zurück« zu den Ursprüngen des Kapitalismus – zum »Liberalismus« in der Zeit des frühen Imperialismus – andeutet.

Die Konkretisierung dieser Wirtschaftstheorie fordert einen »lean state«. Doch auch dies ist Mystifikation; eine wirkliche Entwicklung zum »schlanken Staat« ist nicht festzustellen. Nehmen wir nur das Beispiel Japan. In dieser zweitstärksten kapitalistischen Wirtschaftsmacht hat sich im Zeitraum 1990 bis 2002 die Staatsverschuldung in Prozent des Bruttoinlandsprodukts (BIP) verdoppelt – unter dem Beifall der westlichen Partnerstaaten. Reduziert werden nämlich nur *einzelne Bereiche* der staatlichen Ausgaben, insbesondere die Sozialausgaben. Die über den Staat vermittelten Summen des BIP haben dagegen seit Ende der 80er Jahre Rekordniveau erreicht und verharren in der Regel auf diesem Stand. Auf diesen Zusammenhang verwies der britische *Economist* in einem Artikel mit der Überschrift »The Myth of Powerless State – Der Mythos vom machtlosen Staat«. Der Artikel stellt die Frage, »ob der Druck zur Integration in den Weltmarkt« nicht dazu geführt habe, dass sich in der *Entwicklungsrichtung* ein Rückgang der öffentlichen Ausgaben abzeichne. Der *Economist* antwortet auf diese rhetorische Frage mit: »Nochmals nein! Seit 1980 hat sich der Anteil der öffentlichen Ausgaben am BIP international vergrößert. Im Durchschnitt der OECD-Staaten stieg die Staatsquote von 36 % auf 40 % (...) Tatsache ist, dass die Regierungen der OECD-Länder nach 15 Jahren Integration in den Weltmarkt heute mehr, nicht weniger Ressourcen kontrollieren.«[9]

Was wir erleben ist *kein Abbau von Staat, sondern ein Umbau der staatlichen Ausgaben*. Abgebaut und »privatisiert« –

dem persönlichen Risiko zugeordnet – werden die Bereiche Arbeit und Arbeitslosigkeit, Altersversorgung, Gesundheit, Ausbildung, Bildung und Kultur, Infrastruktur (Bahnen, Telekommunikation, Post). Ausgebaut werden Subventionen für Unternehmen (u. a. durch Steuersenkungen und teilweise Steuerfreistellungen), für einzelne »strategische Sektoren« (wie Gentechnik, Luft- und Raumfahrt), für einzelne Bereiche der Infrastruktur (siehe der EU-Regionalfonds, das EU-Programm »TEN« (»Transeuropäische Netze«) sowie die gewaltigen Investitionen zur Erhebung einer »Lkw-Maut« und, seit Ende der 90er Jahre, erneut für Rüstung. Gefragt sei, so Ellen Meiksins Wood von *Monthly Review*, nicht ein schwacher Staat, sondern ein im Sinne der Konzerne »effizienter Staat«. Die Nationalstaaten sind »der natürliche Kanal, durch den das nationale Kapital in den Weltmarkt eingebettet wird.«[10] Die Nationalstaaten werden auf diese Weise gestärkt für die Schlacht auf dem Weltmarkt – gerade auch auf dem militärischem Sektor.

Aufgrund der zu Gunsten des Kapitals veränderten gesellschaftlichen Kräfteverhältnisse dominiert nunmehr so gut wie ausschließlich die Tendenz der Profitmaximierung, die kaum durch eine Gegenbewegung relativiert wird. Das hat zunächst zur Folge, dass bei all diesen Privatisierungsaktionen die langfristigen volkswirtschaftlichen Kosten letzten Endes die kurzfristigen Gewinne bei weitem übersteigen. Der britische und der deutsche Staat zahlt jeweils für die Nachfolgegesellschaften von British Rail bzw. der Bundesbahn und Reichsbahn mehr Subventionen als zuvor für die früheren staatlichen Eisenbahngesellschaften – bei einem gleichzeitigen Abbau an Service, Qualität und Sicherheit. Die US-Ausgaben für die weitgehend privatisierte Gesundheitsfürsorge liegen als Pro-Kopf-Ausgaben auf einem weltweiten Rekordniveau – bei einem weit schlechteren Standard als beispielsweise in den skandinavischen Ländern. Die Kosten für die in vielen Ländern privatisierten Paketdienste liegen deutlich über denen der vorausgegangenen staatlichen Postdienste – bei gleichzeitig enorm gestiegenen externen Kosten u. a. für die gewaltigen parallelen Infrastrukturkosten Dutzender konkurrierender Unternehmen.

Doch dies ist nur die eine Seite. Weit wichtiger ist die Tatsache, dass mit diesen Privatisierungen die ungezügelten Kräfte eines Turbokapitalismus erneut die Grundlagen der menschlichen Gesellschaft selbst und damit auch die Grundlagen kapitalistischer Produktion untergraben. Das Rad der Wirtschaftsgeschichte wird zurückgedreht, wobei die nunmehr wirkenden kapitalistischen »Produktivkräfte« – Gentechnik mit möglichen irreversiblen, katastrophalen Eingriffen in die Natur, ungebremst gesteigerter Energieverbrauch mit einer Bedrohung des Weltklimas, neue Kriege mit der Folge, dass große Teile der Erdoberfläche für ein menschenwürdiges Leben ausscheiden – ein weit größeres Zerstörungspotenzial haben, als dies im 19. Jahrhundert der Fall war.

Aus der Geschichte von kapitalistischer Produktion und Privatisierung folgt die Erkenntnis, dass nur durch die Gegenwehr demokratischer Kräfte der zerstörerischen und selbstzerstörerischen Tendenz des Kapitals Einhalt geboten werden kann. Das heißt zugleich: Bereits die Verteidigung elementarer Lebens- und Überlebensbedingungen steht in direktem Widerspruch zur Triebkraft der kapitalistischen Gesellschaft. Das Engagement für eine andere, solidarische oder sozialistische Gesellschaft fällt damit zusammen mit der Verteidigung elementarer demokratischer und humanistischer Grundsätze.

Dr. Winfried Wolf, Jg. 1949, seit 1994 für die PDS im Bundestag, Journalist und Autor, zuletzt: »Afghanistan, der Krieg und die neue Weltordnung« (Hamburg 2002). Winfried.wolf @bundestag.de

1 *Financial Times Deutschland* vom 24.9.2001.
2 Das Kapital, Band I, S. 506/507.
3 Marx-Engels-Werke (MEW), Band 19, S. 222.
4 Kennedy, Paul: In Vorbereitung auf das 21. Jahrhundert, Frankfurt (1993), S. 163.
5 Der Nationalstaat hat natürlich eine andere wesentliche Funktion: Die des wirtschaftlichen Schutzes (»protection«) des »nationalen« Kapitals gegenüber den konkurrierenden nationalen Kapitalen. Entsprechend die Politik der Schutzzölle (»Protektionismus«) etc.
6 Ich widerspreche vehement der These, es gebe »multinationale« oder »transnationale« Konzerne. Von den 200 mächtigsten Konzernen der Welt waren im Jahr 1999 76 US-amerikanisch, 40 japanisch, 22 deutsch und weitere 48 britisch, italienisch, niederländisch, schweizerisch oder schwedisch bestimmt. Faktisch befindet sich damit die »globale Kapitalmacht« (187 von 200) unter der Kontrolle der G7-Staaten (plus Schweiz und Schweden). Multinationale Verbindungen erwiesen sich schnell erneut als mononational (DaimlerChrysler) oder mussten wieder aufgelöst werden (Renault-Volvo). Bisher gelang es nicht einmal, EU-Konzerne aufzubauen (Ausnahme: Rüstungs- und Luftfahrtsektor; Airbus/EADS), was, wenn es doch gelänge, nur hieße, dass die alten westeuropäischen Nationalstaaten durch einen größeren, die EU, ersetzt würden. Vgl. in: Wolf, W. (2000): Fusionsfieber. Das große Fressen, Köln, S. 49 ff.
7 Manifest der Kommunistischen Partei, Berlin 1945, S. 67.
8 Auch wenn es sich dabei nicht um sozialistische Staaten handelte, so waren sie doch nicht privatkapitalistisch dominiert. Insbesondere in den Bereichen Soziales und Bildung zeigten sie Alternativen auf, die im Westen angezeigt sein ließen, »mitzuhalten«.
9 *The Economist* vom 7.10.1995.
10 *Monthly Review* 9/1997.

The world united – workers divided?

Ingo Schmidt

Verkehrte Welt: Unternehmer und ihre Verbände, die den Nationalstaat in früheren Zeiten als »geschäftsführenden Ausschuss« für sich in Anspruch nahmen, werben überschwänglich für einen Internationalismus unbegrenzten Warenverkehrs. Andererseits scheinen ArbeiterInnen und ihre Organisationen, von einer national gesinnten Bourgeoisie ehedem als »vaterlandslose Gesellen« diffamiert, zu den letzten Anhängern nationalstaatlicher Regulierungen von Wirtschaft und Gesellschaft geworden zu sein. Insbesondere in den reichen Industrieländern des Nordens steht eine solche Haltung in Widerspruch zu dem einst verkündeten Ideal internationaler Solidarität. Immerhin stehen nationale Regulierungen dort unter dem Verdacht, den privilegierten Status einer »Arbeiteraristokratie« gegenüber dem Proletariat der kapitalistischen Peripherie zu zementieren, den armen Süden gleichsam von den Vorzügen der Globalisierung auszuschließen.
Oder ist die reale Welt doch vielschichtiger als das von Globalisierungsenthusiasten präsentierte Bild von Deregulierung und Marktöffnung, die unweigerlich den Wohlstand aller Nationen mehren und zudem noch für eine (leistungs-)gerechte Einkommensverteilung sorgen?

Eine Verheißung des freien Welthandels: Gleicher Lohn für gleiche Arbeit

Wirtschaftstheoretisch wird die gegenwärtige Phase der Weltmarktintegration mit verschiedenen Versionen klassischer und neoklassischer Ökonomie begründet und gerechtfertigt. Deren Tradition reicht bis in das 18. Jahrhundert zurück, als die kapitalistische Produktionsweise entstand. Bei allen Unterschieden im Detail durchzieht eine gemeinsame Grundüberzeugung diesen Zweig der ökonomischen Dogmengeschichte: Dass nämlich der Abbau politischer Handelsbeschränkungen – egal, ob es sich um Zölle oder Sozial- und Umweltstandards handelt – zu weltweit einheitlichen Marktbedingungen führen würde. Durch das Zusammenspiel von Angebot und Nachfrage bilden sich dann einheitliche Preise für gleiche Waren – und dies an jedem Ort der Welt. Da im Kapitalismus auch Arbeitskraft als Ware gehandelt wird, scheint es, als ließe sich durch die Herausbildung eines unregulierten Weltmarktes die alte Forderung der Arbeiterbewegung nach gleichem Lohn für gleiche Arbeit realisieren. Der (neo-)klassischen Außenhandelstheorie[1] zufolge werden sich die Länder des Nordens, die über einen relativ hohen Kapitalbestand in Form von Maschinen, Gebäuden und Infrastruktur verfügen, auf die Herstellung kapitalintensiver Produkte spezialisieren. Die Nachfrage nach (gering qualifizierter) Arbeitskraft – und damit ihr Lohn – wird daher sinken. Zugleich verlegen sich die Länder des Südens, die in vergleichsweise hohem Maße mit Rohstoffen und Arbeitskraft ausgestattet sind, immer mehr auf die Herstellung arbeitsintensiver Waren. Dort werden Arbeitsnachfrage und Lohn steigen. Da die Weltmarktintegration gleichzeitig mit Lohnsenkungen im Norden und Lohnsteigerungen im Süden verbunden ist, bildet sich ein weltweit gleicher Lohnsatz heraus.

Tatsächlich haben sich die Löhne für (unqualifizierte) Arbeit zwischen Norden und Süden keineswegs angeglichen – wie die Theorie prognostiziert hat. Mehr noch: In einigen Ländern sind die Löhne gegenüber dem Niveau, das sie in den 70er Jahren bereits einmal erreicht hatten, sogar noch zurückgefallen. Dagegen waren deutliche Lohnsteigerungen in den südostasiatischen Tigerstaaten bis zum Ausbruch der Asienkrise 1997 möglich, weil diese Länder seit den 50er Jahren zügig von der Produktion arbeitsintensiver Waren zu industrieller Fertigung mit zunehmend fortgeschrittenen Technologien übergegangen sind.

Insbesondere diese Erfahrung der wirtschaftlichen Entwicklung Südostasiens deutet an, weshalb Weltmarktintegration entgegen den Vorhersagen der klassischen Außenhandelstheorie nicht über Ländergrenzen hinweg zu einer Lohnangleichung führt. Der intensive Einsatz von Maschinen und qualifizierter Arbeit ist im Vergleich mit arbeitsintensiven Produktionsmethoden mit einem sehr viel schnelleren technischen Fortschritt verbunden. Die damit verbundenen Produktivitätsfortschritte erlauben es, auch für unqualifizierte Arbeit steigende Löhne zu zahlen, ohne dass die Gewinne hierdurch verringert würden. Von diesem Fortschritt bleiben Länder, die sich ausschließlich und dauerhaft auf die Produktion arbeits- bzw. rohstoffintensiver Waren spezialisieren, allerdings ausgeschlossen.

Dies ist einer der beiden entscheidenden Gründe, weshalb sich die Lohnschere zwischen Metropolen und Peripherien trotz Weltmarktintegration und nur geringen Lohnsteigerungen im Norden eher weiter geöffnet und nur in ganz wenigen Ausnahmen geschlossen hat. Der andere Grund besteht darin, dass das Angebot an Arbeitskräften, die in den Exportsektoren der Peripherien arbeiten, in Folge der Globalisierung viel stärker angewachsen ist als die entsprechende Nachfrage. Dazu haben die – vielfach durch Internationalen Währungsfonds und Weltbank erzwungene – Verschiebung von Subsistenzwirtschaft und Produktion für den Binnenmarkt zur Weltmarktproduktion entscheidend beigetragen. Dadurch ist in den betroffenen Ländern ein Überschussangebot an Arbeitskräften entstanden, das Lohnsteigerungen – welche die Theorie unter der Annahme von Vollbeschäftigung als notwendige Folge der Weltmarktintegration ableitet – verhindert hat.

Die Realität: Fragmentierte Arbeit im globalen Kapitalismus

Deregulierung und Marktöffnung führen nicht zu allgemeinen Wohlstandssteigerungen und einer länderübergreifenden Angleichung der Einkommensverhältnisse gemäß der klassischen Außenhandelstheorie. Und diese Politik stellt erst recht nicht die Befreiung des »mündigen Bürgers« von »staatlicher Bevormundung« dar. Überhaupt zieht sich der Staat ja keineswegs aus der Gesellschaft zurück, er verlagert seine Tätigkeit lediglich: Statt politische und soziale Schutzrechte für ArbeiterInnen zu setzen, baut er Überwachungs- und Repressionsapparate aus. Die Zurückdrängung des *welfare state* zu Gunsten des *workfare state* lässt die Zwänge kapitalistischer Lohnarbeit wieder sehr viel deutlicher und härter spürbar werden.

ArbeiterInnen sind generell gezwungen, ihre Arbeitskraft zu verkaufen, weil sie ohne Eigentum an Geld- oder Sachvermögen auch nicht die freie Entscheidung über die Verwendung solcher Vermögen haben. Da im kapitalistischen Produktionsprozess jedoch ArbeiterInnen unterschiedlicher Qualifikationen eingesetzt werden und der Einsatz in gleicher Weise qualifizierter Arbeitskraft je nach Produktionszweig und Technologie zu unterschiedlichen Produktivitätsniveaus führt, nimmt die Lohnarbeit unterschiedliche Formen an, vom Handlanger bis zum Ingenieur oder in neuerer Zeit vom McJob bis zur Computerspezialistin. Diese Hierarchie innerhalb der Arbeiterklasse ist zugleich mit unterschiedlichen Formen des Zwanges zum Verkauf der Lohnarbeit, direkter Kontrolle, aber auch Autonomie am Arbeitsplatz verbunden.

Dabei ist es durch Deregulierung, vertiefte Weltmarktintegration, aber auch durch die Einführung neuer Formen der Unternehmensorganisation und Technologien zu wichtigen Veränderungen gekommen.

In der Zeit des langen Aufschwungs nach dem Zweiten Weltkrieg hatte sich in den kapitalistischen Metropolen eine Arbeiterklasse herausgebildet, die nach industriellen Sektoren und dem Prinzip »Ein Betrieb – Eine Gewerkschaft« organisiert war. In diesen Industriegewerkschaften wurden Unterschiede in der Qualifikation und den Handlungsspielräumen am Arbeitsplatz durch entsprechende Eingruppierung in eine Lohnhierarchie zwar berücksichtigt. Trotzdem wurden auch gemeinsame Interessen bezüglich Lohnentwicklung und Arbeitszeit formuliert und teilweise auch durchgesetzt. Über die Betriebe hinaus haben sich die Gewerkschaften dafür eingesetzt, soziale Sicherungssysteme im Falle von Arbeitslosigkeit, Krankheit und Alter auszubauen. Der Kern dieses Organisationsmodells war das Bündnis zwischen unqualifizierten Arbeitskräften und – fast durchweg männlichen – Facharbeitern.

Diese – durch einen hohen Organisationsgrad einigermaßen vereinheitlichte und daher durchsetzungsstarke – Form der Arbeiterklasse hat sich weitgehend aufgelöst, da unqualifizierte Industriearbeit durch den Einsatz von Maschinen ersetzt oder in die kapitalistische Peripherie ausgelagert wurde. Zudem wurden Unternehmen häufig in eine größere Zahl von Organisationseinheiten – so genannte Profit Center – aufgegliedert oder Fremdfirmen mit einzelnen Fertigungsschritten beauftragt – so genanntes Out-Sourcing. Der Betrieb als ein Ort, an dem ArbeiterInnen mit unterschiedlichen Qualifikationen und Tätigkeiten in einem kollektiven Arbeitsprozess tätig sind und über die damit verbundene Kommunikation zugleich ein gemeinsames Klassenbewusstsein ausbilden können, hat dadurch an Bedeutung verloren.

Immer mehr Menschen arbeiten heute in Wirtschaftsbereichen, die nur geringe Produktivitätsfortschritte aufweisen – und zwar unabhängig von ihrem Qualifikationsniveau. Dies gilt für sozial kaum abgesicherte Hire-and-fire-Jobs, deren Ausübung nur eine kurze Anlernphase benötigt, ebenso wie für Dienstleistungsberufe, die lange Ausbildungszeiten erfordern und durch ein recht hohes Maß eigenverantwortlicher Tätigkeit gekennzeichnet sind. Beispiele für die zuerst genannte Kategorie sind Reinigungskräfte und Beschäftigte in Fast-Food-Restaurants oder Call-Centern. In die zweite Kategorie fallen Pflegepersonal oder Operator in Rechenzentren. Die Bedeutungszunahme solcher Dienstleistungstätigkeiten – gemessen an Beschäftigten- und Wertschöpfungsanteilen – führt dazu, dass das gesamtwirtschaftliche Produktivitätswachstum trotz riesiger Produktivitätssteigerungen in der Industrie sehr gering ist.
Im Nachkriegsaufschwung stieg die Produktivität unqualifizierter Industriearbeit durch den Einsatz neuer Technologien und zusätzlichen Kapitals in ähnlichem Umfang wie diejenige qualifizierter Arbeit. Auf dieser Basis konnten unter Beibehaltung einer gegebenen Lohnhierarchie gleiche Lohnzuwächse ausgehandelt werden. Weil Dienstleistungstätigkeiten zunehmen, die selbst bei Einsatz hoch qualifizierter Arbeitskraft und modernster Technologie – beispielsweise im Gesundheitswesen – nur geringe Produktivitätszuwächse aufweisen, ist es kaum noch möglich, gemeinsame Interessen zu formulieren. Vielmehr entsteht ein großes Problem für gewerkschaftliche Organisierung und Interessenvertretung: Lohnerhöhungen, die sich am Produktivitätsfortschritt der Industrie orientieren, würden in den Dienstleistungssektoren mit geringeren Produktivitätszuwächsen zu steigenden Lohnstückkosten bzw. geringeren Gewinnen führen. Daher werden Unternehmen in diesen Bereichen einer solchen Lohnpolitik entschiedenen Widerstand entgegensetzen. Folgt die

Lohnentwicklung dagegen den Produktivitätszuwächsen in den jeweiligen Sektoren, kommt es zu einer zunehmenden Lohnspreizung zwischen Beschäftigten der meisten Dienstleistungsbereiche und der Industrie. Dies wäre das Ende solidarischer Lohnpolitik.

Sektoraler Wandel führt offenbar, zusammen mit Rationalisierung, Deregulierung, neuen Formen der Unternehmensorganisation und Internationalisierung der Produktion, zu einer Fragmentierung der Arbeiterklasse in den kapitalistischen Metropolen.[2] Allerdings tritt diese keineswegs an die Stelle einer vormals homogenen Klasse. Zwar werden die bisherigen Formen der Interessenformulierung, -bündelung und -durchsetzung zunehmend hinfällig, aber auch sie waren schon – in anderer Weise als heute – von einer fragmentierten Arbeiterklasse ausgegangen. Also geht es nicht um den Übergang von einer homogenen zu einer vielfach gespaltenen Klasse, der eine solidarische Arbeiterpolitik in der Gegenwart objektiv unmöglich machen würde. Stattdessen ergibt sich die Chance, auf Grundlage veränderter Sozialstrukturen neue Formen der politischen Interessenartikulation zu finden.

Eine politische Aufgabe: Internationale Solidarität

Dass das Organisationsprinzip »Ein Betrieb – Eine Gewerkschaft« unter den Bedingungen organisatorischer und räumlicher Zergliederung von Arbeitsprozessen, die zuvor an einem Produktionsstandort zusammengefasst waren, immer mehr ins Leere läuft, wurde schon gesagt. Darüber hinaus ist es unangemessen, wenn die wirtschaftliche Entwicklung in einzelnen Branchen sehr unterschiedlich verläuft. Wenn die betriebs- oder auch branchenorientierte Gewerkschaftspolitik fortgeführt würde, hieße das, dass sich unterschiedliche Produktivitäten – unabhängig vom Gebrauchswert der hergestellten Waren – in entsprechende Unterschiede bei Einkommen und Arbeitsbedingungen übersetzen. Schließlich führte die starke Ausrichtung am Betrieb bislang in aller Regel dazu, dass dessen Einbindung in die Region vernachlässigt wurde. Negative Umwelteffekte einer Produktionsstätte, der Aufbau der notwendigen Verkehrsinfrastruktur und ähnliche Fragen, die für die Lebensbedingungen von Beschäftigten wie auch der gesamten lokalen Bevölkerung eine Rolle spielen, blieben aus Gewerkschaftssicht oft unbeantwortet.

Vielleicht könnte die Entwicklung eines »Social Movement Unionism« zur Lösung der genannten Probleme beitragen. Dabei ginge es um die Zusammenarbeit der Beschäftigten aus ganz unterschiedlichen Betrieben sowie mit sozialen Bewegungen.

Sektorale Differenzen in den Produktionsbedingungen, die sich mit Mitteln betrieblicher oder branchenweiter Tarifpolitik nicht überbrücken lassen, könnten beispielsweise durch sozialstaatliche Eingriffe ausgeglichen werden. Hierfür wäre eine branchenübergreifende Mobilisierung zur Durchsetzung wirtschaftspolitischer Alternativen zu Deregulierung und Marktöffnung erforderlich. Für die Abschaffung umweltzerstörender Produktionstechniken könnten Umweltorganisationen und Gewerkschaften gemeinsam kämpfen.

Die Liste möglicher Koalitionen zwischen Gewerkschaften – also der »alten« sozialen Bewegung – und »neuen« sozialen Bewegungen gegen Umweltzerstörung, Frauenunterdrückung und Rassismus auf lokaler und nationaler Ebene ließe sich problemlos fortführen. Mit Blick auf die eingangs erwähnten Ängste, mit denen Globalisierung für eine Mehrheit von abhängig Beschäftigten verbunden ist, sei jedoch insbesondere auf mögliche Perspektiven internationaler Gewerkschaftspolitik verwiesen. Dabei ist Folgendes zu beachten: Standortkonkurrenz, die von Unternehmen mit dem Ziel der Senkung von Löhnen und sozialen Standards inszeniert wird, findet kaum noch zwischen dem reichen Norden und dem armen Süden statt. Die Verlagerung unqualifizierter Industriearbeiten in die Peripherien, die in den 70er Jahren begonnen hat, ist weitgehend abgeschlossen.

Die Konkurrenz zwischen den Beschäftigten in verbliebenen sowie auch neu entstandenen Industrie- und Dienstleistungsberufen spielt sich zumeist innerhalb der kapitalistischen Metropolen ab. Um die konkurrenzvermittelte Absenkung von Löhnen und Sozialstandards zu verhindern und im Gegenteil bessere Arbeits- und Lebensbedingungen für die abhängig Beschäftigten durchzusetzen, ist deshalb die Zusammenarbeit nationaler Gewerkschaften in den Metropolen erforderlich. Über den Austausch von Informationen und die Formulierung gemeinsamer Grundsatzziele hinaus ist insbesondere die Setzung einheitlicher Standards anzustreben. Erste, noch sehr schwache Ansätze hierzu gibt es bei der Koordination der Tarifpolitik in Europa[3] sowie bei der Bildung von Betriebsräten in multinationalen Konzernen.

Anders stellt sich das Verhältnis zwischen ArbeiterInnen in Metropolen und Peripheriestaaten dar. Auch wenn bei ersteren die Angst verbreitet ist, als Folge von Globalisierung würde ihr Einkommensniveau auf das der letzteren sinken, ist doch Folgendes festzuhalten: Bislang haben die ArbeiterInnen des Südens ungleich größere Nachteile durch die Globalisierung erlitten als die des Nordens.

Der Import billiger Massenkonsumgüter, Rohstoffe und Agrarprodukte aus den Peripherien ermöglicht es den ArbeiterInnen in den Metropolen, trotz stagnierender oder mitunter sogar sinkender Realeinkommen eine größere Menge an Gebrauchswerten zu kaufen. Auf diese Weise konnte der Druck auf Löhne und soziale Sicherungssysteme im Norden gemildert werden, während er sich im Süden noch drastisch verschärft hat. Sicherlich hat sich die soziale Lage der Arbeiterklassen in den Metropolen verschlechtert, nachdem die dortigen Bourgeoisien die in den 70er Jahren ins Stocken geratene Kapitalakkumulation durch Rationalisierung des Arbeitsprozesses, Reorganisation von Unternehmen und Lohnabbau wieder zu beschleunigen versucht haben. Die gleichzeitig begonnene Politik der weltweiten Marktöffnung hat es jedoch ermöglicht, einen Teil dieser »Anpassungskosten« auf die Länder des Südens abzuwälzen.[4] Andererseits hat gerade die Politik der Globalisierung zu einer enormen Destabilisierung der Weltwirtschaft beigetragen. Währungs- und Wirtschaftskrisen in Mexiko 1994, Asien 1997, Brasilien und Russland 1998, gegenwärtig in Argentinien und der Türkei machen deutlich, dass sich soziale Konflikte im Norden nicht dauerhaft zu Lasten der Entwicklungschancen der Peripherien entschärfen lassen. Gewerkschaften im Norden und Süden tun daher gut daran, gemeinsam für eigenständige Entwicklungsmöglichkeiten der Peripherien zu kämpfen und dadurch die gegenwärtige Hierarchie in der Weltwirtschaft aufzuheben.[5] Mit der Entwicklung des Südens würde im Übrigen auch die im Norden verbreitete Angst vor einem Race-to-the-Bottom gegenstandslos.

Dr. Ingo Schmidt, Jg. 1964, Hochschullehrer an der FHTW Berlin, ist Mitglied der Arbeitsgruppe Alternative Wirtschaftspolitik und im wissenschaftlichen Beirat von Attac. ischmid@gwdg.de

Ressourcen:
LaborNet: www.labornet.org
Labor Notes: www.labornotes.org

1 Eine sehr gute Darstellung und Kritik der klassischen Außenhandelstheorie findet sich in: Schoeller, W. (2000): Die offene Schere im Welthandel – und wie sie zu schließen ist, Heilbronn.

2 Damit verbundene Diskriminierungen am Arbeitsmarkt werden anschaulich erläutert in: Albelda, R. et al. (1997): Unlevel Playing Fields – Understanding Wage Inequality and Discrimination, New York et al.

3 Ansatzpunkte einer koordinierten Tarifpolitik in Europa werden vorgestellt in: Schulten, T./Bispinck, R. (Hrsg.) (1999): Tarifpolitik unter dem Euro, Hamburg.

4 Ein umfassender Überblick über die Lage von ArbeiterInnen in unterschiedlichen Ländern und Sektoren findet sich im Socialist Register 2001: Pantich, L./Leys, C. (Hrsg.) (2001): Working Classes – Global Realities, London.

5 Perspektiven einer internationalistischen Arbeiterbewegung im globalen Kapitalismus werden diskutiert in: Moody, K. (1997): Workers in a Lean World, London/New York. Sowie: Wood, E. M. et al. (Hrsg.) (1998), Rising from the Ashes? Labor in the Age of ›Global‹ Capitalism, New York.

Leben in einer globalisierten Welt

Globalisierung ist gesundheitsschädlich

Jutta Sundermann

»Gesundheit ist keine Ware« pinseln die jungen Leute mit leuchtender Farbe auf den weißen Transparentstoff. Sie glauben nicht an das Bekenntnis der Gesundheitsministerin für den Erhalt der solidarischen Gesetzlichen Krankenversicherung (GKV). Schließlich liegt aus dem Haus des Bundeskanzlers schon seit Frühjahr 2001 ein umfassender Katalog für eine neoliberale Gesundheitsreform nach der Bundestagswahl vor. Danach soll die heutige solidarische Krankenversicherung mit großer Umverteilungswirkung abgelöst werden durch ein System mit Basis-Leistungen für alle und privat versicherten Zusatzleistungen.

Die AktivistInnen der Kampagne gegen die Privatisierung im Gesundheitswesen fürchten eine Amerikanisierung der sozialen Sicherung: Zwar gibt heute kein Land so viel für sein Gesundheitswesen aus wie die USA, doch kann dort eine moderne Behandlung, Vor- und Nachsorge-Untersuchungen nur erwarten, wer über die entsprechenden finanziellen Mittel verfügt. Die Krankenversicherungen sind inzwischen in den USA weitgehend privatisiert. Gleichzeitig sind mittlerweile 44 Millionen AmerikanerInnen ohne Krankenversicherung. Eine ernsthafte oder chronische Erkrankung wird zur ökonomischen Existenzfrage, viele Menschen suchen Kliniken nur noch im akuten Notfall auf, da dann die staatliche Gesundheitshilfe zahlt – in vielen Fällen ist das zu spät.

Jeder kennt das Lied von der Kostenexplosion im Gesundheitswesen, die auch Hauptbegründung für die weit reichenden Reformdiskussionen in Deutschland ist. Dabei wird hier geschummelt: Die Kosten sind nicht »explodiert«. Misst man den Anteil der Gesundheitsausgaben am Bruttosozialprodukt (BSP) über die letzten 25 Jahre in der Bundesrepublik, ist festzustellen, dass er fast konstant geblieben ist. Dramatisch entwickelt sich aber das Aufkommen bei den Krankenkassen nach unten, am BSP gemessen. Die Lohnquote in Deutschland sinkt, von dem verdienten Geld in diesem Land stammt immer weniger aus klassischen Arbeitsverhältnissen. Kapitaleinkommen, Selbstständigengehälter und ähnliche Einnahmen sind aber nicht berücksichtigt in den Kassentöpfen. Zudem befreit die Beitragsbemessungsgrenze Spitzenverdiener von der Umverteilungs-Regel.

Die bevorstehenden Privatisierungen verändern das Gesundheitssystem gleich an mehreren Stellen. Landauf, landab wird derzeit die Organisationsstruktur von Krankenhäusern umgebaut, mit dem Ziel, die öffentlichen Kassen zu entlasten und eine effizientere Versorgung zu ermöglichen. Doch wer Marktregeln auf das Gesundheitswesen anwenden will und PatientInnen zu KundInnen macht, macht den Bock zum Gärtner. Denn damit sich private Kankenhäuser rechnen, werden Kosten gespart und zahlungskräftige PatientInnen umworben.

Nicht nur die Kampagne »Gesundheit ist keine Ware« bezweifelt die oft beschworene Effizienzsteigerung und warnt eindringlich vor sinkenden Standards für alle, die nicht umfassend privat versichert sind. In Großbritannien, den USA und anderen Ländern häufen sich die Beispiele, in denen gerade in privaten Kliniken Personal hoffnungslos überlastet ist, Entlassungen von Patienten zu früh erfolgen oder aus Gewinnerwartung überflüssige Behandlungen verordnet werden. Selbst Hygienestandards sinken besorgniserregend.

Eine der Krankenhausketten, die derzeit expandieren, ist die Helios-Kliniken GmbH. Sie betreibt mittlerweile 19 Kliniken in Deutschland und Österreich und wirbt auf ihrer Internetseite:
»Die Weltwirtschaft befindet sich inmitten einer Umwälzung. Der Wissens- und Warenaustausch vermehrt sich explosionsartig. Mit dieser rasanten Entwicklung wird eine stürmische Zunahme der Zahl von Menschen einhergehen, die über ein Jahreseinkommen von mehr als 50.000 US-$ verfügen. Und ab diesem Betrag beginnen Menschen zunehmend intensiver Gesundheitsdienstleistungen nachzufragen. Von diesen wiederum sind unverzichtbar die technisch-medizinischen Spitzenleistungen, die in Krankenhäusern der Akutversorgung erbracht werden. Der weltweite Markt für Krankenhausketten wächst also explosionsartig, auch wenn derzeit nur wenige Schwellenländer haltbare Ordnungsrahmen entworfen haben und so die wirtschaftlich mögliche Entwicklung noch verzögern.«
Arme Menschen gehören nicht zum bevorzugten Kundenkreis der Klinikkette. Ihr Interesse sind mehr die gewinnversprechenden Investionen.

Nicht gehaltene Versprechen

»Der gewöhnliche Mensch lebt heute leichter, bequemer und sicherer als früher der Mächtigste. Was schert es ihn, dass er nicht reicher ist als andere, wenn die Welt es ist, die ihm die Straßen, Eisenbahnen, Hotels, Telegraphen, körperliche Sicherheit und Aspirin® zur Verfügung stellt.« Anders als es Multi-Konzern Bayer den spanischen Philosophen José Ortega y Gasset von der Firmenhomepage aus verkünden lässt, stellt die durchökonomisierte Welt ihren BewohnerInnen mitnichten automatisch zur Verfügung, was sie brauchen.

Das Zitat wird zynisch, wenn man weiß, dass Bayer zusammen mit anderen 38 international tätigen Pharmakonzernen gegen Südafrika klagte, weil die dortige Regierung beschlossen hatte, billigere, von einem indischen Hersteller nachgebaute AIDS-Medikamente zu importieren. Damit verstieß Südafrika gegen den Patentschutz. Der Prozess zog sich über viele Monate, in denen mehrere Hunderttausend Menschen an AIDS starben. Gleichzeitig mehrte sich ein internationaler Protest und zwang im Frühjahr 2001 die Konzerne, ihre Klage zurückzuziehen.
Anhand der Politik der Pharmakonzerne lässt sich auch sonst aufzeigen, wie sich der Zugang zu Gesundheit für die Ärmsten unter Marktbedingungen entwickelt: Wo kein Markt erwartet wird, gibt es auch kaum ein Interesse der Pharmaindustrie, die benötigten Medikamente zu produzieren. So stellte sie die Herstellung günstiger Mittel gegen die tödliche, aber nur noch in ärmsten Ländern verbreitete Schlafkrankheit ebenso ein wie gegen die Wurmerkrankung Bilharziose. Das Mittel für letztere kam wieder auf den Markt, als europäische Schäfer für ihre Tiere eben jenes Mittel zur Entwurmung verstärkt anforderten.
Aber auch schon die Entwicklung muss sich lohnen: So sind die umstrittenen AIDS-Medikamente samt und sonders zugeschnitten auf den im Norden verbreiteten Typ des HI-Virus. Und die Forschung an verbreiteten Tropenkrankheiten fristet ein Schattendasein neben der kapitalintensiven Entwicklung von neuen Medikamenten gegen Zivilisationskrankheiten oder von Glücks- und Potenzpillen.

Zugang zu Gesundheit bedeutet natürlich mehr als bezahlbare Medikamente. 1978 entwickelte die Weltgesundheitsorganisation (WHO) das Konzept der Basisgesundheitsversorgung (primary health care), das neben den Medikamenten eine Mindestzahl an Ärzten oder Gesundheitspromotoren vorsieht und ausreichende Ernährung, sauberes Wasser sowie Müll- und Abwasserbeseitigung zur Grundvoraussetzung von Gesundheit erklärt.

Heute scheint dieses Konzept kaum noch das Papier wert zu sein, auf dem es geschrieben wurde.
Gerade für die armen Länder hat der Trend zur Privatisierung fatale Folgen.
Während die Barackenklinik ohne Personal, Ausstattung und Medikamente in den Armenvierteln kaum eine Basisversorgung leisten kann, liegt fast in Sichtweite die nächste moderne Klinik mit umfassender Ausstattung – nur, dass der Zugang hier den Besitzlosen verwehrt ist.
In Chile, wo seit 1981 private Krankenkassen zugelassen sind, schöpfen diese »den Rahm ab«, indem sie junge, erwerbstätige Menschen werben, die gute Einkommen haben und verhältnismäßig wenig krank sind. Mit zunehmendem Lebensalter erhöhen die privaten Kassen ständig die Prämien – die Versicherten müssen irgendwann aufgeben, gehen im Alter oder bei chronischer Erkrankung wieder zur öffentlichen Kasse, die unter der Belastung und der beschnittenen Umverteilung immer mehr in die Knie geht.

Die Mehrheit der Menschen in den Entwicklungsländern steht jedoch nicht vor der Frage, ob sie einer privaten oder öffentlichen Kasse beitritt.
Zahlreiche teilweise höchst kreative Selbsthilfelösungen versuchen einen Zugang zu Gesundheit von unten zu schaffen und wertvolle Strukturen auf Community-Ebene einzurichten. Etliche fordern dabei ihre Regierungen auf, Verantwortung für das Recht auf Gesundheit zu übernehmen.

Die Gesundheit und internationale Institutionen

In Porto Allegre verabschiedete 2002 ein breites Bündnis verschiedener Kampagnen und Organisationen eine gemeinsame Erklärung über Gesundheit für alle. Die Gesundheit auf die Tagesordnung zu nehmen ist auch deshalb sinnvoll, weil hier ein Menschenrecht durch Weltwirtschaftspolitik massiv unter Druck geraten ist.

Im Reigen der internationalen Institutionen und Abkommen ist der Zugang zu Gesundheit in den meisten seiner Facetten bereits erfasst – im Sinne des Warencharakters, nicht im Sinne der Menschen(rechte).

Die Welthandelsorganisation WTO sichert Pharmakonzernen über das Abkommen zum Schutz geistigen Eigentums (TRIPS) weitgehende Patentrechte auch auf Medikamente zu. Auf dieses Abkommen beriefen sich auch die klagenden Pharmakonzerne in ihrem Prozess gegen Südafrika sowie die USA in einem ähnlichen Verfahren gegen Brasilien.

Das derzeit weiter verhandelte Dienstleistungsabkommen (General Agreement on Trade in Services, GATS) macht den großen Anbietern von Gesundheitsdienstleistungen Hoffnung auf Milliardenmärkte. Dienstleistungen gelten als einer der Wachstumsmärkte der Zukunft. Die angestrebten Liberalisierungen drohen die Handlungsspielräume z. B. für solidarische Umverteilung auf staatlicher Ebene immer weiter einzuschränken. Kein Dienstleistungs-Bereich ist prinzipiell ausgenommen, auch nicht die Krankenhäuser und Gesundheitskassen. Der Internationale Währungsfonds (IWF) verordnet seinen Kreditnehmern neoliberale Strukturanpassungsmaßnahmen, die die weitgehende Privatisierung von Gesundheitssystemen unumgänglich macht.

Die Akteure der internationalen Finanzmärkte, allen voran die großen Versicherungskonzerne, lecken sich die Finger nach den Geldern Privat-Versicherter.

Hoffnung auf eine neue internationale Solidarität

Die Situation erfordert eine Auseinandersetzung um Gesundheit in Deutschland ebenso wie weltweit. Das ist nicht zu trennen, denn die Logik des Standortwettbewerbs bringt Solidarsysteme überall in Gefahr.
Mit Slogans wie »Gesundheit ist keine Ware« und »Privatisierung ist gesundheitsschädlich« ziehen GlobalisierungskritikerInnen vor Rathäuser, Parlamente und in die Fußgängerzonen. Die Gesundheitskampagne, die von Attac, den Gewerkschaften, medico international und einigen anderen Organisationen getragen wird, will die Kapitulation vor einer angeblichen Unbezahlbarkeit verhindern. Sie tritt an, das Solidarprinzip zu verteidigen und zu verbessern. Die GlobalisierungskritikerInnen wollen auch weiterhin ein Gesundheitssystem, das auf einer Umverteilung beruht, von den Reicheren zu den Ärmeren und vor allem von den Gesünderen zu den Kranken.

Auf einer Aktionskonferenz der Gesundheits-Kampagne im April 2002 in Heidelberg wurde die Vision einer Globalisierung des Solidarprinzips beschworen. Diese Perspektive will den Bogen schlagen von der drohenden Gesundheits-Reform in Deutschland zur Gesundheits-Versorgung in den ärmsten Ländern und von den AktivistInnen in den Industrieländern zu den Projekten und Netzwerken im Süden.
Optimistisch stimmt die Akteure der Erfolg des Protestes gegen die Pharmaindustrie. Die Klage gegen Südafrika hat die weißen Westen der Konzernvertreter beschmutzt und eine internationale Diskussion möglich gemacht. Diese Diskussion gilt es voranzutreiben, über die Medikamentenfrage hinaus.
Globalisierung ist kein Naturgesetz: Ein entschiedenes »Nein« zum Wandel des Rechts auf Gesundheit zu einem Ge-

schäft mit der Gesundheit ist möglich und wird weltweit immer lauter angestimmt.

Jutta Sundermann, Jg. 1971, freie Journalistin und Publizistin, arbeitet für medico international. Jutta.s@jpberlin.de

Schulden

Ann Pettifor

Wir leben heute in einem globalen Wirtschaftssystem, das wieder, wie schon in den 20er Jahren, vom internationalen Finanzkapital beherrscht wird. Einer Schätzung zufolge machte der Handel vor den 70er Jahren über 90 % aller internationalen Transaktionen aus, der Kapitalfluss dagegen nur 10 %. Trotz eines gewaltigen Anstiegs des globalen Handels hat sich dieses Verhältnis inzwischen umgekehrt. Nicht im direkten Zusammenhang mit dem Handel von Waren und Dienstleistungen stehende Finanzströme machen heute 90 % der Transaktionen aus.[1] Der Großteil des Kapitals fließt in stark schwankende Aktien und Wertpapiere sowie in Investitionen und kurzfristige Darlehen. 1992 beliefen sich die Finanzanlagen der Industrieländer der OECD auf 35 Billionen US-$ – das Doppelte der wirtschaftlichen Produktion der OECD-Länder. McKinsey & Co errechneten, dass die gesamten Kapitalinvestitionen bis zum Jahr 2000 auf 53 Billionen US-$ ansteigen würden – das Dreifache der Wirtschaftsproduktion der OECD-Volkswirtschaften.[2]
Zu diesem Wandel in der globalen Wirtschaft – dem Umschwung von der Dominanz des Industriekapitals zu der des Finanzkapitals – kam es nicht »von selbst« oder spontan. Wie Eric Helleiner aufzeigte, ist er das Ergebnis bewusster Politik, die zuerst von der Londoner City und der britischen Regierung und später von der Wall Street und der amerikanischen Regierung betrieben wurde.[3] Beide Regierungen nutzen den Internationalen Währungsfonds (IWF) für die Umsetzung effektiver deflationärer Maßnahmen, deren Zweck letztendlich nicht darin besteht, die Armut zu mindern – man bewahre uns vor dem Schwindel, der Fonds diene der Armutsbe-

kämpfung und Wachstumsförderung! –, sondern immer und ausschließlich darin, den Wert der Gläubigervermögen zu schützen.

In den 20er Jahren ergriff man ähnliche deflationäre wirtschaftspolitische Maßnahmen, um Entlassungen von Mitarbeitern aus öffentlichen Ämtern zu rechtfertigen, um Löhne niedrig und die Arbeitslosenrate hoch zu halten. Die wichtigste dieser Maßnahmen war die Stabilisierung der Währungen, die nach dem Goldstandard festgelegt wurden, um den Schuldendienst an den ausländischen Anleihegläubigern zu garantieren. Heute geht fast dasselbe vor sich. Statt des Goldstandards haben wir jetzt die Dollarherrschaft und so genannte Currency-Boards. Die Währungen werden stabilisiert, um den Wert der Gläubigervermögen zu garantieren und zu bewahren – insbesondere den Wert der Schuldenzahlungen an ausländische Anleihegläubiger und andere Kreditoren. Der IWF, der Vertreter aller internationalen staatlichen und privaten Kreditgeber, greift in den Markt ein und ordnet eine Reihe politischer Maßnahmen an (als Strukturanpassungsprogramme bekannt). Der wahre Zweck dieser Maßnahmen ist es, (a) die Vermögenswerte der internationalen Kreditgeber und Investoren zu schützen und (b) den ausländischen Investoren, Kreditgebern und Spekulanten zu erlauben, aus den Schuldnerländern Vermögenswerte abzuziehen und zu transferieren.

Von zentraler Bedeutung für unsere globale, vom Finanzkapital beherrschte *Plan*wirtschaft ist das starke Druckmittel der Schulden. Schulden fungieren als Schlüsselmechanismus beim Vermögenstransfer von den Schwachen zu den Starken, von den Schuldnerländern zu den internationalen Gläubigern, von den Steuerzahlern und Lohnempfängern zu den Inhabern von Papierwerten, von den Produktiv- zu den Finanzaktivitäten.[4] Ohne den Schuldenhebel wären die Entscheidungsträger des IWF nicht in der Lage, in die Volkwirtschaften der armen Länder einzugreifen und deflationäre Maßnahmen sowie die – für derartige Transfers wesentliche – Deregulierung der Kapitalmärkte aufzuerlegen.

Argentinien in der Falle

Eines der vielen Länder, deren Volkswirtschaft durch die Aktivitäten internationaler Gläubiger und Investoren erschüttert und degradiert wurde, ist Argentinien. Andere sind Indonesien, die Türkei, Pakistan, Russland und Nigeria – um nur einige der größeren zu nennen.
Durch die lange Geschichte der ökonomischen Dominanz ausländischer Gläubiger in Argentinien ist die Wirtschaft nach deren Interessen ausgerichtet und nicht zugunsten einer ausgeglichenen Entwicklung der Gesamtwirtschaft oder der Bevölkerung. Das Resultat ist, dass Argentinien der Spirale aus Boom, Einsparungen und Pleite nicht zu entkommen vermochte; ebenso wenig wie dem vorhersehbaren Kreislauf aus politischer Repression und Korruption, der mit diesen Entwicklungen einhergeht. Anfang 2002 lebten 45 % der 36 Millionen Einwohner Argentiniens – einem Land, das einmal zu den reichsten der Welt gehört hatte – unterhalb der Armutsgrenze, während die Arbeitslosigkeit auf über 20 % kletterte. Argentiniens Finanzminister Domingo Cavallo wurde ausgiebig für den »Erfolg« seines Konvertibilitätsplans von 1991 gelobt; ein Gesetz, das fast zehn Jahre lang die Anlagen ausländischer Gläubiger schützte. Während dieser Zeit verwaltete Cavallo den Rekordanstieg der argentinischen Auslandsschulden von 65 Milliarden 1991 auf 160,2 Milliarden US-$ im Jahr 2001. Diese Aufnahme von Auslandsschulden, die der Zentralbank eine harte Währung garantierte, versetzte Argentiniens Eliten in die Lage, an Devisen zu gelangen, um diese dann – in Form von »Kapitalflucht« –

ins Ausland zu exportieren. Ein Prozess, der durch argentinische Niederlassungen ausländischer Banken erleichtert wurde. Überhaupt entsprechen Argentiniens Auslandsschulden ziemlich exakt der Summe, die durch »Kapitalflucht« das Land verlassen hat.

Das Fehlen jeglicher Regulierung für ausländische Gläubiger führte während der Militärdiktatur (1976–1983) zu einem Anstieg der Staatsschulden von 7,8 Milliarden US-$ 1975 auf 46 Milliarden US-$ bis1984. Unter dem Militärregime wurden Milliarden von Dollars an Privatschulden, von denen sowohl argentinische als auch ausländische Unternehmen mit Sitz in Argentinien betroffen waren, letzten Endes verstaatlicht und in die öffentlichen Schulden integriert. Diese Schulden machen jetzt etwa 20 % der argentinischen Gesamtschulden von ca. 211 Milliarden US-$ aus.

Nach der unvermeidbaren und voraussehbaren Zahlungsunfähigkeit Argentiniens 2002 haben westliche Regierungen, angeführt vom neuen US-Schatzmeister Paul O'Neill (ein bei Bankern unbeliebter Unternehmer), sich geweigert, den Gläubigern von der Wall Street, der City of London und aus Madrid die Haut (nochmals) zu retten. Als Folge geriet Argentinien in ein wirtschaftliches Fegefeuer ohne Zugang zu neuen Finanzmitteln, wurde gleichzeitig aber immer noch erdrückt durch einen unbezahlbaren Schuldenberg. Im März 2002 forderten führende Oppositionspolitiker, angeführt vom Abgeordneten Mario Caffiero, die Einführung des »Jubilee Framework« bei der Lösung der Krise in Argentinien. Dies ist ein unabhängiges, internationales Insolvenz-Netzwerk, das den BürgerInnen Rechenschaft schuldig ist.[5] Die Abgeordneten bestehen darauf, dass der IWF aus seiner Rolle als Ankläger, Richter und Juror im Gericht der Internationalen Finanzen entfernt wird, und erklärten dies auch nachdrücklich der IWF-Delegation im März 2002. Bei diesem Treffen protestierte ein IWF-Delegierter, die Rolle des Fonds sei bei der Lösung der Schuldenfrage absolut entscheidend, »da von der IWF-Politik die ausländischen Gläubiger profitieren.«[6]

Als Wohlstand ausgegebene Anarchie

In Großbritannien wird nicht viel über die Krise Argentiniens berichtet – der britischen Öffentlichkeit ist die enorme Gefahr, die in der globalen Wirtschaft lauert, kaum bewusst, weil die Anarchie des internationalen Finanzsystems zurzeit als Wohlstand und Freiheit ausgegeben wird, wie Peter Warburton mit Recht feststellt.[7] Völlig versunken in unser äußerst anspruchsvolles Konsumverhalten und geschützt durch einen noch nie da gewesenen Reichtum, scheren wir uns wenig darum, was im Zauberwald der internationalen Finanzen vor sich geht.

Aber es gibt Gespenster in dem anarchischen globalen Finanzwald, einem Wald, den angesehene Notenbankpräsidenten wie Hans Tietmeyer, Eddie George und Alan Greenspan unvorsichtig, wenn auch vorsätzlich kultivierten, deregulierten und dann überwuchern ließen. Wie ein Blitz aus heiterem Himmel greifen die Gespenster an. Abgesehen von wenigen Wirtschaftswissenschaftlern, mit der nennenswerten Ausnahme von Brian Reading[8], sah niemand den Niedergang Japans in den wirtschaftlichen Morast voraus. Niemand sagte die südostasiatische Krise vorher. Und keiner – am wenigsten die Nobelpreisträger für Ökonomie des Long Term Capital Management Fund – ahnte Russlands Zahlungsunfähigkeit im Jahr 1998.

Auch zu Beginn des neuen Millenniums weiß niemand, was mit den Volkswirtschaften passieren soll, die derzeit der globalen Wirtschaft einen Schrecken einjagen – der Türkei, Pakistan, Argentinien und Indonesien. Aber den Eingeweihten ist bewusst, dass die unhaltbaren Schulden dieser Volkswirtschaften eine große Bedrohung für uns alle darstellen – insbesondere für diejenigen, die *geliehenes Geld* verleihen, investieren, es verkonsumieren und damit spekulieren.

Strukturelle Ungleichgewichte und Instabilität

Wie Großbritannien heute schwelgte Japan in den 80er Jahren in einem Konsumrausch. Dabei trieben Investoren die steigenden Anlagewerte rücksichtslos immer höher – alles mit geliehenem Geld.

Meines Erachtens bestehen beunruhigende Parallelen zwischen Japan in den 1980er Jahren und Großbritannien und den USA heute. In Großbritannien, vor allem in London, durchleben wir gerade eine klassische Anlagen-Seifenblase und wie die Rekordanstiege bei den Hypotheken zeigen, nehmen die Menschen Kredite auf, die oft weit über ihre Verhältnisse gehen, um den Erwerb von Vermögensgegenständen zu finanzieren. Genau dieser Prozess der Überschuldung und des Überkonsums führte in Japan zur Entstehung eines nicht zu bezahlenden Schuldenbergs und verursachte tiefes Leid und persönliche Verluste, als die Deflation der Vermögenswerte aufgrund der hohen Schulden zum Zusammenbruch von Banken und Unternehmen führte. Die Arbeitslosigkeit stieg, die Einkommen sanken und die Wirtschaft stagnierte.

Bei allen Parallelen zwischen Japan, Großbritannien und den USA – insbesondere bei den leichtfertigen Kreditpraktiken, die von den Zentralbanken entfesselt wurden, um einen derartigen Konsum zu finanzieren und die Anlagen-Seifenblase aufzublähen – gibt es einen großen Unterschied. Japan hat einen Handelsüberschuss und kann seinen eigenen Verbrauch weitgehend finanzieren. Sowohl Großbritannien als auch die USA haben die höchsten Handelsdefizite in ihrer Geschichte zu verzeichnen. In den USA übersteigt der Verbrauch von Importgütern die Produktion von Exportgütern täglich um eine Milliarde US-$ und Großbritannien gab einen Tag vor den Parlamentswahlen 2001 ein außerordentlich hohes Handelsdefizit bekannt – 7,7 Milliarden US-$. Harald Wilson hatte aufgrund eines solchen Defizits einst die Parlamentswahlen verloren, doch jetzt wurde diese Nachricht der Instabilität und des Ungleichgewichts von den Wirtschafts- und Politikkommentatoren mit einem Gähnen quittiert.

Zur Finanzierung der immer weiter um sich greifenden Gewohnheit, über ihre Verhältnisse zu leben, mobilisieren Großbritannien und die USA – durch Anleihen – zwei Drittel der Ersparnisse der Welt. Die USA, die laut der letzten Volkszählung eine Bevölkerung von gerade 280 Millionen Menschen haben, hat Auslandsverbindlichkeiten in Höhe von etwa drei Billionen US-$. Alle Entwicklungsländer zusammen, einschließlich Chinas, Brasiliens und Indiens, mit einer Bevölkerung von sechs Milliarden Menschen, haben Auslandsschulden von lediglich zwei Billionen US-$.

Geldrechte vor Menschen- und demokratischen Rechten

Ende des Jahres 2000 störten 3.000 Beschäftigte der Thai Petrochemical Industry (TPI) eine Konferenz in Bangkok, was von der Weltöffentlichkeit mal wieder weitgehend unbeachtet blieb. Ausländische Kreditoren waren im Begriff, 75 % des Gesellschaftskapitals von TPI zu übernehmen und damit diese Schlüsselindustrie Thailands effektiv zu kontrollieren. Zu den Kreditoren gehörten die Internationale Finanzgesellschaft der Weltbank, die US-Banken Chase Manhattan und die staatliche EXIM-Bank. Die Demonstranten trugen Plakate mit Slogans wie »Weltbank, nein danke« und »Yankee, Go Home«.[9]

Zur gleichen Zeit protestierte in Afrika der sambische Finanzminister Katele Kalumba gegen einen Vorschlag zum teilweisen Schuldenerlass, über den im Rahmen einer vom IWF und der Weltbank gestarteten Initiative für hoch verschuldete arme Länder (HIPC) verhandelt wurde. Nach der angebotenen »Erleichterung« verkündete die Weltbank, Sambia werde im Jahr 2002 Tilgungszahlungen in Höhe von 235 Millionen US-$ an seine Kreditgeber leisten müssen, fast 100 Millionen mehr als es zurzeit aufbringen kann.[10] Sambia ist ein Land, in dem vier Fünftel der Bevölkerung von weniger als einem US-$ pro Tag leben; eine Million der neun Millionen Einwohner leiden an HIV/AIDS; die Lebenserwartung beträgt nur 40 Jahre und 13 % der Kinder sind Waisen – die höchste Rate weltweit.[11]

1999 gab die sambische Regierung 123 Millionen US-$ für die Gesundheitsversorgung ihrer Bevölkerung aus. Gleichzeitig gingen wertvolle, knappe Ressourcen im Wert von 137 Millionen US-$ an viel reichere ausländische Kreditoren über.

Diese Beispiele zeigen die außerordentliche Macht ausländischer Kreditoren über arme Schuldnerländer; eine Macht, die diese Länder ihrer Unabhängigkeit und Autonomie beraubt und reale Ressourcen von den Armen zu den Reichen transferiert. Aufgrund der hohen Schulden sind die Regierungen gezwungen, die Menschenrechte ihrer BürgerInnen zu ignorieren und die Bedürfnisse und Aufgaben des Landes den Interessen der ausländischen Kreditgeber und Kapitalmärkte unterzuordnen. Ungeachtet ihres demokratischen Auftrags werden verschuldete Regierungen von ihren Geldgebern dazu angehalten, dem Schuldendienst an das Ausland Vorrang gegenüber Investitionen in das eigene Gesundheitswesen, in sauberes Wasser und Hygienemaßnahmen einzuräumen. Die Gläubiger der USA, hauptsächlich japanische Anleihegläubiger, können – dank der Vorherrschaft des US-$ – keinen derartigen Druck auf ihr Schuldnerland ausüben.

Schuldenfesseln, Ethik und das Erlassjahr 2000

Ausgelöst durch die internationale Bewegung Jubilee 2000 wächst im Westen die Besorgnis angesichts der Herrschaft des Finanzkapitals über die armen Länder. Die Leitgrundsätze dieser Kampagne gründeten sich auf die judäisch und christlich biblische Ethik der Menschrechte, die Ablehnung der Wucherei und die Notwendigkeit, Ungleichgewichte regelmäßig zu korrigieren – die Prinzipien des Sabbat- und Jobeljahres. Die Initiative stützte sich auf das, was Ched Myers die »Vision der hebräischen Bibel von der Sabbatvolkswirtschaft« nannte. Danach ist »eine Theologie der großen Gnade und eine Gemeinschaftsethik der Umverteilung der einzige Weg aus unserer Unterwerfung unter das Schuldensystem mit seiner Theologie der Leistungsgesellschaft und seiner Individualethik der Reichtumskonzentration«.[12] Diese Ethik und diese Prinzipien haben auch bei Muslimen, anderen Gläubigen und Nichtgläubigen Anklang gefunden.
Die Verbindung zwischen Schuldenfesseln und Ethik – als eine Frage der öffentlichen und privaten Moral – ist natürlich uralt; in der Geschichte gab es immer wieder Gesetze gegen den Wucher. In England wurde nach der Reformation mit einer Reihe von Gesetzen gegen Wucherei eine Höchstzinsrate für Kredite festgesetzt, im Jahr 1712 schließlich auf 5%. Diese Begrenzung der Zinsrate galt während der ganzen frühen Industrialisierungszeit und wurde erst 1854 abgeschafft.[13] Ein Darlehen, das gegen das Wuchergesetz verstieß, war ungesetzlich und konnte vom Kreditgeber nicht eingeklagt werden. Adam Smith war nicht der Ansicht, dass die Ideen der freien Marktwirtschaft die Aufhebung dieser »wohl überlegten Einschränkung der Gier« rechtfertigten.[14] Bis vor kurzem konnten Wucherer von der katholischen Kirche exkommuniziert werden und die Wucherei ist nach den Regeln der islamischen Sharia noch immer ein Verbrechen, das hart bestraft

werden kann. Die Versuche über die Jahrhunderte hinweg, Gesetze gegen den Wucher zu verabschieden, spiegeln die ethischen Bedenken wider.
Bestrafung durch Wuchergesetze ist eine Form, Kreditgeber und -nehmer zu disziplinieren; eine andere Form sind die Kräfte des freien Marktes. Im Rahmen des derzeitigen internationalen Finanzsystems werden Schuldnerländer unweigerlich für unbesonnene Geldanleihen bestraft. Die internationalen Kreditgeber, Investoren und Spekulanten hingegen werden von einer staatlichen, im Sowjetstil geführten Bank, dem IWF, vor dem Risiko und dem Zorn der Marktkräfte geschützt.

Schutz der Kreditoren, Spekulanten und Investoren vor den Marktkräften

Trotz weit verbreiteter Kritik an der Art und Weise, in der unbesonnene Kreditgeber vor den Risiken und falschen Einschätzungen während der Krisen in Südostasien, Russland und Brasilien in den Jahren 1997 und 1998 geschützt wurden, richteten die Finanzminister der G7-Länder einen weiteren Fonds unter Verwaltung des IWF ein, den so genannten 90-Milliarden-»Präventivfond«.[15] Der Zweck dieses Fonds besteht den Finanzministern zufolge darin, die »finanziellen Turbulenzen, die sich in einem Ansteckungsprozess von Land zu Land ausbreiten«, abzufedern und »die deutliche Botschaft an Spekulanten zu richten, dass sie möglicherweise große Risiken eingehen, wenn sie eine Landeswährung (ohne Deckung) verkaufen«. Wie Michel Chossudovsky jedoch geltend machte, erreicht ein solcher Plan genau das Gegenteil: »Anstatt den ›Spekulanten zu zähmen‹ und Finanzinstabilität zu verhindern, verleitet die Existenz von Milliarden von Dollar in einem ›Präventivfonds‹ die Spekulanten wahrscheinlich eher dazu, an ihren tödlichen Aufkäufen der Landeswährungen festzuhalten.«[16] Solch scharfe Kritik und Forderungen nach härteren Maßnahmen gegen Kreditoren zwangen den IWF zu Reaktionen – wenn auch zögerlichen.

Im Oktober 1999 war Ecuador das erste Land, das seine so genannten Brady Bonds nicht zurückzahlen konnte – Bonds aus dem Privatsektor, mit denen die Schulden aus der Lateinamerikakrise der 80er Jahre neu verpackt worden waren. Die Zahlungsunfähigkeit wurde auf der Jahresversammlung des IWF ziemlich dramatisch bekannt gegeben und die IWF-Mitarbeiter stellten – zum ersten Mal überhaupt – klar, dass ihre Institution nicht gewillt sei, Überbrückungskredite zugunsten der Gläubiger zu gewähren.

Während Ecuadors Anleihegläubiger bestraft wurden, gibt es bislang noch keine Hinweise darauf, dass der IWF auch mit anderen internationalen Kreditgebern so verfahren wird. Es liegen auch keine Anzeichen dafür vor, dass der »Präventivfonds« abgeschafft wird. Also werden rücksichtslose und gierige Geldgeber weiterhin gerettet werden, während Schuldnerregierungen mit der schweren Last neuer Schulden zurückbleiben und mit der Verpflichtung, nach der Krise Ordnung zu schaffen. Dies werden sie letztendlich auch tun, indem sie die Last der Verluste und Verbindlichkeiten auf die einheimischen Steuerzahler abwälzen, insbesondere auf die Armen. Dies hat unweigerlich zur Folge, dass diesen Personen Menschenrechte vorenthalten werden.

Transformation globaler Strukturen

In ihrem letzten Handels- und Entwicklungsbericht von 2001 fordert die Handels- und Entwicklungskonferenz der Vereinten Nationen (UNCTAD) eine radikale Reform der internationalen Finanzarchitektur, um einen unabhängigen

Prozess sicherzustellen, in dem den Schuldnerländern das Recht gewährt wird, Notmaßnahmen zu ergreifen und den Schuldendienst auszusetzen. Der Bericht stellt fest, dass »es von einigen wichtigen Gläubigerländern und Privatinvestoren starken Widerstand gegen ein obligatorisches Zahlungsmoratorium gibt, und zwar mit der Begründung, dies würde den moralischen Risiken der Schuldner Vorschub leisten und die Marktdisziplin schwächen«. Allerdings hielt der Bericht auch fest, dass dies nicht die Ansicht des Vizepräsidenten der Bank von England sei, der sagte:

»Ein gut ausgearbeitetes Rahmenwerk für den Umgang mit Liquiditätsproblemen der Schuldnerländer sollte die Ineffizienz und Ungerechtigkeiten des derzeitigen unklaren Ansatzes der Zahlungsaufschübe reduzieren (...). Es würde Schuldner nicht früher dazu bringen, ihre Zahlungsunfähigkeit zu erklären, als das Konkursgesetz verschuldete Firmen veranlasst, ihre Zahlungsunfähigkeit zu erklären.«[17]

Da die Stillstandsabkommen und Wechselkurskontrollen schnell angeordnet und durchgesetzt werden müssten, vertritt UNCTAD die Meinung, dass die Entscheidung den betroffenen Ländern überlassen und anschließend einem internationalen Organ zur Überprüfung vorgelegt werden sollte. Damit der Schuldner bei Zahlungsunfähigkeit Schutz in Anspruch nehmen kann, wäre es natürlich notwendig, eine derartige Regelung in nationalen Gerichten rechtlich durchsetzen zu können. Das würde die Zustimmung des IWF erfordern.

Dazu argumentiert UNCTAD allerdings:

»(...) der IWF ist kein neutrales Organ und man kann daher nicht erwarten, dass er als unabhängiger Richter handelt (...) da der Fonds selbst ein Gläubiger ist und als die Autorität fungiert, die die Bedingungen für die Schuldnerländer festsetzt, kann es zudem sowohl gegenüber den Schuldnern als auch den Gläubigern zu Interessenkonflikten kommen. Ein geeignetes Verfahren wäre also, für die Sanktionierung solcher Entscheidungen ein unabhängiges Gremium einzurichten. Solch ein Verfahren würde in wichtigen Aspekten den Schutzbestimmungen von GATT/WTO ähneln, die es den Entwicklungsländern erlauben, Notmaßnahmen zu ergreifen, wenn sie mit Zahlungsbilanzproblemen konfrontiert sind.«[18]

Im Bericht wird weiterhin argumentiert, dass die logische Grundlage und die wichtigsten Prinzipien für einen geregelten Umgang mit Schulden in den nationalen Konkursverfahren zu finden seien. Das Ziel dabei sei, die Ausgleichslasten zwischen Schuldnern und Gläubigern zu teilen und eine gerechte Aufteilung der Kosten unter den Kreditoren sicherzustellen.

Die Internationale Bewegung für wirtschaftliche und soziale Gerechtigkeit Jubilee fordert seit langem ein unabhängiges, transparentes und überprüfbares Schlichtungsverfahren für die Begleichung der Schuldenrückzahlungen von effektiv zahlungsunfähigen Ländern.[19] Jubilee besteht darauf, dass ein derartiges Verfahren sowohl für die Zivilgesellschaften in den Schuldnerländern als auch in den OECD-Geberländern überprüfbar sein muss. In den Schuldnerländern müssen die wichtigsten Herausgabeschuldner ein Mitspracherecht im Schlichtungsverfahren haben. Nur durch einen solch offenen Prozess werden souveräne Schuldner von unbesonnenen und oftmals korrupten Anleihen abgehalten. Und nur wenn die Strafe für Verluste und die Haftung den Kreditgebern auferlegt wird, werden die westlichen Regierungen und Finanziers davon abgehalten, korrupte Kredite zu gewähren und knappe wertvolle Ressourcen von den Armen abzuziehen und zu den Reichen zu transferieren. Mit einem solchen Verfahren könnten die Menschenrechte wieder die Priorität gegenüber den Geldrechten erhalten.

Schlussbemerkung

Es besteht zunehmende Einigkeit darüber, dass Länder mit riesigen Bevölkerungszahlen wie Argentinien, die Türkei, Indonesien, Nigeria und Sambia ein geregeltes Verfahren für den Umgang mit nicht zu bezahlenden Schulden brauchen. Dieser Konsens wird nicht von jenen Wucherern geteilt, die gemeinsam von der Krisenanfälligkeit dieser Schuldnerländer profitieren. Es besteht jedoch ein weit geringeres öffentliches Bewusstsein über die enorme Bedrohung, die die Aktivitäten der unkontrollierten, geschützten und gierigen Kreditgeber und Investoren für die Stabilität der globalen Wirtschaft darstellen. Im Gegenteil, diese Aktivitäten werden mit dem Schleier des Geheimnisses umgeben und von hoch angesehenen Zentralbanken geschützt. In den 20er Jahren schützten Zentralbanken die Interessen von Kreditoren und Investoren vor den Interessen von Millionen einfacher Leute, indem sie den Goldstandard aufrecht erhielten, selbst als die Welt in eine Krise stürzte.

Heute schützen Zentralbanken und der IWF erneut die Interessen einer kleinen Zahl ausländischer Kreditoren und Investoren vor den Menschenrechten von Millionen Menschen. Dieser Protektionismus muss jetzt unbedingt beendet und die Disziplin, Ordnung und Regulierung des internationalen Finanzsystems wiederhergestellt werden.

Wenn wir eine weitere Wirtschaftskrise von der Größenordnung, wie sie von den deflationären politischen Maßnahmen in den 20er Jahren ausgelöst wurde, verhindern wollen, dann ist es an der Zeit, die Vorherrschaft der Geldrechte über die Menschenrechte zu beenden.

Ann Pettifor ist Programmkoordinatorin für Jubilee Plus bei der New Economics Foundation in London. www.jubilee-plus.org/www.neweconomics.org

1 James A. Kelly: »East Asias Rolling Crises: Worries for the Year of the Tiger« (Zentrum für Strategische und Internationale Studien (CSIS), Pazifik-Forum, Pacnet 1./2. Januar 1998), zitiert in: »Asian Financial Crisis: An Analysis of US Foreign Policy Interests and Options«.

2 Aus: William Greider: »One World Ready or Not« (1997), S. 232.

3 Die Rolle der britischen und US-amerikanischen Politik bei der Loslösung der Finanzmärkte aus der nationalen Kontrolle dokumentiert Eric Helleiner in seiner Studie »States and the Reemergence of Global Finance: From Bretton Wood to the 1990s« (1994).

4 Polany Levitt: »The Contemporary Significance of the Great Transformation«, 1999.

5 Für Details siehe www.jubileeplus.org und die Veröffentlichung der New Economic Foundation »Chapter 9/11« von Ann Pettifor.

6 Der Bericht über das Treffen ist auf der Jubile Webseite www.jubileeplus.org zu finden.

7 Peter Warburton: »Debt and Delusion: Central Bank Follies That Threaten Economic Disaster« (1999).

8 Japan, the Coming Collapse, 1992.

9 *Financial Times*, 17. November 2000.

10 OXFAM-Bericht, 2000.

11 Presseveröffentlichung von Jubilee 2000, 21. November 2000, und HIPC-Dokumente der Weltbank über Sambia, September 2000.

12 »Jesus' New Economy of Grace: the Biblical Vision of Sabbath Economics« (zweiter von zwei Teilen), *Sojourners*, Juli/August 1998.

13 Aus: W. R. Cornish und G. de N. Clark: »Laws and Society in England 1750–1950« (1989), S. 227.

14 Adam Smith: »Wealth of Nations« (Penguin, 1976), S. 356–358.

15 G 7-Kommuniqué, 30. Oktober 1998; *Financial Times*, 31. Oktober und 1. November; David Snager: »Wealthy Nations Back Plan to Speed Help to the Weak«, *New York Times*, 31. Oktober 1998.

16 Michel Chossudovsky: »The G7 ›Solution‹ to the Global Financial Crisis – a Marshall Plan for Creditors and Speculators‹ (Fachbereich Wirtschaft, Universität von Ottawa, Kanada).

17 Handels- und Entwicklungsbericht, UNCTAD 2001.

18 Ebd.

19 Vgl. Ann Pettifor und Jo Handon: »Kicking the Habit« (Jubilee 2000 Großbritannien 1999), erhältlich auf der Website von Jubilee Plus: www.jubileeplus.org

Frauen

Carolyn Egan, Michelle Robidoux

Frauen engagieren sich voller Enthusiasmus in der nach wie vor wachsenden antikapitalistischen Bewegung. Theoretikerinnen und Führungsgestalten wie Vandana Shiva, Susan George, Naomi Klein, Medha Patkar und Maude Barlow haben Menschen auf der ganzen Welt inspiriert. Frauen gingen auf die Straße und organisierten sich auf allen Ebenen der Bewegung, von Seattle bis Prag, von Porto Alegre bis Quebec. Junge Frauen radikalisieren sich in großer Zahl und auch ältere Frauen stellen sich dieser Herausforderung.
Sowohl in Ländern des Nordens als auch des Südens reagieren Frauen aber auch darauf, wie der Kapitalismus sich auf ihre spezifischen Lebensbedingungen auswirkt.

Der Weltmarsch der Frauen

Im Jahr 2000 mobilisierte der Weltmarsch der Frauen weltweit Tausende von Frauen unter dem Motto »Gegen Armut und Gewalt«. Im Oktober 2000 fanden in vielen Ländern lokale Aktionen statt, darunter auch in Mozambique, Chile, Mexiko, Belgien, den USA und Kanada. Vertreterinnen von 6.000 Frauenorganisationen und Gewerkschaften aus 161 Ländern arbeiteten zusammen, um zentrale Probleme für das Leben von Frauen zu diskutieren.
Auch die Bedrohung durch die Globalisierung und ihre Auswirkungen auf Frauen waren Thema des Marsches. Frauengruppen forderten ein Ende der Strukturanpassungsprogramme, ein Ende der Kürzungen im Sozialhaushalt und den öffentlichen Dienstleistungen sowie die Ablehnung des Mul-

tilateralen Abkommens über Investitionen (MAI). Außerdem forderten sie die Streichung der Schulden aller Dritte-Welt-Länder.

Ein Jahr vor den Protesten in Seattle gegen die Welthandelsorganisation (WTO) fand ein Planungstreffen für den Weltmarsch statt. Dazu versammelten sich in Montreal 145 Frauen aus 65 Ländern des Nordens, Südens, Ostens und Westens. Bei der Diskussion der Forderungen, die man auf dem Weltmarsch stellen wollte, wurde deutlich, dass Globalisierung und die neoliberale Agenda immer mehr Frauen auf der ganzen Welt in die Armut treibt. Die Teilnehmerinnen kamen zu der Schlussfolgerung, dass »jede Ratifizierung von Handelsabkommen den Grundrechten des Einzelnen und der Gesamtheit untergeordnet werden muss. Der Handel muss den Menschenrechten untergeordnet sein, nicht umgekehrt (…). Steuerparadiese und das Bankgeheimnis müssen abgeschafft und der Reichtum der sieben wohlhabensten Länder umverteilt werden.«[1]

Diese Aktivistinnen haben ein klares Verständnis von der Rolle des Internationalen Währungsfonds (IWF), der WTO, der Weltbank und der Handelsabkommen. Die genannten Institutionen und Abkommen arbeiten im Interesse der multinationalen Unternehmen. In einem vom kanadischen Weltmarsch-Komitee vor dem »Summit of the Americas« im April 2001 in Quebec herausgegebenen Flugblatt heißt es: »Durch den neoliberalen Kapitalismus befindet sich die große Mehrheit der Frauen in Situationen, in denen sie kulturell untergeordnet, gesellschaftlich unterbewertet und ökonomisch marginalisiert sind, in denen ihre Arbeit nicht wahrgenommen wird und ihre Körper kommerzialisiert werden.« Fast fünf Millionen Menschen unterschrieben die Petitionen und unterstützten damit die Forderungen des Weltmarsches.

Im Oktober 2000 legten die Frauen diese Forderungen den Vereinten Nationen, der Weltbank und dem IWF vor, wobei sie sich mit Tausenden von anderen Frauen in der wachsenden Bewegung solidarisierten.

Der Alltag der Frauen

Zwischen Strukturanpassungsprogrammen, Handelsabkommen und dem Alltag von Frauen besteht ein deutlicher Zusammenhang. In Lateinamerika sind 84 % aller Jobs im »informellen« Sektor. In diesem Bereich arbeiten mehrheitlich Frauen und Kinder. Sie verkaufen Lebensmittel auf den Märkten, verrichten Akkordarbeit, sind im Handwerk oder als Gelegenheitsarbeiterinnen in der Landwirtschaft tätig. Viele dieser Frauen sind allein stehende Mütter. Ihre Jobs sind schlecht bezahlt und sehr unsicher. Aber sie haben keine andere Wahl, als die Arbeit anzunehmen, die es gerade gibt.
In vielen Ländern müssen Frauen aufgrund ihrer wirtschaftlichen Situation in die Städte gehen, wo sie als Saisonarbeiterinnen in Hotels oder im Dienstleistungsgewerbe, in Ausbeuterbetrieben oder im Sex-Gewerbe arbeiten. Sie haben oft keine Arbeitsverträge und müssen Niedrigstlöhne und gesundheitsgefährdende Arbeitsbedingungen in Kauf nehmen. Die meisten leben in erbärmlichen Verhältnissen in Elendsvierteln und versuchen dort ihre Kinder aufzuziehen, ohne Gesundheitsfürsorge oder soziale Unterstützung.

Die *maquiladoras* in Mexiko sind ein typisches Beispiel für die Erfahrungen vieler Frauen. Die erste Freihandelszone wurde in den 60er Jahren in einer Region südlich von Texas eingerichtet. Unternehmen aus aller Welt bauten dort Fabriken wegen der geringen Kosten und der laxen Umweltauflagen. 1995 wurde die NAFTA, das nordamerikanische Frei-

handelsabkommen, von Mexiko, den USA und Kanada unterzeichnet. Man erzählte den Arbeitern, dass dies ihren Lebensstandard verbessern würde. Stattdessen stieg die Zahl der Arbeitslosen in Mexiko von ihrem höchsten Stand von 1,8 Millionen im Jahr 1995 auf über drei Millionen im Jahr 1996. Jungen Frauen wurden Jobs in den Fabriken der Freihandelszone angeboten und aufgrund der hohen Arbeitslosigkeit kamen sie in Scharen. Je nach Industriezweig stellen sie 60 bis 90 % der gesamten Arbeiterschaft. Die Arbeitszeiten sind lang und die Löhne niedrig. Es gibt kaum Vorschriften zu Gesundheitsschutz und Sicherheit am Arbeitsplatz und die gewerkschaftliche Organisation ist sehr schwierig. Die Frauen leben unter furchtbaren Bedingungen in den angrenzenden Gebieten. Wasser, Kanalisation oder Elektrizität gibt es nicht. Industrieabfälle verschmutzen Wasser und Boden und der Gestank ist fürchterlich. Missbildungen bei Neugeborenen werden auf die Gesundheitsrisiken an den Arbeitsplätzen zurückgeführt, denen die Frauen ausgesetzt sind.
Gewalt herrscht sowohl am Arbeitsplatz als auch außerhalb der Fabriken. In Ciudad Juarez wurden im Zeitraum von einem Jahr über 100 Frauen ermordet; die Behörden unternehmen so gut wie nichts. Sexuelle Belästigungen sind an der Tagesordnung. Die Frauen verlieren ihre Stelle, wenn sie schwanger werden. Die Altersspanne der Frauen liegt bei 14 bis 25 Jahren. Sobald sie »zu alt« sind, werden sie entlassen.
Die *maquiladoras* sind nichts Neues. Aber der Wettbewerb wird stärker, die Kapitalisten suchen neue Märkte. Sämtliche Barrieren, die dem Profit im Wege stehen, müssen überwunden werden; das ist das Ziel von Abkommen wie der FTAA.

Auf den Philippinen lebt mehr als 70 % der Bevölkerung trotz hoher Auslandsinvestitionen unterhalb der Armutsgrenze. Wie in anderen Regionen der Welt gibt es auch hier eine starke Migration vom Land in die Städte. Viele Fabriken wurden geschlossen. Wie in Mexiko sind Frauen auf den Philippinen aus Mangel an geregelten Arbeitsverhältnissen gezwungen, im informellen Sektor zu arbeiten. 66 % der Armen in den Städten arbeiten in der inoffiziellen Wirtschaft. In manchen Bereichen sind schätzungsweise 90 % der Handeltreibenden Frauen. Meistens bieten sie Waren und Dienstleistungen auf den Straßen an. Weder ist ihr Arbeitsplatz gesichert, noch gibt es irgendwelche Absicherungen im Krankheitsfall – sie leben ein völlig schutzloses Leben.

Dasselbe gilt für Frauen in Südafrika. Die Anzahl derer, die in der inoffiziellen Wirtschaft arbeiten, ist drastisch angestiegen. Die Arbeitsbedingungen gefährden ihre Gesundheit. Viele haben nicht einmal ein Zuhause, in das sie abends zurückkehren können, sondern schlafen auf der Straße oder im Wohnheim. Das führt zum Zusammenbruch der Familie und des sozialen Gefüges. Sowohl Frauen als auch Männer infizieren sich in großen Zahlen mit dem HIV/AIDS-Virus. Eine Frau, Emma Makhaza, erzählte: »Ich habe sieben Kinder und niemanden, der mir hilft. Ich stelle Lehmziegel her. Wenn es regnet, kann ich nicht arbeiten. Dann sammle ich Holz und Getränkedosen zum Verkaufen. Wenn ich nichts zu essen habe, frage ich die Nachbarn. Wenn die uns nichts geben können, gehen wir hungrig ins Bett.«[2]

Die traditionelle Lebensweise in den ländlichen Gemeinden ist durch multinationale Agrarunternehmen bedroht. Die Gesellschaften fördern nur den Anbau, der für den Export bestimmt ist. Von Familien betriebene Farmen geraten in Schwierigkeiten. Das Leben der Frauen gerät aus dem Gleichgewicht und auch die traditionellen Strukturen gegenseitiger Unterstützung werden unterminiert, ohne dass sie durch irgendwelche staatlichen Leistungen ersetzt werden. Für die Frauen wird es immer schwieriger, für ihre Familien zu sorgen. Sie können nicht mehr genug anbauen, um ihre Kinder zu ernähren, und müssen daher vom Land in die Städte ziehen.

Dies passiert zurzeit in einem Land nach dem anderen, und zwar um die Bedürfnisse des globalen Kapitalismus zu befriedigen. In der Freihandelszone »Las Mercedes« in Nicaragua sind viele Textilbetriebe angesiedelt und auch hier besteht der Großteil der Arbeiterschaft aus jungen Frauen, von denen viele vom Land kommen. Sie brauchen diese Arbeitsplätze und nehmen sie an, selbst wenn ihr Lohn nur 40 % ihrer Ausgaben deckt. Ihre Arbeitsbedingungen sind fürchterlich, aber wegen der Masse an verfügbaren Arbeitskräften haben die multinationalen Unternehmen eine große Macht. In vielen dieser Zonen ist gewerkschaftliche Organisierung verboten und die Löhne liegen unter den Mindestlöhnen. In vielen Fällen sind die Löhne der Frauen sogar gesunken.[3]
Das sind die Früchte des weltweiten kapitalistischen Strebens nach Profit; zugleich sind sie aber der Grund dafür, dass es auch eine weltweit immer größer werdende antikapitalistische Bewegung gibt, in der die Frauen ihren Platz einnehmen.

Frauen in den Industrieländern

Die Mehrheit der Armen in den Industrieländern sind Frauen. In den letzten Jahren gab es einen Anstieg der Frauen in schlecht bezahlten, befristeten und Teilzeitbeschäftigungen. In den USA sind 55 % der befristeten Arbeitsplätze und 70 % der Teilzeit-Jobs mit Frauen besetzt.
Die kürzlich angefertigte kanadische Studie *And We Still Ain't Satisfied: Gender Inequality in Canada. A Status Report for 2001* (Wir sind immer noch nicht zufrieden: Gleichstellung der Geschlechter in Kanada. Ein Bericht über das

Jahr 2001), die vom National Action Committee on the Status of Women (Nationales Aktionskomitee zur Stellung der Frau) und vom Centre for Social Justice (Zentrum für soziale Gerechtigkeit) in Auftrag gegeben wurde, dokumentiert Folgendes: »Es gibt immer noch eine beträchtliche Einkommensdifferenz zwischen Frauen und Männern (...). Das ist zum einen darauf zurückzuführen, dass Frauen in nicht standardisierten Jobs (Teilzeit, befristet oder selbstständig) überrepräsentiert sind, und zum anderen basiert es auf der immer noch andauernden ökonomischen Ungleichbehandlung von Frauen in unterbezahlten und unterbewerteten typisch weiblichen Arbeitsbereichen.«[4]

Kanada wurde von der UN zu dem Land erklärt, in dem man am besten lebt, und dennoch gehört jede fünfte kanadische Frau zu den Niedrigverdienern. Die Studie stellt fest, dass Frauen »beträchtlich ärmer sind als allgemein angenommen wird«. Die Situation der Ureinwohnerinnen oder Frauen aus ethnischen Minderheiten ist noch schlechter. Die Zahl der Vollzeit- und Dauerbeschäftigungen nimmt ab. Entlassungen und die Vergabe von Aufträgen nach außen sind an der Tagesordnung.

Die Umstrukturierung der Wirtschaft vertieft die Kluft zwischen Arm und Reich immer weiter und das Leben der meisten Frauen wird zunehmend härter. Immer größere Anteile der Altenpflege, der Krankenpflege und der Kinderbeaufsichtigung werden den Frauen aufgebürdet, da die Regierungen sich hier aus jeglicher Verantwortung stehlen.

1989 bekamen annähernd 80 % der Arbeitslosen in Kanada Arbeitslosengeld. Aufgrund einer Reform der Arbeitslosenunterstützung sank diese Zahl 1999 auf 34 %. Nur 29 % der arbeitslosen Frauen erhielten Arbeitslosengeld. Die kanadische Regierung hatte die Anspruchsvoraussetzungen erhöht und so verloren viele befristete oder Teilzeitarbeitnehmer –

von denen die meisten Frauen sind – ihren Anspruch auf Unterstützung. Auch die Bewilligung von Mutterschaftshilfe ist jetzt erschwert.
Viele Frauen mussten erleben, wie ihr Lohn ständig sank, ihre Arbeit aber zunahm. In Kanada leben, bei einer Bevölkerung von 28 Millionen, fünf Millionen Menschen in Armut – 70 % davon sind Frauen und Kinder; 57,2 % der allein erziehenden Mütter sind arm.
Eine Folgerung aus der kanadischen Studie ist, dass Frauen »kämpfen müssen, um das bestehende Wirtschaftssystem, das die wirtschaftliche Ungleichheit der Frauen aufrechterhält, zu verändern.«

Frauen gehen zum Gegenangriff über

Der Teufelskreis aus ständiger Verarmung und Ausbeutung, in dem Millionen von Frauen auf der ganzen Welt stecken, wird nicht einfach so hingenommen.
Carmen Garcia von der guatemaltekischen Gewerkschaft Federation of Food and Allied Workers wurde in einer Gewerkschaftszeitung zitiert: »Ganz gleich, wo wir in dieser Hemisphäre leben, wir als Gewerkschafterinnen verstehen, dass wir den gleichen Herausforderungen gegenüberstehen. Das Einzige, was uns trennt, sind Sprachen und Grenzen.«[5]

Frauen stehen im Kampf gegen die multinationalen Unternehmen auf der ganzen Welt an vorderster Front. Als auf der Insel Bougainville im Südpazifik Gold und Kupfer entdeckt wurden, gestattete die Regierung von Papua-Neuguinea der Bergbaugesellschaft Rio Tinto, einer der größten der Welt, die Rechte der indigenen Bevölkerung zu übergehen. Frauen standen an der Spitze des Kampfes gegen die Bergbaugesell-

schaft, erzwangen die Schließung der Mine und trotzten militärischer Gewalt.[6]
Wir haben erlebt, wie sich weibliche Putzkräfte in den USA organisierten, wie sie in Kalifornien das Recht auf gewerkschaftliche Organisierung und bessere Arbeitsbedingungen erkämpften. Koreanische Frauen sind aktiv im Arbeitskampf gegen Umstrukturierung und Entlassungen. In Nicaragua ruft eine Bewegung arbeitender und arbeitsloser Frauen zum Kampf auf. Auf den Philippinen organisiert »Gabriela«, eine Dachorganisation von Frauengruppen, die Straßenverkäuferinnen in Manila. Nicht jeder Kampf wird gewonnen, aber es gibt verheißungsvolle Siege.

In Cochabamba beteiligten sich bolivianische Frauen am erfolgreichen Kampf gegen die Privatisierung der Wasserversorgung. Die Weltbank und der IWF forderten die Privatisierung im Rahmen des »Plans zur wirtschaftlichen Modernisierung«. Bechtel, ein multinationaler Konzern, kaufte die Wasserwerke auf und vergrößerte gleich seine Gewinnspanne. Die Gebühren wurden um 200 % angehoben, was weit über dem lag, was die meisten sich leisten konnten. Menschen, die 100 US-$ im Monat verdienten, sollten 20 US-$ für Wasser bezahlen.
Tanya Parede, eine Mutter, die ihre fünf Kinder mit Strickarbeiten ernährt, sollte 15 US-$ mehr pro Monat bezahlen. Sie und Tausende andere gingen vier Tage lang auf die Straße, demonstrierten und riefen den Generalstreik aus. Die Polizei trat ihnen mit Tränengas und Kugeln entgegen. Dabei starben sieben Menschen und Hunderte wurden verletzt. Proteste gegen den IWF, die Weltbank, den Bechtel-Konzern und die bolivianische Regierung trafen auf eine breite Unterstützung. Sie boten dem globalen Kapitalismus die Stirn und gewannen den so genannten »Wasserkrieg«.
Die gleiche Wut auf das herrschende System bringt Frauen

überall auf der Welt dazu, sich der wachsenden antikapitalistischen Bewegung anzuschließen. Frauen waren an direkten Aktionen in Seattle beteiligt, an Gewerkschaftsdemonstrationen in Nizza, an Versammlungen in Porto Alegre und an dem außergewöhnlichen Zusammentreffen von Arbeitern und jungen Aktivisten auf den Demonstrationen von Quebec. Und Frauen beteiligen sich nicht nur einfach an den antikapitalistischen Kämpfen, sie sind auch Führungsgestalten. Diese Bewegung ist noch in ihrer Anfangsphase. Immer mehr Frauen kommen zu dem Schluss, dass die einzige Möglichkeit der Angriff auf den Kapitalismus selbst ist, auf ein System, das Rassismus, Sexismus und Homophobie aufrechterhält, ein System, das Profit zum einzigen Ziel hat und vor nichts Halt machen wird, um die Reichen noch reicher zu machen, während gleichzeitig der größte Teil der Menschheit immer tiefer in Armut sinkt. Es findet zurzeit eine Radikalisierung statt, wie wir sie seit Jahrzehnten nicht mehr erlebt haben, und die Frauen sind im Zentrum dieses Geschehens.

Carolyn Egan war eine der Organisatorinnen des kanadischen Weltmarschs der Frauen. Sie ist Präsidentin der United Steelworkers of America (Vereinigung der Metallarbeiter Amerikas), Bezirk 8300, in Toronto. cegan@uswa.ca

Michelle Robidoux ist Aktivistin in der Antiglobalisierungskampagne, Sozialistin und Mitglied der Ontario Coalition for Abortion Clinics (Ontarios Koalition für Abtreibungskliniken). michelle_robidoux@hotmail.com

1 Weltmarsch der Frauen, Sonderausgabe des Mitteilungsblattes der Internationalen Planungskonferenz zum Weltmarsch der Frauen im Jahr 2000, Montreal, S. 6-7, (2000) www.canada.marchofwomen.org
2 Martine David (2000): Changing the World Step by Step, Montreal, S. 18.

3 Ebd. S. 27.
4 Karen Hadley: And We Still Ain't Satisfied: Gender Inequality in Canada, A Status Report for 2001, Toronto, 10. Mai 2001, S. 3.
5 Women of Steel Go Global, Toronto, S. 3.
6 Martine David, S. 8.

Kommt zusammen, was zusammengehört? Die Anti-Atom- und globalisierungskritische Bewegung

Wolfgang Ehmke

José Bové im Wendland

Was macht der französische Bauernführer José Bové im Wendland? Er war einer Einladung der Bäuerlichen Notgemeinschaft im Frühjahr 2001 kurz vor einem Castortransport gefolgt. Bové, bekannt geworden durch seinen spektakulären Angriff auf eine McDonald's-Filiale, sprach über gewaltfreie und direkte Aktionen, wie sie schon seit langem zum Gorleben-Widerstand gehören. Es gelte, maßvoll zu bleiben: Kein Mensch darf durch Protest und Widerstand Schaden nehmen.

Insofern bot José Bové nichts Neues, allerdings Anregendes. Seine politische Botschaft kam bei den widerständigen Bauern an. Diese wollen Produkte herstellen, die sättigen, schmecken, nicht krank machen. Ob BSE oder MKS (Maul- und Klauenseuche), die agrarindustrielle Wirtschaftsweise steht im Widerspruch zum Berufsethos der Bauern, darin waren sich Redner und Zuhörer einig. Die Gefahr der Verseuchung ihrer Wiesen, Äcker und landwirtschaftlichen Produkte durch die Atommülltransporte oder die Pilot-Konditionierungsanlage – eine Atommüllverpackungsanlage mit »heißer Zelle« und einem Abluftkamin, über den strahlende Partikel in die Luft geblasen werden – sind für die Notgemeinschaftsbauern im nordöstlichen Niedersachsen der zentrale Streitpunkt. Sie zogen nach Hannover und Berlin, demonstrierten für den Sofortausstieg und gegen die Halbwertzeit von Politikerversprechen. Sie blockierten mit ihren Traktoren immer wieder die Castortransportstrecken und trafen sich zur Stunkparade. Wird der Bulle »Energiewirtschaft« bei den Hörnern gepackt und gebändigt oder nimmt die kapitalkräftige Branche die Politik auf die Hörner?

Einige der Bauern haben ihren Betrieb inzwischen auf Biolandbau umgestellt, aber alle wissen, dass das Wendland kein Widerstandsbiotop unter einer großen Käseglocke ist: Wie war das noch nach Tschernobyl? Die verstrahlte Milch wurde einfach weggekippt, das cäsiumverseuchte Gemüse umgepflügt, mitten im Wonnemonat Mai mussten die Kühe in der Scheune bleiben und Heu fressen. Dabei wurde klar, Radioaktivität kennt keine Grenzen, Widerstand aber auch nicht.

Auslöser für das jahrelange Engagement der Bauern war die Standortbenennung Gorlebens vor 25 Jahren. Am 22. Februar 1977 wurde das Elbdorf als Ort für ein »Nukleares Entsorgungszentrum« (NEZ) auserkoren. Hinter dem Kürzel verbarg sich der Bau einer Wiederaufarbeitungsanlage (WAA), einer Brennelementefabrik, einer Konditionierungsanlage und des nuklearen Endlagers in 800 Meter Tiefe im Salzstock Gorleben sowie diverse überirdische Atommülldeponien für feste und flüssige Strahlenabfälle. Ausgerechnet auf einer Versammlung des Landvolks, des Bauernverbandes, wurden diese Pläne erstmalig bekannt gegeben und schon wenige Tage später rollten die ersten Protest-Trecker durch die Kreisstadt Lüchow. Die Bauern sahen sich schnell von ihrem CDU-nahen Berufsverband im Stich gelassen und gründeten die Notgemeinschaft. Anfangs war den Notgemeinschaftsbauern die örtliche Bürgerinitiative Umweltschutz (BI), die sich im März 1977 konstituierte, nicht ganz geheuer. Erst zwei Jahre später erfolgte der Schulterschluss mit den »bunten« BürgerinitiativlerInnen. Ausgangspunkt war eine direkte Aktion: Die Deponie einer Bohrfirma, die mit den Baugrunduntersuchungen in Gorleben begann, wurde mit Treckern umzingelt, sodass es kein Durchkommen für die Bohrfahrzeuge mehr gab. Seitdem hat es unzählige Aktionen mit bäuerlicher Beteiligung gegeben.

Am Anfang war die Bombe

Die militärische und zivile Nutzung der Atomkraft lassen sich nicht getrennt betrachten. Die Bombe ist die Geburtsstunde für die Möglichkeit, aus der kontrollierten Kernspaltung auch Wärmeenergie und so auch Strom zu erzeugen. Die Weitergabe von Know-how, die Lieferung von Anlagen und Blaupausen aus der so genannten zivilen Nutzung der Kernspaltung an »Schwellenländer«, führte umgekehrt wieder zum Bau der Bombe: Indien und Pakistan sind dafür aktuelle Beispiele. Welchen Beitrag deutsche Firmen an den Atomgeschäften mit den potenziellen Schwellenländern hatten, war Untersuchungsgegenstand der Anti-AKW-Bewegung Mitte der 80er Jahre. Nur wenige sprechen heute noch von den Atomwaffenambitionen deutscher Regierungen, vom heimlichen Schielen nach dem Zugriff auf die Bombe, der Eintrittskarte für einen Sitz im Weltsicherheitsrat. Die enge Verquickung von ziviler und militärischer Nutzung der Atomkraft wurde in einigen Ländern nie kaschiert.

Die WAA La Hague in der Normandie, in der aus abgebrannten Brennelementen angeblich wiederverwertbares Uran und durch Neutroneneinfang erzeugtes Plutonium extrahiert wird, trägt in Frankreich unverhohlen den Namen »Usine plutonium« (= Plutoniumfabrik). Der Bombenstoff wird direkt militärischen Zwecken zugeführt oder das Plutonium wird in Form von Mischoxid-Brennelementen zur Brennelementefertigung verwandt. Die Reaktorlinie, in der Plutonium als Brennstoff eingesetzt und gleichzeitig im Reaktormantel »erbrütet« werden sollte, der Schnelle Brüter, wurde kommerziell nie betrieben. Die Vollendung des Brüters scheiterte an der Kostenexplosion. In Deutschland wird Plutonium in einem Bunker in Hanau gelagert. Es gilt als potenzielles Druckmittel eines Landes, das mit seinem technischen Know-how ebenfalls als atomares Schwellenland einzustufen ist. Die Ächtung von Nuklearwaffen gehört zum Common Sense der Anti-AKW-Bewegung. Die Atomwaffentests der Nuklearmächte sind ein Beispiel menschenverachtender Politik. Das Testgebiet der USA war das Bikini- und das Eniwetok-Atoll auf den Marshall-Inseln. Die Bewohner dort wurden zwangsweise umgesiedelt. Auf den benachbarten Inseln Rongelap und Utirik hingegen war die einheimische Bevölkerung eine Art Versuchskaninchen der Militärs, sie wurden wissentlich und gezielt dem Fall-out ausgesetzt. Frankreich hatte sein Versuchsgebiet auf dem polynesischen Atoll Moruora. Die Kasachen litten unter den Atombombentests der UdSSR und der VR China. Nach Schätzungen der Vereinten Nationen kostete das mindestens 158.000 Menschen das Leben, schreibt Holger Strohm in »Die stille Katastrophe«. Aber der Widerstand wuchs weltweit, oberirdische und schließlich auch die unterirdischen Tests mussten eingestellt werden. Unter ihren Folgen leiden Menschen noch heute wie auch unter den Spätfolgen der Atombombenabwürfe von Hiroshima und Nagasaki.

Im Wendland waren »kollateral« geschädigte Navajo-Indianer und Aborigines zu Besuch. Während ihrer Rundreise wurden die globalen Zusammenhänge der Atomkraftnutzung deutlich. Für den Betrieb eines 1.300 Megawatt erzeugenden Druckwasserreaktors werden rund 90 bis 100 Tonnen Kernbrennstoff benötigt. Um diese 100 Tonnen Kernbrennstoff zu gewinnen, müssen bei einem Urangehalt von ca. 0,1 % bereits 100.000 Tonnen Erz gefördert werden. Bei der Uranerz-Aufarbeitung wird aus dem uranhaltigen Gestein der Brennstoff herausgelöst. Dazu wird das Erz erst gemahlen und dann meist mit Schwefelsäure herausgelaugt. Der Stoff stammt aus Südafrika, Australien, Kanada und den USA. Betroffen sind vom Uranabbau außerhalb Afrikas in erster Linie indigene Völker in den genannten Ländern. 1948/49 begann der Uran-Abbau auf dem Colorado-Plateau, dem Lebensraum der Navajo. Hunderte von aufgelassenen Minen und Stollen, etliche stillgelegte Mühlen, in denen das strahlende Urangestein zum Urankonzentrat U3O8, dem »Yellow Cake«, verarbeitet wird, bilden die Hinterlassenschaft des Uranabbaus. Dieser zerstörte die Landschaft und die Sozialstruktur, denn auf dem wüstenähnlichen Colorado-Plateau mit seiner kärglichen Land- und Viehwirtschaft fanden sich leicht billige Arbeitskräfte, die ihre traditionellen Wirtschaftsformen aufgaben. »Wenn deutsche Atommanager die Auskunft erteilen, dass sie ihr Uran aus ›den USA‹ beziehen, so bedeutet dies, dass dieses Uran unter unglaublichen Bedingungen von ganz oder teilweise ahnungslosen Indianern, Eskimos, Chicanos wenn nicht gefördert, so doch erpresst oder erschwindelt wurde«, schreibt Carl Améry am 17.02.1999 in der *Süddeutschen Zeitung*.

Über die Gefahren beim Uranabbau erfuhren die Navajo nichts, bei zu viel Staub im Stollen ging man kurz nach draußen, um Luft zu schnappen. Die Uran-Kumpel waren zu Billiglöhnen intensiver Strahlung durch das Radon-Gas ausgesetzt, einem Alpha-Strahler, der sich beim Zerfall von Uran fortwährend bildet. Die Folgen waren Lungen-, Knochen- oder Blutkrebs. Den Profit daraus zogen und ziehen multinationale Konzerne. Carl Améry schreibt: »Gut und gern 40.000 Tode pro Jahr werden durch diese Praxis weltweit verursacht. Es ist sinnlos, das zu leugnen – seit dem Herbst 1992, dem ›World Uranium Hearing‹ in Salzburg, liegen die Fakten vor und sind protokolliert in dem Dokumentarband ›Poison Fire – Sacred Earth‹.«

Schnittstellen und Auffrischungen

Der Reaktorbetrieb setzt die Uranerzgewinnung voraus und jede Kilowattstunde Atomstrom, die wir verbrauchen, bedeutet noch mehr Yellow Cake. Doch weil der Uranabbau »anderswo« passiert, ist dieser Zusammenhang der Anti-AKW-Bewegung – mehr oder weniger – verloren gegangen. Das stimmt auch für das Wendland, selbst wenn dort Navajo und Aborigines das Gedächtnis der Aktivisten hin und wieder auffrischen. Die Reste der Bewegung sind auf die Blockade von Atommülltransporten und das nationale Ausstiegskonzept fixiert, was angesichts der international operierenden Konzerne antiquiert anmuten mag.

Im Juni 2000 vereinbarte Kanzler Schröder mit den Spitzen der Stromwirtschaft den ungestörten Weiterbetrieb der Atommeiler auf unbestimmte Zeit. Es darf demnach noch einmal so viel Atomstrom produziert werden wie bisher. Der Atommüllberg wächst und wächst, obwohl es kein Endlager gibt. Der hochradioaktive Müll, der Tausende von Jahren eine tödliche Strahlengefahr ist, wird in so genannten Zwischenlagern abgestellt. Dieser Kuhhandel trägt den irreführenden Namen »Ausstieg aus der Atomenergie«.

Dem neoliberalen Trend folgend wird den Konzernen freie Hand gegeben, Betroffene haben keine Einspruchsrechte. Die Anti-Atom-Bewegung steht auf der Seite derer, die sich dem Diktat der Weltmarkt-Ökonomie entgegenstemmen. AtomkraftgegnerInnen sind Globalisierungsgegner, allerdings – das muss dazu angemerkt werden – ohne es so recht zu wissen.

Eine neu gegründete Uran-AG arbeitet jetzt daran, die internationale Verflechtung aufzuzeigen, verantwortliche Konzerne zu benennen. Die Anti-AKW-Bewegung ist dank ihrer geschichtlichen Erfahrung prädestiniert dafür, auf ihrem »Feld« einen Beitrag gegen neoliberale Globalisierung zu leisten. Sie besitzt das Wissen um die Zusammenhänge zwischen Konzernmacht und den schleichenden bzw. katastrophalen Folgen, die aus der Anwendung der Atomtechnologie resultieren. Sie hat einen Fundus an Aktionserfahrung, kennt

die staatlichen Versuche der Kriminalisierung von Bürgerprotest. Sie kämpft seit jeher um Bürgerrechte, gegen Demo-Verbote und polizeiliche Allgegenwart.
Berührungspunkte zwischen Globalisierungsgegnern und Anti-Atom-Bewegten gibt es längst. Im Frühjahr und Herbst 2001 wurden auf den großen Kundgebungen der Castorgegner in Lüneburg bzw. im Wendland die Schnittstellen thematisiert. Die negativen Erfahrungen des bleiernen Herbstes 2001, als deutlich wurde, dass ein Castorkonvoi im Schatten des Krieges nach Gorleben durchgeboxt wurde und alle mutigen Ansätze, mit Formen des bürgerlichen Ungehorsams dem staatlichen Gewaltapparat Handlungsspielräume abzutrotzen, vielfach im Keim erstickt wurden, belegen, dass die Anti-AKW-Bewegung eine Auffrischung nur allzu gut gebrauchen kann. Praktische Demo- und Protesterfahrungen werden jetzt ausgetauscht. Ein weiterer Schritt ist eine Einladung italienischer Globalisierungsgegner von »Tute Bianchi«, im Wendland über ihr »defensiv-offensives« und augenfälliges Auftreten auf den Großdemonstrationen zu berichten und wie man sich damit politischen Spielraum erkämpft.
Derartige Impulse können zu mehr politischer Klarheit führen, zu einer stärkeren Vernetzung und größeren Beweglichkeit. Aus einem Nebeneinander kann ein Miteinander werden.

Wolfgang Ehmke, Jg. 1947, Oberstudienrat und Publizist, ist seit der Standortbenennung Gorlebens in der Anti-AKW-Bewegung aktiv und langjähriger Sprecher der BI Umweltschutz Lüchow-Dannenberg. wolfehmke@aol.com

Literatur

Edler, Mathias (2001): Demonstranten als »Staatsfeinde« – »Staat« als Feindbild? Bürgerinitiative, Medien und Staatsgewalt im Streit um die Castortransporte in das Atommüll-Zwischenlager Gorleben, Lüchow

Paul, Reimar (Hg.) (1997): »... und auch nicht anderswo!« Die Geschichte der Anti-AKW-Bewegung, Göttingen

Strohm, Holger (1999): Die stille Katastrophe, Frankfurt/M.

anti atom aktuell – Zeitung für die sofortige Stillegung aller Atomanlagen. Bestellung unter aaa-Vertrieb@Amazonas.comlink.apc.org

Kontaktadressen

Aktionsbündnis CASTOR-Widerstand Neckarwestheim
Infotelefon 07 141/ 90 33 63
http://www.neckarwestheim.antiatom.de

Arbeitskreis Umwelt (AKU) Gronau
Tel. 02 562/231 25
http://www.aku-gronau.de

Bürgerinitiative Umweltschutz Lüchow-Dannenberg e.V.
Siehe Glossar, S. 219 ff.

BI »Kein Atommüll in Ahaus« e. V.
Tel. 02 561/ 96 17 91
http://www.bi-ahaus.de

Internationale Ärzte für die Verhütung des Atomkrieges – Ärzte in sozialer Verantwortung e. V. (IPPNW)
Tel. 030/693 0244
http://www.ippnw.de

Kampagne x-1 000 mal quer!
Siehe Glossar, S. 219 ff.

Uran AG
c/o Anti-Atom-Plenum Berlin
Tel. 030/ 26 16 252
http://squat.net/aap-berlin.de

CASTOR-NIX-DA@t-online.de
www.oneworldweb.de/castor

Climate Talks – Money Talks

Till Winkelmann

Im Oktober 2001 wurde in Marrakesch ein sich über Jahre ziehender Verhandlungsmarathon abgeschlossen, der 1992 in Rio mit der UNO-Konferenz für Umwelt und Entwicklung begonnen hatte: Das so genannte Kyoto-Protokoll, auch Klimarahmenkonvention genannt, soll nun von den nationalen Mitgliedsstaaten im eigenen Land ratifiziert und umgesetzt werden. Ob man dem Ziel, den globalen Klimawandel aufzuhalten, mit den beschlossenen Maßnahmen näher gekommen ist, bleibt jedoch fraglich; das Kyoto-Protokoll gleicht eher einem symbolischen Vertrag.

Um dem globalen Klimawandel und der damit einhergehenden Erwärmung der Atmosphäre entgegenzuwirken, bedarf es, so das international anerkannte Forschungsgremium Intergovernmental Panel on Climate Change (IPCC), einer CO_2-Reduktion von 60 bis 80 % bis zum Jahr 2050. Das Kyoto-Protokoll sieht aber nur eine CO_2-Reduktion von 5,2 % bis 2012 in den Vertragsstaaten vor. Als Rechengrundlage dient der CO_2-Ausstoß von 1990. Dabei haben sich z. B. die Länder der EU zu einer Reduktion von durchschnittlich 8 % verpflichtet. Die USA, die für 25 % des jährlich ausgestoßenen Kohlendioxids verantwortlich sind, werden diesen Vertrag erst gar nicht unterzeichnen. Und die Entwicklungsländer sind in der ersten Stufe bis 2012 von den Vereinbarungen ausgenommen, da der (für diese Länder notwendige) Aufbau der Wirtschaft mit einem Anstieg der Treibhausgase verbunden sein wird. Nach 2012 sollen die Reduktionsmaßnahmen aber auch hier gelten.

Hinzu kommt, dass die Freisetzung der klimaschädlichen Emissionen ungleich verteilt ist. Heute produzieren das reichste Fünftel der Erdbevölkerung 53 % der weltweiten Kohlendioxidemissionen, während nur 3 % vom ärmsten Fünftel erzeugt werden. Noch deutlicher wird die ungleiche Inanspruchnahme der Atmosphäre aus historischer Perspektive: Zum Anstieg der globalen CO_2-Konzentration haben die Industrieländer von 1800 bis 1988 83,7 % und die Entwicklungsländer 16,3 % beigetragen.

Globaler Klimawandel

Die ersten Auswirkungen des globalen Klimawandels spüren wir bereits heute in Form eines veränderten Regionalklimas und einer Zunahme von Naturkatastrophen (Überschwemmungen, Kälte- und Hitzewellen, Dürren, Stürmen etc.).
Die weltweite Durchschnittstemperatur ist im letzten Jahrhundert um 0,6° C angestiegen. Die IPCC geht davon aus, dass der Mensch für zwei Drittel dieser Temperaturerhöhung verantwortlich ist. Der dritte IPCC-Bericht prognostiziert eine Temperaturzunahme zwischen 2,4 und 5,6° C und einen Anstieg des Meeresspiegel um 88 cm in den nächsten 100 Jahren. Zum Vergleich: Während der letzten Eiszeit war es nur 5° C kälter als heute.
Es ist davon auszugehen, dass sich die Klimazonen um etwa 500 km verschieben. Aufgrund der starken Stressbelastung drohen etwa ein Drittel aller Tier- und Pflanzenarten auszusterben. Die Zahl der Naturkatastrophen wird stark steigen und mit der Erhöhung des Meeresspiegels sind zahlreiche Küstenlandschaften und Inseln gefährdet.
Globale Erwärmung bedeutet jedoch nicht, dass es in allen Teilen der Welt wärmer wird. Durch den Klimawandel könnte nämlich auch der Golfstrom versiegen, der warmes Wasser aus dem Süden transportiert und dafür sorgt, dass Europa ein gemäßigtes Klima besitzt. Die Folge wäre eine Temperatur-

abnahme von 5 bis 10° C. Dieses Szenario ist bereits in den nächsten 10 bis 20 Jahren denkbar.

Erklärung und Kritik der Reduktionsmechanismen

Weder eine Reduktion des Verbrauchs von fossilen Energieträgern (Kohle, Gas, Öl) noch die Förderung alternativer Energieträger ist im Kyoto-Protokoll explizit vorgesehen. Stattdessen soll durch so genannte »flexible Mechanismen«, *Clean Development Mechanism* und *Joint Implementation*, und die Anrechnung von CO_2-Senken die Reduktion erreicht werden. Da die Produktion von CO_2 keine regionalspezifischen Auswirkungen hat, sondern nur global in Erscheinung tritt, ist es im Rahmen der Klimakonvention somit unerheblich, wo die Reduktion vorgenommen wird.

Während *Joint Implementation* sich auf gemeinschaftliche Projekte zwischen ökonomisch entwickelten Staaten bezieht, behandelt *Clean Development Mechanism* Reduktionsmaßnahmen von Industriestaaten in Entwicklungs- und Transformationsländern. Es wird davon ausgegangen, dass eine CO_2-Reduktion in weniger entwickelten Ländern billiger ist als in hoch technologisierten Staaten. So ist z. B. die Modernisierung eines Kohlekraftwerks in Deutschland erheblich teurer, als über Entwicklungshilfe-Programme ein Kraftwerk in einem Dritte-Welt-Land zu sanieren. Problematisch wird diese Praxis jedoch, wenn ärmere Länder in der nächsten Phase des Kyoto-Protokolls ebenfalls Reduktionsmaßnahmen umsetzen müssen. Bis dahin werden wahrscheinlich alle »billigen« Reduktionen bereits durchgeführt worden sein. Für die Entwicklungsländer ist es dann wesentlich kostenintensiver, die schon modernisierten Kraftwerke aufzurüsten. Da mit hoher Wahrscheinlichkeit die Aufträge für die Modernisierung von Kraftwerken nicht an regional ansässige Firmen, sondern an Unternehmen aus den Industrieländern vergeben werden, geraten die Entwicklungsländer in eine zusätzliche finanzielle und technologische Abhängigkeit.

Die Anrechnung von CO_2-Senken stellt eine weitere kostengünstige Ausweichmöglichkeit dar. Jeder Organismus bindet CO_2 in seinen Zellen. Als CO_2-Senken sind vor allem Wälder vorgesehen, aber weitergehende Überlegungen schließen auch die Anrechnung von großen Weiden und Ackerbauflächen sowie von Holzmöbeln (!) mit ein. Die Anrechnung und Existenz von Senken sind wissenschaftlich jedoch sehr umstritten. Es gibt keine sicheren Berechnungsmethoden, wie viel CO_2 von einer Senke aufgenommen und gespeichert werden kann.
Im Rahmen der beschlossenen Maßnahmen zum Klimaschutz sind Aufforstungs- und Walderhaltungsprojekte jedoch im Vergleich zu vielen anderen Projekten, die etwa auf Technologietransfer beruhen, wesentlich preisgünstiger. Neuseeland verkündete beispielsweise 1997, dass 80 % seiner Emissionsverringerung durch Aufforstung erfolgen solle.
Länder und Unternehmen haben darüber hinaus die Möglichkeiten, große Landflächen in anderen Ländern (z. B. Brasilien) aufzukaufen und so den Auflagen des Kyoto-Protokolls nachzukommen.
Darüber hinaus können Emissionsrechte zukünftig an der Börse gehandelt werden. Wenn ein Land mehr CO_2 reduziert, als national vorgegeben, kann es den Überschuss an der Börse (Zertifikathandel) verkaufen. Ebenso können von Unternehmen und Staaten erzielte CO_2-Reduktionen im Sinne der oben beschriebenen Methode gehandelt werden. Es gibt keine Beschränkung, wie viel CO_2 maximal gehandelt werden kann, d. h. Staaten können die zu erzielenden Reduktionen komplett einkaufen und brauchen keine eigenen Redu-

zierungen vorzunehmen. Als Paradebeispiel gilt Russland, das aufgrund des Zusammenbruchs der Industrie Anfang der 90er Jahre unfreiwillig 30 % mehr CO_2 reduziert hat, als länderspezifisch vorgesehen. Dieser Überschuss könnte an der Börse verkauft werden und würde die Reduktionsmenge aller Länder in der Europäischen Union decken.

Fazit

Auf der Konferenz in Marrakesch war der Anteil der Industrielobby im Vergleich zu den »zivilen« NGOs erdrückend hoch. Das Bild bestimmte vor allem die einflussreiche Global Climate Coalition (GCC), die sich aus 60 Mitgliedern der fossilen Brennstoffindustrie wie den Chemiekonzernen oder der Öl-, Kohle-, Papier- und Automobilindustrie zusammensetzt. Die GCC sieht in vielen klimapolitischen Maßnahmen einen Wettbewerbsnachteil für die USA und lehnt die Reduktionsverpflichtungen vehement ab. In den 90er Jahren hat sie viele WissenschaftlerInnen gezielt finanziell unterstützt, um zu beweisen, dass es keine vom Menschen verursachte globale Klimaerwärmung gibt. Zeitgleich haben sie vor der Kyoto-Konferenz in den USA eine 13-Millionen-Dollar-Kampagne gegen alle Arten von rechtsverbindlichen Abkommen durchgeführt.

Protest gegen die Beschlüsse von Kyoto äußerte u.a. das Climate Action Network (CAN), ein Zusammenschluss von etwa 300 zivilen NGOs. Seit der sechsten Vertragsstaatenkonferenz 1999 in Den Haag formiert sich aber auch ein außerparlamentarischer Protest in Form von direkten Aktionen und Demonstrationen auf der Straße. Dieser wird u.a. von Risingtide organisiert, einem weltweiten antikapitalistischen Netzwerk, dass das Kyoto-Protokoll als unzureichend betrachtet und ablehnt. U.a. fordern sie eine

CO_2-Reduzierung von 80 %, die Aufnahme aller Umweltflüchtlinge und den Einsatz von alternativen Energieträgern.

Greenpeace-Berechnungen zufolge wird das Kyoto-Protokoll – aufgrund zahlreicher Schlupflöcher – nur zu einer Reduzierung von 1,8 % CO_2 führen. Das Konzept, mit marktwirtschaftlichen Methoden den globalen Klimawandel zu stoppen, blendet die Tatsache aus, dass die meisten Unternehmen lediglich an einer kurzfristigen Profitmaxierung interessiert sind. Zudem werden einige Wirtschaftsbereiche, wie z. B. die Flugindustrie, die einen stark negativen Einfluss auf den globalen Klimawandel besitzt, weder als Verursacher noch als Akteur benannt und unterliegen damit auch keinen Einschränkungen.

Folglich lässt sich das Kyoto-Protokoll als »grün-angestrichenes« Weltwirtschaftsabkommen und nicht als Umweltschutzkonvention bezeichnen.

Till Winkelmann, Jg. 1977, Student der Geographie in Bonn, und Mitglied bei Risingtide. till@risingtide.de

Literatur

Bachram, H. (2001): Climate of Racism. Climate change and colonialism, in: Greenpepper, H.2

Schönwiese, C.-D. (1995): Klimaänderungen. Daten, Analysen, Prognosen, Berlin

UNDP (1998): Bericht über die menschliche Entwicklung 1997, Bonn (Overview of Human Development Report 1997, http://www.undp.org)

Waldmann, J. (1999): Agenda 21 – ein neuer Ansatz zur Lösung internationaler Probleme, in: Woyke, W. (Hg.), Internationale Organisationen in der Reform, Schwalbach, S. 76–93

Walk, H. und A. Brunnengräber (2000): Die Globalisierungswächter. NGOs und ihre transnationalen Netze im Konfliktfeld Klima, Münster

WBGU (1998): Die Anrechnung biologischer Quellen und Senken im Kyoto-Protokoll. Fortschritt oder Rückschlag für den globalen Umweltschutz? Wissenschaftlicher Beirat der Bundesregierung Globale Umweltveränderungen, Bremerhaven

Internetverzeichnis: www.giub.uni-bonn.de/fs/klima, www.ipcc.ch

Globalisierung, ostdeutsch

Hans-Jochen Vogel

Globalisierung frisst Realsozialismus

Was hat der Zusammenbruch der DDR mit der Globalisierung zu tun? In der Optik des Kalten Krieges war die DDR Bestandteil eines »sozialistischen Lagers«, das dem kapitalistischen Wirtschaftssystem konträr gegenüberstand. Faktisch war die DDR jedoch direkt und indirekt (über den Rat für Gegenseitige Wirtschaftshilfe, Westname: COMECON) in den – kapitalistischen – Weltmarkt eingebunden und konnte sich von seinen Abläufen und eben auch krisenhaften Entwicklungen immer weniger abschirmen. Die Krise, in die die Länder des »sozialistischen Lagers« in den 80er Jahren des 20. Jahrhunderts immer tiefer hineinrutschten, ist durchaus als Teil eines weltweiten Prozesses zu betrachten, der mit der Durchsetzung des neoliberalen Wirtschaftsmodells in den USA, in Westeuropa und den Ländern der kapitalistischen Peripherie seinen Lauf genommen hatte. Dann wäre das Ende des »Realsozialismus« eben auch nicht einfach der Sieg des besseren, effektiveren Systems über ein schlechteres, nicht praktikables, sondern der Zusammenbruch eines Subsystems der Weltwirtschaft und Weltgesellschaft im Prozess einer allgemeinen Umstrukturierung.

Um die Befindlichkeit der Menschen aus der ehemaligen DDR verstehen zu können, muss man sich eine Eigentümlichkeit vor Augen halten, die ihre Situation von der aller anderen Bewohner ex-»sozialistischer« Staaten unterscheidet. Die Wiedereinführung des Kapitalismus erfolgte in Ostdeutschland fast schlagartig, gut durchorganisiert dank eines seit Jahrzehnten funktionierenden Staatsgebildes. Da das –

zuerst nur – westdeutsche Grundgesetz eine annähernde Gleichheit der Lebensverhältnisse für das ganze Land forderte, verliefen alle auch schmerzhaften und destruktiven Prozesse im Osten unter den Bedingungen ökonomischer und sozialer Absicherung. Das verhinderte katastrophale Abstürze in Not und Elend für große Bevölkerungsteile, wie sie in anderen ehemals »sozialistischen« Ländern zu beobachten waren. Ostdeutsche stehen nun den Menschen aus den ehedem »sozialistischen Bruderländern« als reiche Westler, als deutsche Wohlstandsbürger gegenüber. Gleichzeitig bedauern manche Osteuropäer die Ostdeutschen aber dafür, dass sie praktisch keine Möglichkeit zu einer eigenständigen Entwicklung hatten, sondern alles über sich ergehen lassen mussten: die Landnahme des westlichen, meist westdeutschen Kapitals, die komplette Überstülpung des politischen, sozialen und rechtlichen Systems sowie die permanente Anleitung, Aufsicht und Beherrschung durch Beamte, Experten und Politiker aus dem Westen.

Beim Anschluss der DDR an die BRD gab es drei schwerwiegende Grundsatzentscheidungen, die sich im Sinne des westdeutschen Kapitals als segensreich, im Sinne der ostdeutschen Interessen jedoch als Katastrophe erwiesen: die schnelle Einführung der D-Mark, also eine monetäre Vereinigung ohne Übergang und ohne einen politisch-ökonomischen Mechanismus zur wenigstens teilweisen Abwendung ihrer negativen Folgen für die ostdeutsche Wirtschaft; der Grundsatz »Rückgabe vor Entschädigung« bei der Behandlung von sich mit der staatlichen Einheit ergebenden Ansprüchen ehemaliger Eigentümer auf ihren Besitz in Ostdeutschland und die Privatisierung von Volks- bzw. Staatseigentum der DDR durch die Treuhand.

Ostdeutschland als Testfeld der Globalisierung

Viele DDR-Arbeiter waren 1989 mit der Vorstellung auf die Straße gegangen, dass sich »Leistung« endlich wieder »lohnen« müsse: Für gutes Geld – dachten sie, als der Sozialismus nicht mehr zu retten schien – könnten und müssten sie in einer »sozialen Marktwirtschaft« dann auch ordentlich arbeiten. Die »verdeckte Arbeitslosigkeit«, d. h. die Bummelei und die vielen Wartezeiten und Leerläufe in den Betrieben, würde ein Ende haben. Doch statt der »verdeckten« kam für viele die offene Arbeitslosigkeit. Zudem hielt auch der Kapitalismus viele neue Formen der Verschleierung von Arbeitslosigkeit bereit: Arbeitsbeschaffungsmaßnahmen, Warteschleifen, vorzeitigen Ruhestand, Umschulungen, definitorische und statistische Tricks. Die von den Gewerkschaften erstrittenen guten Tariflöhne blieben für viele Beschäftigte nur Theorie, wenn sie nicht überhaupt in irregulären oder prekären Beschäftigungsverhältnissen landeten oder sich in Scheinselbstständigkeit und Selbstausbeutung gedrängt sahen.

Die Ex-DDR sollte eine Rolle als Vorreiter und Testfeld für vieles spielen, was das Kapital unter dem Druck der enger werdenden Verwertungsbedingungen auch im Westen durchzusetzen für nötig hält. So liegen die Arbeitseinkommen im Osten regulär immer noch um mehr als 20% unter denen im Westen, wohingegen die Arbeitslosigkeit im Osten das Doppelte des Westdurchschnitts beträgt. Privatisierung öffentlicher Dienste, Outsourcing, Druck auf Arbeitslose und Sozialhilfeempfänger haben insgesamt im neuen Gesamtdeutschland zugenommen. Die Einverleibung des Ostens war dabei aber nicht nur ein Experimentierfeld, sondern wirkte als ein Faktor, durch den die westdeutschen Verhältnisse selbst unter Druck gerieten.

Die menschliche Dimension

Die Ostdeutschen haben ihre Alimentierung durch Transferzahlungen mit ihrer Enteignung bezahlt. Alle die sozialen und medizinischen Einrichtungen, die an die Betriebe gebunden waren: Betriebskindergärten, Ambulanzen, Ferienheime, in die sie ihre Arbeitskraft investiert hatten und die den Charakter der Betriebe als Orte sozialer Zugehörigkeit und Fürsorge entscheidend bestimmten, wurden auch im seltenen Fall des Fortbestehens der Unternehmen beseitigt.
Menschen, die in der DDR nie um ihre Arbeitsstelle bangen mussten, sehen sich nun durch die Angst um den Verlust des Arbeitsplatzes einem Anpassungs- und Unterwerfungsdruck ausgesetzt, der ihnen in der »undemokratischen« DDR nicht bekannt war. Kompensation wird dann in den noch erreichbaren Gratifikationen der Konsum- und Erlebnisgesellschaft gesucht, deren Rollenmodelle Medien und Werbung täglich propagieren. Entsolidarisierung, Privatismus der Enteigneten, Individualismus ohne Individualität verhindern, dass sich die Betroffenen politisch organisieren.
Auch Menschen, die vor der Wende der DDR kritisch gegenübergestanden hatten, mussten eine massive Entwertung ihrer bisherigen Arbeit und ihres vergangenen Lebens hinnehmen. Es wurde ihnen in seiner Gänze als »falsches« oder doch schwer defizitäres ausgelegt, da sie im falschen System gelebt hatten. Hinzu kam die Demütigung durch eine neue, die der DDR um Größenordnungen übertreffende Bürokratie. Besonders die Erfahrungen der Arbeitslosigkeit, sowohl das Gefühl, nicht gebraucht zu werden bzw. nicht brauchbar zu sein, als auch die erniedrigenden Zwänge, denen Arbeitslose durch die Arbeitsämter unterworfen werden, verstärkten den Eindruck, nur Objekt von überpersönlichen Kräften oder mächtigeren Menschen zu sein. Eine besondere Art der Erniedrigung stellen dabei die vielen Ratschläge, Kurse und

Lehrgänge dar, in denen Ostdeutschen beigebracht werden soll, wie sie sich – als redundante Arbeitskraft – »besser verkaufen« können.

Ist eine neue »Wende« möglich?

Die meisten Menschen in Ostdeutschland würden wohl immer noch sagen, dass ihr materieller Lebensstandard heute höher ist als in der DDR. Dass dies nicht so bleiben muss, beginnt vielen zu dämmern, ebenso dass sie dafür einen Preis bezahlt haben. Sie haben sich in den meisten Fällen äußerlich angepasst, die neuen Wertmaßstäbe übernommen, ohne jedoch ihre früheren Erfahrungen und Werte völlig zu vergessen, die ihnen immer wieder als kritische Instanz dazwischen kommen. Im Augenblick möchten die wenigsten die DDR zurück, wenn sie auch deren relative Vor- und Nachteile heute anders werten als in den stürmischen Zeiten des Umbruchs. Vom Rechtsstaat und dem, was sie als Demokratie erleben, sind sie eher enttäuscht. Für einen eigenen ostdeutschen Weg in die Zukunft scheint es zu spät zu sein. Dass sie sich angesichts der Auswirkungen des neoliberalen Marktradikalismus mit Menschen im Westen und weit über die Grenzen Deutschlands hinaus in solidarischen Kämpfen zusammentun müssten, hat bisher nur eine Minderheit erkannt. Arbeiten wir dafür, dass sie wächst. Immerhin haben die Ostdeutschen den »Schwestern und Brüdern« im Westen drei entscheidende Dinge voraus: 1. Sie haben Erfahrungen in zwei Systemen gesammelt, können diese vergleichen, relativieren und als von Menschen gemachte wahrnehmen; sie sind es gewöhnt, zwischen den Zeilen zu lesen; 2. sie haben den jähen Zusammenbruch einer sich selbst als unerschütterlich darstellenden Ordnung erlebt und dabei letztlich doch einen vergleichsweise kühlen Kopf behalten; 3. sie haben eine genuine, in Teilen

durchaus revolutionäre Demokratieerfahrung gemacht, als sie nicht nur mit gewaltfreien Massenaktionen ein Herrschaftssystem kippten, sondern auch für eine – wenn auch viel zu kurze (eine Verlängerung dieses Prozesses wollte die politische Führung des Westens unbedingt vermeiden) – Zeit die öffentliche Diskussion, Selbstorganisation und Selbstkontrolle übten. Sollten sich diese Potenziale nicht reaktivieren lassen?
Davon hängt viel ab. Es ist unbedingt notwendig, am Aufbau einer vielfältigen radikaldemokratischen Bewegung zu arbeiten, die sich den Zumutungen der neoliberalen Globalisierung widersetzt. Nur sie kann verhindern, dass sich in der zunehmenden Zersetzung und Perspektivlosigkeit der Gesellschaft neue rechtsautoritäre Tendenzen breit machen.

Hans-Jochen Vogel, Jg. 1943, Studentenpfarrer im Ruhestand, war und ist sowohl zu DDR-Zeiten als auch heute in Karl-Marx-Stadt/Chemnitz politisch in der Opposition aktiv.

Die Privatisierung des Terrors

Raul Zelik

Transnationale Unternehmen, Weltmarktintegration und der Krieg gegen die soziale Opposition in Kolumbien

Dass die Globalisierung in ihrer jetzigen Form das internationale Reichtumsgefälle verschärft, ist mittlerweile ein Allgemeinplatz in der öffentlichen Debatte. Weniger diskutiert wird hingegen die Tatsache, dass die für die »Herstellung der internationalen Konkurrenzfähigkeit notwendigen Modernisierungsmaßnahmen«, wie es im Neu-Sprech der Eliten heißt, an vielen Orten der Welt mit Mitteln durchgesetzt werden, die man nur als terroristisch bezeichnen kann. Besonders drastisch zeigt sich dieser Zusammenhang zwischen Modernisierung und Gewalt in Kolumbien, wo ein wahrer Vernichtungsfeldzug gegen alle Arten sozialer Organisierung von unten geführt wird. Im Dienst einer bizarren Allianz aus Großgrundbesitz, Drogenhandel, Armee und transnationalen Unternehmen ermorden Todesschwadrone in dem südamerikanischen Land *jedes* Jahr so viele Oppositionelle, wie die chilenische Pinochet-Diktatur in den 17 Jahren ihrer Macht zusammengezählt. Die Brutalität der kolumbianischen Verhältnisse wird in den Medien hierzulande meist mit landestypischen Eigenheiten erklärt: der verbreiteten Gewaltkultur oder der langen Geschichte bewaffneter Aufstände. Doch ein genauerer Blick macht deutlich, dass der kolumbianische Paramilitarismus zwar eine spezifisch nationale Form besitzt, aber gleichzeitig ein ökonomisches Projekt verfolgt, das den Vorgaben von IWF und Weltbank weitgehend entspricht: Investitionssicherheit für transnationale Unterneh-

men, Durchsetzung von Privatisierungsprogrammen, Durchdringung von bisher nicht oder wenig entwickelten Wirtschaftsräumen, Deregulierung des Arbeitsmarktes, Abbau von Arbeitsschutzbestimmungen.
Der Paramilitarismus ist ein hässlicher, aber wichtiger werdender Aspekt der Globalisierung. Im Rahmen der allerorten angemahnten Entstaatlichung entstehen heute in vielen Ländern des Südens privat finanzierte Söldnertruppen, die unberührt von moralischen oder politischen Einwänden die Durchsetzung neoliberaler Politik garantieren. Für die von ihnen begangenen Menschenrechtsverbrechen scheint es keine Verantwortlichen mehr zu geben: Der Staat wäscht seine Hände in Unschuld, die Unternehmen wissen von nichts (im Fall, dass es sich um illegale Truppen handelt) oder verweisen (im Fall legaler Wachschutzunternehmen) darauf, dass die angeheuerten Sicherheitstruppen völlig selbstständig agieren. Der Paramilitarismus ist in doppelter Hinsicht ein Kind neoliberaler Konzepte: Einerseits beschleunigt der Terror die Politik der Privatisierungen, andererseits wird auch der Terror privatisiert. Repressionsaufgaben, die früher zu hohen politischen Kosten von staatlichen Sicherheitsorganen übernommen wurden, werden heute von Söldnertruppen ausgeübt, die außerhalb jeder politischen Sphäre zu stehen scheinen.

Ein ganz normaler Sommer bei *Coca Cola* in Kolumbien

Bei *Coca Cola*-Kolumbien kann man sehen, was das für die Betroffenen bedeutet. In den Abfüllanlagen der formal von *Coca Cola* unabhängigen, de facto aber über Kapitalanteile an den US-Konzern gebundenen kolumbianischen Firma *Panamco* tobt ein regelrechter Krieg gegen die Gewerkschaften. Einige Fälle aus drei willkürlich gewählten Monaten des Jahres 2001:

* Im Juni werden die ArbeiterInnen auf Zwangsversammlungen dazu aufgefordert, auf ihre bisherigen Arbeitsverträge zu verzichten. Einige ArbeiterInnen, die sich weigern, werden entlassen. Insgesamt baut das Unternehmen auf diese Weise in kurzer Zeit mehr als 1000 feste Stellen ab oder verwandelt sie in prekäre Beschäftigungsverhältnisse. * Am 21. Juni 2001 wird der *Coca Cola*-Arbeiter Oscar Darío, just an einem internationalen Aktionstag zum Gedenken an die Menschenrechtsverletzungen bei *Coca Cola* in Guatemala, in Montería/ Nordkolumbien erschossen. * Am 30. Juni fordert der Sicherheitschef bei *Coca Cola* in Medellín, ein Kapitän der Armee im Ruhestand, die Gewerkschaftsmitglieder im Betrieb auf, sich bei den Tarifverhandlungen zurückzuhalten und unterstellt ihnen Verbindungen zur Guerilla – in Kolumbien eine unverhohlene Todesdrohung. * Am 13. Juli beschuldigt der Geschäftsführer von *Coca Cola* in Bucaramanga/Nordostkolumbien, Carlos Cañas, die Führer der Ernährungsgewerkschaft Sinaltrainal wegen ihrer Kritik an *Coca Cola* der Verleumdung und der Gründung einer kriminellen Vereinigung. * Ebenfalls am 13. Juli gehen Todesschwadronen vor dem Haus des Sinaltrainal-Präsidenten in Barrancabermeja, Juan Carlos Galvis, in Stellung. * Vom 21. bis 23. Juli lassen die Abfüllunternehmen ihre ArbeiterInnen in ganz Kolumbien Blankopapiere unterschreiben, die danach als gewerkschaftskritische Briefe der Belegschaft präsentiert werden. * Am 3. August taucht ein Paramilitärkommando ebenfalls in Barrancabermeja beim Sinaltrainal-Aktivisten William Mendoza auf, der sich jedoch nicht zu Hause befindet. Zur gleichen Zeit wird die Ehefrau von Juan Carlos Galvis von Todesschwadronen kurzzeitig entführt. * Am 13. des gleichen Monats wird ein *Coca Cola*-LKW östlich von Medellín gestoppt. Die Paramilitärs erklären den Fahrern, dass man ein Problem mit der Gewerkschaft habe und diese sich zu einem Gespräch zur Verfügung zu stellen habe. * Am

21. August stehen in der Karibikstadt Barranquilla Paramilitärs vor dem Wohnhaus des dortigen Präsidenten von Sinaltrainal, Osvaldo Camargo. Einen Tag später nähert sich ein Killerkommando dem Gewerkschafter und zückt eine Waffe. Camargo kommt nur deshalb mit dem Leben davon, weil unerwartet ein Passant auftaucht.

Die Liste ist endlos. Mehr als 120 Angriffe hat die Ernährungsgewerkschaft Sinaltrainal seit 1990 protokolliert: Ermordungen, Entführungen, Drohanrufe, inszenierte Terrorismusverfahren. In der von Armee und Paramilitärs besonders streng kontrollierten nordkolumbianischen Region Urabá wurde die Gewerkschaft sogar im wörtlichen Sinne physisch eliminiert. Im Dezember 1996 ermordeten »Unbekannte« den regionalen Sinaltrainal-Sekretär Isidro Segundo Gil, ein weiterer Funktionär konnte einer Entführung nur knapp entkommen. Das Gewerkschaftsgebäude in der Stadt Carepa wurde in Brand gesetzt, die ArbeiterInnen des Unternehmens von Bewaffneten gezwungen, »bis 4 Uhr nachmittags aus der Gewerkschaft auszutreten«.

Und *Coca Cola* ist kein Einzelfall. Eine gängige Bemerkung lautet, dass es in Kolumbien gefährlicher ist, einer Gewerkschaft beizutreten als einer Guerillaorganisation. Tatsächlich sterben nirgends sonst auf der Welt so viele Gewerkschaftsaktivisten durch Anschläge wie in Kolumbien, wo im vergangenen Jahr mehr als 150 Mitglieder des Dachverbandes CUT ums Leben kamen. Sinaltrainal, hauptsächlich bei *Nestlé* und *Coca Cola* aktiv, ist vor diesem Hintergrund im Verlauf der 90er Jahre von einst 5300 auf 1800 Mitglieder zusammen geschrumpft. Die übrig gebliebenen AktivistInnen leben in Angst, Funktionäre können sich nur in Begleitung von Leibwächtern auf die Straße trauen. Die Verhältnisse sind so unerträglich geworden, dass die US-amerikanische Gewerkschaft United Steel Workers im Jahr 2000 in Florida / USA eine Anzeige gegen *Coca Cola* eingereicht hat und internationale Unterstützer für die zweite Jahreshälfte 2002 öffentliche Meinungstribunale gegen den Konzern in Atlanta/ USA, Brüssel und Bogotá organisieren.

Massaker und Weltmarktintegration

Das Gesicht des Terrors hat sich in Lateinamerika geändert. Während es in den 80er Jahren in Mittelamerika vorrangig um Aufstandsbekämpfung ging und sich die Militärs in den Bürgerkriegen El Salvadors und Guatemalas darauf konzentrierten, dem »Fisch das Wasser« zu entziehen, indem sie die Zivilbevölkerung vertrieben und somit die Guerilla isolierten, üben die Paramilitärs in Kolumbien heute zunehmend die Funktion aus, die Verwertungsbedingungen für das einheimische und transnationale Kapital zu optimieren. Tatsächlich sind die Regionen, in denen die Paramilitärs aktiv sind, weitgehend mit jenen identisch, die für den Weltmarkt von Belang sind. Auf den Bananenplantagen Urabás beispielsweise begannen die Paramilitärs 1987 eine Offensive, bei der Hunderte von AktivistInnen der Sintrainagro-Gewerkschaft ums Leben kamen und die letztlich dazu führte, dass die Gewerkschaft vom politischen Arm der Paramilitärs übernommen werden konnte. Als Folge davon wird heute auf den Plantagen – nachdem Ende der 80er Jahre der Achtstundentag durchgesetzt worden war – im Durchschnitt wieder elf Stunden täglich gearbeitet. Ähnlich im Umfeld der Erdölfelder im ostkolumbianischen Casanare: Dort tauchten die Paramilitärs just zu dem Zeitpunkt auf, als der Ölmulti *British Petroleum* anfing, die dortigen Ölvorkommen zu erschließen. Zur Sicherung des Projekts nahm *BP* Mitte der 90er Jahre das britische Söldnerunternehmen *Defence Systems Limited* unter Vertrag, das ein Spitzelnetz in der Nähe der Erdölanlagen aufbaute, Bestechungsgelder an Polizeibeamte zahlte und mit dem international gesuchten paraguayischen »Sicherheitsspezialisten« Oscar Ricardo Zayas Marini ein Schutzkonzept für den Bau der Pipeline Yopal-Coveñas entwickelte. In der als »rote Zone« bezeichneten Gegend um die zentralkolumbianische Minenarbeiterstadt Segovia starben daraufhin nach Jahren relativer Ruhe 140 Menschen während des Pipeline-Baus durch Mordanschläge – in einer Stadt von gerade einmal 50.000 Einwohnern. Interessant auch der Fall des nordwestkolumbianischen Departements Chocó an der Grenze zu Panamá: Dort begann die massenhafte Vertreibung der afrokolumbianischen Bevölkerung 1995, nachdem die Regierung in Bogotá im Zusammenhang mit der geplanten amerikanischen Freihandelszone konkrete Projekte für den Bau eines neuen interozeanischen Kanals und die Vollendung der Panamericana-Straße in Auftrag gegeben hatte. Etwas weiter südostlich wurden mehrere Dutzend Embera-Katío-Indígenas hingemetzelt und einige Tausend vertrieben, weil sie sich dem – von einem schwedischen Konsortium geleiteten – Bau des Urrá-Staudamms zur Wehr gesetzt hatten. Im ostkolumbianischen Arauca wiederum bedrohten Paramilitärs und Sicherheitsorgane in den 90er Jahren die einheimischen U'wa-Indígenas, weil diese dem US-Unternehmen *Occidental* nicht erlaubten, auf ihrem Land nach Öl zu bohren. Und schließlich sind die Gewerkschaften in den staatlichen Unternehmen *Ecopetrol* und *Telecom* in den vergangenen Jahren hauptsächlich deswegen immer wieder mit Terrorismusprozessen – die allesamt mit Freisprüchen endeten – überzogen worden, weil die Arbeiterorganisationen gegen die von den neoliberalen Planern geforderte Privatisierung ihrer Betriebe Widerstand leisteten. Fast schon überflüssig zu erwähnen, dass die Gewerkschafter im Erdöl-, Telekommunikations- und Verwaltungsbereich parallel zu den staatlichen Kriminalisierungsversuchen auch weiterhin Opfer von Anschlägen waren. Allein die gerade einmal 5000 Mitglieder zählende

Erdölarbeitergewerkschaft Unión Sindical Obrera (USO) verlor seit 1988 etwa 150 Aktivisten durch Attentate.
Die archaisch anmutenden Methoden der Paramilitärs, die ihre Opfer auf alle erdenklichen Weisen ermorden – sie zu Tode foltern, mit Motorsägen zerstückeln, ja sogar bei lebendigem Leib an Tiere verfüttern –, stehen nur scheinbar in Widerspruch zu den Modernisierungskonzepten, die diese Taten letztlich motivieren. Vormoderne und Zivilisation, Barbarei und Technologie sind – anders als uns im Vorfeld des Afghanistan-Kriegs weisgemacht wurde – eben keine Gegensatzpaare. Entwicklung und Gewalt, Modernisierung und Terror sind im 19. und 20. Jahrhundert immer wieder Hand in Hand gegangen.

Antikapitalismus und Menschenrechte

Um keine Missverständnisse aufkommen zu lassen: Natürlich lässt sich der Krieg in Kolumbien nicht allein mit den genannten Wirtschaftsinteressen erklären. Gesellschaftliche Konflikte haben immer mehrere Ursache, und es ist ein alter Fehler romantisierender Solidaritätsbewegungen, wahlweise »die Kolonialmächte«, »den Imperialismus« und »die reichen Länder« für alle Übel in der Welt verantwortlich zu machen. Eine solche Perspektive entmündigt die Akteure in den betroffenen Staaten. Andererseits ist es jedoch auch Unsinn – wie viele GlobalisierungskritikeInnen heute – zu behaupten, es gebe einen »anständigen«, zivilen und einen »unanständigen« Manchester-Kapitalismus, sozusagen den in Westeuropa erreichten »Normalzustand« und den abzulehnenden »Skandal«. Wenn ein Unternehmen aus dem sozialdemokratischen Schweden einen Staudamm in Lateinamerika zu verantworten hat und dessen Bau zieht Massaker und Vertreibung nach sich, so zeigt das auf, wie beschränkt der Aktionsradius des

Konzepts »soziale Marktwirtschaft« ist. In den Zeiten der Globalisierung vergleichen Unternehmen weltweit Investitionsbedingungen miteinander. Entscheidend sind da nicht Firmenphilosophie oder gar parteipolitisches Couleur der Manager, sondern die Standortfaktoren vor Ort: Bildungsniveau, Infrastruktur, aber eben auch flexible Arbeitsbedingungen, niedrige Löhne, geringe staatliche Auflagen, keine oder hörige Gewerkschaften.

Von der Debatte um eine »Zivilisierung des Kapitalismus« haben wir deshalb nicht viel zu erwarten. Und dennoch wäre es falsch, die herrschenden Zustände einfach nur mit scharfem, kritischem Blick, aber letztlich untätig zu kommentieren. Es liegt an uns, gegen den »ökonomischen Sachzwang« konkrete Veränderungen zugunsten der Betroffenen durchzusetzen – z. B. indem wir in konkreten Fällen die Kosten für die *global players* in die Höhe treiben. Wenn der Image-Schaden durch eine öffentliche Kampagne wie die gegen *Nike* für das Unternehmen größer wird als die Gewinne, die sich durch die extreme Ausbeutung der Sweatshop-Arbeiterinnen einfahren lassen, muss sich eine Firmenleitung aus ganz rationalen Gründen für eine andere Politik entscheiden.

Im Fall Kolumbien ist solch eine Solidarität überfällig. Für Bauernorganisationen, Gewerkschaften, Frauengruppen, Indígena- und Afro-Communities ist die internationale Unterstützung die letzte Hoffnung angesichts der drohenden physischen Vernichtung. Die von 150 kolumbianischen Organisationen und Dutzenden von US-amerikanischen, italienischen und belgischen Unterstützergruppen getragene Kampagne gegen *Coca Cola* ist ein konkreter Ansatzpunkt für diese Solidarität. *Coca Cola* und andere Konzerne wie *BP*, *Drummonds* und *Nestlé* müssen dazu gezwungen werden, ihre Verbindungen zum Paramilitarismus abzubrechen und den Gewerkschaften volle Aktionsfreiheit zu gewährleisten. Menschenwürde, Organisationsrecht, physisches Überleben sind offensichtlich keine »Normalstandards« in der heutigen Welt. Nur wer sie erkämpft, wird Alternativen aufzeigen können, die über das hinausreichen, was uns als alternativlos verkauft wird: eine Gesellschaft, deren wichtigstes Gesetz die »Akkumulation um der Akkumulation willen« ist.

Raul Zelik, Jg. 1968, ist Schriftsteller. Von ihm erschienen zuletzt der Roman »La Negra« (Edition Nautilus), der Erzählband »Grenzgängerbeatz« (Assoziation A) sowie das Sachbuch »Kolumbien – Große Geschäfte, staatlicher Terror und Aufstandsbewegung« (ISP-Verlag). Zurzeit arbeitet er mit Regisseur Detlef Buck an einem Drehbuch.
Kontakt zu Raul Zelik und zur Coca-Cola-Kampagne: kolumbien-odyssee@gmx.net

Das Weltbild der Globalisierung

Wissenschafts- und ideologiepolitische Bollwerke – Die internationale Mont Pèlerin Society und Think Tank Bewegung für eine neoliberale kapitalistische Globalisierung

Dieter Plehwe, Bernhard Walpen

Kurz vor dem Ende des Zweiten Weltkrieges erschienen zwei Bücher, die kaum zu überschätzende Markierungen für die intellektuelle Landschaft in den bürgerlich-kapitalistischen Gesellschaften im *Zeitalter der Extreme* (Eric Hobsbawm) darstellen: Karl Polanyi veröffentlichte 1944 »The Great Transformation«, in dem er die Ideologie selbstregulierender – freier – Märkte kritisierte. Er zeigte, wie mit der Entfaltung kapitalistischer Marktwirtschaft gesellschaftliche Desintegration einhergeht, und öffnete die Perspektive für sozialreformerische Ansätze eines regulierten Kapitalismus als Alternative zu radikaleren Systemalternativen. Wenngleich Polanyi erst seit den 70er Jahren stärker rezipiert wurde, verkörpert sein Werk wie kaum ein anderes die *sozialliberale* Orientierung der unmittelbaren Nachkriegszeit (vgl. zur Rezeptionsgeschichte Polanyis Levitt 2000).

Noch im gleichen Jahr 1944 erschien Friedrich August von Hayeks populärwissenschaftliches Buch »The Road to Serfdom«. Hayek antizipierte den von Polanyi, John Maynard Keynes und vielen anderen vorgedachten Wohlfahrtsstaat und argumentierte, dass die sozialstaatliche Umgestaltung des liberalen Kapitalismus ebenso autoritäre Konsequenzen zeitigen werde wie der deutsche Nationalsozialismus und der russische Marxismus-Leninismus (»Totalitarismus«)[1]. Staatliche Programme zur Bekämpfung von Armut, Rassendiskriminierung, Diskriminierung von Frauen und Minderheiten sowie zur Aufweichung von klassenbedingten Benachteiligungen der Lohnabhängigen bedeuten in von Hayeks »Rhetorik der Reaktion«[2] eine Gefährdung der konstitutiven Elemente freier Gesellschaften. Das Privateigentum und der Gesellschaftsvertrag würden durch staatliche Vorschriften unterminiert. Für Hayek waren Menschenrechte und die Verfügbarkeit über privates Eigentum nicht gleichberechtigt, sondern nachgeordnet.[3] Während die sozialliberale Variante modernen Denkens den Kapitalismus durch Stärkung der schwächeren Gesellschaftsmitglieder vor seinen selbstzerstörerischen Tendenzen zu schützen suchte, waren für die rechts- bzw. neoliberalen Denker der Sozialstaat, die »Sozialdemokraten in allen Parteien« (Hayeks Widmung in »The Road to Serfdom«) und vor allem die Gewerkschaften für die Krise des Kapitalismus verantwortlich. Dieser Interpretation nach muss nicht der Kapitalismus vor sich selbst geschützt werden, sondern die gute Gesellschaft bedarf ausgefeilter Bollwerke gegen ihre sich selbst zerstörenden Tendenzen. Wohlgemerkt, die gute Gesellschaft ist die kapitalistische.

Unterschiedliche Vorstellungen beinhalten die beiden Grundmuster liberalen Denkens auch bezüglich internationaler Wirtschaftsbeziehungen. Gewisse Einschränkungen der globalen Freihandelsordnung wurden vom sozialliberalen Lager akzeptiert. Dazu gehörten auch industriepolitische und – in gewissem Umfang – protektionistische Projekte, die den Ländern der Dritten Welt einen Prozess nachholender Entwicklung ermöglichen sollten.[4] Dagegen vertraten marktradikale Kräfte nach dem Zweiten Weltkrieg ein schlichtes Konzept: Radikale Öffnung aller Märkte und Diskriminierung jeglicher staatlicher Steuerung im internationalen Wirtschaftsaustausch.

Theoretisch kann der Streit um die neuen Formen der Globalisierung als Auseinandersetzung um den Begriff »Integration« verstanden werden: Ein positives *politisches* Integrationsmodell hier mit spezifiziertem Raum für privatkapitalistische Transaktion, ein normativ-politisches Integrationsmodell mit ökonomistischem Gehalt dort, aber explizit ohne Raum für aktive politisch-staatliche Steuerung.

Das neoliberale Globalisierungs- bzw. Integrationskonzept bezeichnet im Idealfall eine Welt, in der keine nationalen, staatlichen oder sonstigen gesellschaftlichen Grenzen Einfluss auf die Tätigkeit wirtschaftsmächtiger Subjekte zu nehmen vermögen. Ob im nationalstaatlichen oder globalen Kontext, die neoliberale Interpretation der Gesellschaft setzt der wohlmeinenden »unsichtbaren Hand des Marktes« (Adam Smith) die »sichtbare Hand der Manager« (Alfred O. Chandler) ebenso wie die »tote Hand des Staates« gegenüber. Frei, produktiv und sozial ist lediglich das »freie« Spiel von Angebot und Nachfrage, *shareholder value* ist die quintessenzielle Steuerungsmaxime. Das gilt auch für das neoliberale Konzept der »sozialen Marktwirtschaft«, die bisweilen als Alternative zum angelsächsischen Neoliberalismus missverstanden wird.[5]

Allerdings erkennt der neoliberale Ansatz die Notwendigkeit an, unter dem Einsatz der – bisweilen brutalen Hand – der Staatsgewalt Forderungen nach sozialem Ausgleich zu unterdrücken. Freier Markt und repressiver Staat, im globalen System als starke und durchsetzungsbare »rule of law«, sind die Kernelemente neoliberaler Globalisierung, die Leitidee »neoliberaler Gesellschaftsentwürfe«.

Ein gravierendes Problem neoliberaler Denker bestand in der unmittelbaren Zeit nach dem Zweiten Weltkrieg darin, dass der Mainstream von rechtsliberalen Konzepten wenig wissen wollte, weder die Krisendiagnose des Kapitalismus noch die politischen Reformkonzepte geteilt wurden. Bis auf wenige Ausnahmen, die wichtigste war die Restauration unter Führung von Ludwig Erhard in Deutschland, arbeiteten die neoliberalen Intellektuellen fernab von den »Vorhöfen der Macht« (Nikolaus Sombart), wo sich keynesianische Ökonomen und sozialliberale Intellektuelle heftiger Betriebsamkeit erfreuten. In seinem Aufsatz »The Intellectuals and Socialism« führt Hayek (1949) zwei zentrale Gründe für diese widrigen Umstände an: Der eigenen Bewegung mangele es an kompetenten »großen Intellektuellen« und in den Schaltstellen der Medien filtern sozialistisch gesinnte »second hand dealers in ideas« (intellektuelle Ideenverwerter) gezielt »liberale« Konzepte. Zur Behebung der hausgemachten Nachteile blies Hayek zur Sammlung neoliberaler Intellektueller in einer internationalen Gesellschaft, während die systematische Einrichtung von Think Tanks Kanäle zur Vereinfachung und Verbreitung rechtsliberaler Ideen führen sollte.

Eine rechtsliberale Internationale von Intellektuellen: Die Mont Pèlerin Society (MPS)

1947 wurde der in den USA eingetragene Verein auf dem Mont Pèlerin oberhalb von Vevey in der Schweiz gegründet und operiert(e) seither mit mehr als 1.000 Mitgliedern. Die zunächst auf entwickelte kapitalistische Industrieländer konzentrierte Arbeit wurde sukzessive auf Entwicklungsländer und in den 80er Jahren auch auf (ehemals) sozialistische Länder ausgedehnt. Die MPS wurde von Wilhelm Röpke in einem Brief an Alexander Rüstow 1947 »als eine Art internationale fünfte Kolonne«[6] bezeichnet, von der man noch nicht sagen könne, was sie leisten werde. In dieser Organisation liefen jedenfalls die intellektuellen, organisatorischen und finanziellen Fäden neoliberaler Kräfte aus Österreich,

Deutschland, USA, Großbritannien und Frankreich zusammen. Milton Friedman hebt hervor, dass die MPS ein »Treffpunkt zahlenmäßig unterlegener Truppen«[7] gewesen sei. In ihrer ersten Phase, die gegenüber dem später folgenden ideologischen Bewegungs- und dem aktuellem Stellungskrieg als »Verteidigungsphase« gegen die keynesianisch-sozialstaatliche Vorherrschaft bezeichnet werden kann, bestand die wichtigste Leistung in eben dieser Zusammenführung Gleichgesinnter, in der »Rettung der Bücher« und in der Anleitung eines »revival in learning«.[8]

Die vom internationalen Mainstream deutlich abweichende Etablierung des Ordoliberalismus in der Bundesrepublik Deutschland[9] verschaffte den seinerzeit »unterlegenen Truppen« eine deutliche Verstärkung ihrer Basis. Aber auch sonst war die häufig bejammerte Isolation der neoliberalen Clique nicht allzu beschwerlich: Die US-Mitglieder freuten sich der Unterstützung des Volker Funds. Die Bank of England ließ sich ebenso wenig bei der Finanzierung von Treffen des Netzwerkes lumpen wie das deutsche Wirtschaftsministerium unter Ludwig Erhard, der genauso wie Alfred Müller-Armack und Walter Eucken zur rechtsliberalen Internationalen gehörte.

Nachdem sich das neoliberale Kernnetz unter Leitung von Hayek, des Schweizer Geschäftsmannes Albert Hunold, Röpke, Friedman u. a. konsolidiert hatte, gab es rasch Konflikte über die strategische Ausrichtung. Gegenüber einer direkten Indienstnahme der für (tages-)politische Zwecke (zu dieser Linie zählten u. a. Hunold und Röpke) setzte sich eine Gruppe von MPS-Mitgliedern um Hayek durch. Sie waren der Auffassung, dass die konzeptiv-intellektuelle Arbeit von der politischen Intervention zu trennen sei, um politisch effektiver zu sein.[10] Nachhaltiger politischer Erfolg stellt sich Hayeks zufolge nur ein, wenn eine intellektuelle Grundlage dafür in der Gesellschaft (vermittelt über WissenschaftlerInnen, LehrerInnen, JournalistInnen etc.) aufgebaut werde. Fortan referierten auf regelmäßigen globalen und regionalen MPS-Konferenzen Wissenschaftler – Wissenschaftlerinnen bilde(te)n eine sehr kleine Minderheit – Forschungsarbeiten zu praktisch allen gesellschaftlich relevanten Aspekten der Ökonomie, des Rechts und der Philosophie, aber auch zu konkreten Fragen der Gewerkschafts-, Europäischen Integrations-, Renten-, Sozial-, Umwelt-, Geschlechter- und Religionspolitik.

Das Ziel der *Revitalisierung rechtsliberalen Denkens* wurde nachhaltig erreicht. Schon 1951 war die MPS mit Mitgliedern auf allen Kontinenten vertreten. In den 50er und 60er Jahren stiegen die Mitgliederzahlen in Lateinamerika (besonders Argentinien) und in Japan. Dagegen schlossen sich in den 70er und 90er Jahren immer mehr Menschen aus Südostasien (besonders Taiwan) und den ehemals realsozialistischen Ländern Osteuropas und Russlands an. Geographisch und personell wuchsen die rechtsliberalen Diskursnetzwerke, wobei die MPS letztlich als »Netz von neoliberalen Netzwerken« fungierte[11]. Dabei wurden nicht die Netzwerke als solche wahrgenommen: In vielen Diskussionen erschienen die Artikel von einzelnen Wissenschaftlern der neoliberalen Netzwerke als voneinander losgelöste Beiträge unabhängiger Gelehrter. Zwar blieb etwa die zunehmend einseitige Auswahl neoliberaler Wirtschaftswissenschaftler für den Nobelpreis für Ökonomie der Zunft nicht verborgen[12], aber der systematische Zusammenhang im Rahmen der organisierten Diskurskoalitionen und *epistemological communities*[13] wurde kaum beachtet, geschweige denn systematisch untersucht.
Der Schritt von der Wissenschaft in die unmittelbare Politikberatung erwies sich allerdings für einige Mitglieder der MPS, die direkt in den Regierungen von Margaret Thatcher oder Ronald Reagan mitwirkten, als problematisch. Ihre utopisti-

schen Vorstellungen wurden an den konkreten politischen Bedingungen und Erfordernissen gebrochen, sodass nicht selten nach kurzer Zeit enttäuscht die Mitarbeit aufgegeben wurde. Umgekehrt sind aber deren Erfolge trotz allem nicht zu unterschätzen, auch wenn sie das neoliberale Marktparadies nicht durchsetzten. EU-Wettbewerbskommissar und MPS-Mitglied Bolkestein etwa ist ein Kristallisationspunkt für neoliberale Konzepte europäischer Integration.
Die gesellschaftspolitischen Bedingungen selbst haben sich seit der Ablösung der sozialliberalen Hegemoniekonstellation drastisch verändert. Neoliberale Hegemonie bedeutete nun auch, dass linke und kritische Kräfte teilweise eingebunden werden konnten. Die Veränderungen der Neuen Sozialdemokratien, aber auch der Grünen Parteien sind dafür Zeichen genug. Dahinter steht keine wie auch immer steuernde neoliberale Zentrale, sei es die MPS oder einer der über 100 Think Tanks. Diese leisten ihre Arbeit weiterhin in den von ihnen bevorzugten Gebieten, natürlich nicht ohne direkte und indirekte Ausstrahlungseffekte. Und immer häufiger gelingt es den neoliberalen Kernnetzen dabei, einflussreiche Persönlichkeiten einzubinden. Es erstaunt daher wenig, dass die MPS bei ihrem Treffen im September 2001 in Bratislava Hans Tietmeyer, den ehemaligen Chef der deutschen Zentralbank, als Referenten eingeladen hat. Neoliberale Denkansätze suchen nach wie vor den Austausch und die gegenseitige Kritik.

Neuartige Hegemonialapparate oder: Wie die Ideen in die Gesellschaft kommen

Schon mit der Gründung des »Institute of Economic Affairs« in London zeigte sich, dass ein besonderes Gewicht auf der *systematischen Vermittlung* der neoliberalen Ideen lag. Die Arbeit des Instituts richtete sich an Studierende und junge Intellektuelle im Wissenschaftssystem. Im Zentrum der Arbeit standen mikroökonomische Studien, um die keynesianische Vorherrschaft in der (Makro-)Ökonomie zu brechen. Mitarbeiter des Think Tanks »übersetzten« zu diesem Zweck schwierige wissenschaftliche Studien in leicht lesbare und relativ kurze Texte, die sehr preiswert in großer Zahl verteilt werden konnten. Wenn junge Leute die richtigen Ideen erhalten, dann würden sie diese immer behalten und weiterverbreiten. »In particular, those carrying on intellectual work must have a considerable impact through newspapers, television, radio and so on, on the thinking of the average individual. Socialism was spread in this way and it is time to reverse the process.«[14]

Nach der MPS wurden die »Heritage Foundation« (als Propagandaapparat der Reaganomics in den USA) und das »Center for Policy Studies« in Großbritannien (Mitarbeiterin: Margaret Thatcher) als die »sekundärwissenschaftlichen« Institute zu stärker tages-, medien- und parteipolitisch ausgerichteten Interventionszwecken gegründet.

Zudem fand eine »Internationalisierung« statt: Allein 30 Institute werden heute in Lateinamerika gezählt. In Deutschland wurde der analog arbeitende Kronberger Kreis vergleichsweise spät (1994) in eine Stiftung umgewandelt.[15]

In den verschiedenen Teilen der neoliberalen Netze schlossen sich die Kreise: Think Tanks organisierten Konferenzen, auf welchen die MPS-Wissenschaftler ihre Ergebnisse vortrugen, und publizierten leicht konsumierbare Kurzfassungen der Arbeiten. MPS-Mitglieder mit Positionen in Zeitschriften, Funk und Fernsehen (z. B. Mitarbeiter der *FAZ*, *NZZ*, *Financial Times*, des *Wall Street Journal*, des mexikanischen Privatsenders TV Azteca u. a. m.) berichten in eingeschränktem Maße über Aktivitäten der MPS und interpretieren die Welt uneingeschränkt im Sinne des Neoliberalismus. Bei einer detaillierteren, vor allem historischen, Analyse wird ersichtlich, dass der Neoliberalismus selbst kein Singular, sondern ein Plural ist, der über einer Basis gemeinsamer Grundbestandteile sehr vielfältige Ausprägungen kennt.[16] Im dritten Schützengraben wurden (und werden) schließlich politische Schlussfolgerungen abgeleitet, um eine entsprechende Programmatik zu erarbeiten. Der Kampf um die gesellschaftliche Hegemonie wurde gegen vermeintlich sozialdemokratisch dominierte Medien aufgenommen. Effektiv besteht mit neoliberalen Think Tanks und Diskursnetzwerken aus Wissenschaft, Wirtschaft, Medien und Politik heute eine neuartig enge und weithin unsichtbare Verflechtung von Machtzentren im Kampf um gesellschaftliche Hegemonie.

Mittlerweile hat die Projektgruppe »Buena Vista Neoliberal?« das globale Netzwerk neoliberaler Think Tanks anhand von Instituten mit Verbindungen zur Mont Pèlerin Society einer systematischen Beobachtung und der vergleichenden Untersuchung über das World Wide Web zugänglich gemacht (www.buena-vista-neoliberal.de).

Dr. Dieter Plehwe, Wissenschaftlicher Mitarbeiter am Wissenschaftszentrum Berlin, Mitarbeit bei Buena Vista Neoliberal (www.buena-vista-neoliberal.de/html/index.html). plehwe@medea.wz-berlin.de

Bernhard Walpen, Sozialwissenschaftler in Luzern, Mitarbeit bei Buena Vista Neoliberal, International Gramsci Society. (www.italnet.nd.edu/gramsci) bjawalpen@dataconmm.ch

1 Zur Kritik vgl. Roth (1999), Hobsbawm (1995), Hardt/Negri (2000).

2 Vgl. Hirschman (1995).

3 »Eine freie Gesellschaft benötigt eine bestimmte Moral, die sich letztlich auf die Erhaltung des Lebens beschränkt: nicht auf die Erhaltung allen Lebens, denn es könnte notwendig werden, das eine oder andere

individuelle Leben zu opfern zugunsten der Rettung einer größeren Anzahl anderen Lebens. Die einzig gültigen moralischen Maßstäbe für die ›Kalkulation des Lebens‹ können daher nur sein: das Privateigentum und der Vertrag« (Interview mit von Hayek in: *El Mercurio* [Santiago de Chile], 19.4.1981).

4 Vgl. Helleiner 2000, siehe auch Ruggie 1982 zum Konzept des »embedded liberalism«.

5 Gerhard Schwarz hat zu Recht daran erinnert, dass »Soziale Marktwirtschaft [...] für ihn [Erhard] eine Verkaufsformel [war], die zum Ausdruck bringen sollte, dass die Marktwirtschaft sozial ist« (*NZZ* 1./2.1997, 21). Laut Michael Novak, Direktor des American Enterprise Institutes, hat Erhard den Begriff »soziale Marktwirtschaft« vor allem aus taktischen Gründen gewählt. Auf die Einwendung von Hayeks, dass es ein Fehler sei, dem Begriff Marktwirtschaft sozial beizufügen, habe er seinerzeit geantwortet: »Erhard gab ihm Recht, fügte aber hinzu, dass die Deutschen den freien Markt ohne das Wort ›sozial‹ nicht annehmen würden« (Novak 1996).

6 Röpke (1976), S. 97.

7 Zit. nach Nash (1976), S. 26.

8 So die Zusammenfassung des Haushistorikers Hartwell (1995), S. 203.

9 Vgl. Allen (1989), Nicholls (1994), Ptak (2000).

10 Vgl. Roth (2001).

11 Vgl. Pasche/Peters (1997).

12 Die häufige Vergabe des von der Schwedischen Reichsbank ausgelobten Preises ist kein Zufall: Der langjährige Vorsitzende des Preiskomitees, Erik Lundberg, war Mitglied der MPS. Sein Nachfolger, Assar Lindbeck, ist zugleich ein ausgewiesener Experte der Ökonomie der »Neuen Linken« (vgl. Lindbeck 1971) und ein orthodoxerer Marktradikaler als sein Amtsvorgänger. Wolfgang Zank (1993) hat die Preisvergabepraxis ausführlich kritisiert. Umgekehrt werden die Intellektuellen der MPS nicht müde, die Bedeutung des »Nobelpreises« für die Aufwertung ihrer Arbeit zu unterstreichen. »A main reason for the heightened profile of the Society was the awarding of the Nobel prize in economics to seven of its members« (Hartwell 1995, S. 160). Wie in einem Rondo weist der Leiter des Wirtschaftsressorts der *NZZ*, Gerhard Schwarz (MPS-Mitglied), in beinahe jedem Artikel über die MPS auf die Nobelpreise hin (vgl. z. B. Schwarz 1997).

13 Vgl. Singer (1993) u. Haas (1992).

14 Vgl. Fisher, Brief an Smedley [1956], zit. in: Cockett (1995), S. 131.

15 Vgl. zum Kronberger Kreis Schui u. a. (1997), S. 239f.; zu den MPS-Verbindungen Plehwe (1994).

16 Vgl. Walpen 2000. Als diese Grundlage kann für den Neoliberalismus durchaus das »Statement of Aims« der MPS dienen, stimmten diesem Text von Linonel Robbins doch so unterschiedliche Männer wie Ale-

xander Rüstow und Ludwig von Mises zu (vgl. Hartwell 1995, S. 41 f. u. 49 f.).

Literatur

Anderson, Perry (1998): Jenseits des Neoliberalismus. Bilanz und Perspektiven für die Linke, in: *MOMA*, H. 2/3, S. 33–42

Blundell, John (1990): Waging the War of Ideas: Why There Are No Shortcuts (http:// www.atlas-fdn.org/)

Cockett, Richard (1995): Thinking the Unthinkable. Think Tanks and the Economic Counter-Revolution 1931–1983, London (überarb. Aufl.)

Foucault, Michel (1974): Die Ordnung des Diskurses, München

Haas, Peter (1992): Introduction: Epistemic Communities and International Policy Coordination, in: International Organization, 46. Jg., Nr. 1, S. 1–36

Hartwell, R. Max (1995): A History of the Mont Pèlerin Society, Indianapolis

Hayek, Friedrich August von (1949): The Intellectuals and Socialism, in: ders., The Collected Works of F. A. Hayek. vol. X: Socialism and War. Essays, Documents, Reviews, Hg. v. Bruce Caldwell, London 1997, S. 221–237

Helleiner, E. (2000): Globalization and Haute Finance – Déja Vu? In: McRobbie, K./Polanyi Levitt, K. (Hg.): Karl Polanyi in Vienna. The Contemporary Significance of the Great Transformation, Montréal/New York/London, S. 12–31.

Hirschman, A. O. (1995): Denken gegen die Zukunft. Die Rhetorik der Reaktion, Frankfurt/M.

Hobsbawm, Eric (1995): Age of Extremes, London

Nash, George H. (1976): The Conservative Intellectual Movement in America. Since 1945, New York

Novak, Michael (1996): Die Ethik des modernen Kapitalismus. Eine Gegenüberstellung von Sozialer Marktwirtschaft und Demokratischem Kapitalismus. Msk. (Konferenz des DIHT, BKU, ASU und BDA)

Pasche, Cécile u. Suzanne Peters (1997): Les premiers pas de la Société du Mont-Pèlerin ou les dessous chics du néolibéralisme, in: *Les Annuelles*, 8. Jg., Nr. 8, S. 191–230

Plehwe, Dieter (1994): Markt-Wissenschaft. Entstehung und Wirkung der »Deregulierungswissenschaft«, in: *Forum Wissenschaft*, 11. Jg., H. 1, S. 11–14

Plehwe, Dieter u. Bernhard Walpen (1999): Wissenschaftliche und wissenschaftspolitische Produktionsweisen im Neoliberalismus. Beiträge der Mont Pèlerin Society und marktradikaler Think Tanks zur Hegemoniegewinnung und -erhaltung, in: *Prokla*, 29. Jg., H. 115, S. 203–235

Polanyi Levitt, Kari (2000): The Great Transformation from the 1920s to the 1990s, in: McRobbie, K./Polanyi Levitt, K. (Hg.): Karl Polanyi in Vienna. The Contemporary Significance of the Great Transformation. Montréal/New York/London, S. 3–11

Ptak, Ralf (2000): Ordoliberalismus – Zur Entwicklung des Neoliberalismus in Deutschland, in: Goldschmidt u.a., Neoliberalismus – Hegemonie ohne Perspektive. Beiträge zum sechzigsten Geburtstag von Herbert Schui, Heilbronn, S. 194–212

Röpke, Wilhelm (1976): Briefe. 1934–1966. Der innere Kompaß, Erlenbach-Zürich

Roth, Karl Heinz (1999): Geschichtsrevisionismus. Die Wiedergeburt der Totalitarismustheorie, Hamburg

Roth, Karl Heinz (2001): Klienten des Leviathan: Die Mont Pèlerin Society und das Bundeswirtschaftsministerium in den 50er Jahren, in: *1999*. Zeitschrift für Sozialgeschichte des 20. und 21. Jahrhunderts, 16. Jg., Nr. 2, S. 13–41

Schui, Herbert, u.a. (1997): Wollt ihr den totalen Markt? Der Neoliberalismus und die extreme Rechte, München

Schwarz, Gerhard (1997): »Jede Generation muß sich ihre Freiheit verdienen«. Mont Pèlerin – 50 Jahre danach, in: *NZZ*, Nr. 101, 3./4.5., S. 29

Singer, Otto (1993): Policy Communities und Diskurs-Koalitionen: Experten und Expertise in der Wirtschaftspolitik, in: *PVS*-Sonderheft 24, S. 149–174

Sombart, Nikolaus (1997): Die deutschen Männer und ihre Feinde, Frankfurt/M.

Walpen, Bernhard (2000): Von Igeln und Hasen oder: Ein Blick auf den Neoliberalismus, in: *UTOPIE kreativ*, H. 121/122, S. 1066–1079

Zank, Wolfgang (1993): Wie von unsichtbarer Hand, in: *Die Zeit*, Nr. 50, 10.12., S. 38

Neoliberale Globalisierung und die extreme Rechte

Christian Christen

Entgegen anders lautender Behauptungen ist es keine Besonderheit gewesen, dass die extreme Rechte Italiens in Gestalt von Forza Nuova, Fronte Nazionale und Comunità politica di avanguardia zu den Demonstrationen um den G8-Gipfel in Genua mobilisierte und ausländische Kameraden zur Teilnahme aufrief. Die Episode verweist lediglich darauf, dass die extreme Rechte die Globalisierungsdebatte nutzt, um ihre rassistischen, antidemokratischen und antiegalitären Ziele zu propagieren.

Zumindest in Europa ist die Globalisierung zum Thema der extremen Rechten geworden – unabhängig von ihren unterschiedlichen Strömungen. Globalisierungskritik kann nämlich auch üben, wer Nation und Volk durch die kulturelle Gleichmacherei einer international außer Rand und Band geratenen Ökonomie bedroht sieht und nach einer starken Hand ruft, die für Ordnung sorgt. Kritik an den Verhältnissen ist nicht per se fortschrittlich, und so liegt in der Abgrenzung gegenüber Rechtsaußen eine Herausforderung für die globalisierungskritische Bewegung. Dabei wäre zu fragen, warum manche der eigenen Analysen und Vorstellungen anschlussfähig für Diskurse der extremen Rechten sind. Einer extremen Rechten, die sich nicht auf Skinheads oder Gruppen mit klar nationalistischen, rassistischen und antisemitischen Positionen reduzieren lässt, sondern die aus der Mitte der Gesellschaft kommt.

Die extreme Rechte zwischen Tradition und Moderne

Seit den 80er Jahren ist eine politische Verschiebung zu beobachten, die sich in der Zerschlagung des wohlfahrtsstaatlichen Systems der Nachkriegszeit und dem Abbau sozialer und demokratischer Rechte ausdrückt. Die Verwirklichung von individueller Freiheit und die Vermarktlichung aller Lebensbereiche stehen im Zentrum der neoliberalen Praxis, während auf der theoretischen Ebene die Grundsätze der französischen Revolution (Freiheit, Gleichheit, Brüderlichkeit) umgedeutet werden.

Anfang der 90er Jahre suchten die Parteien der extremen Rechten nach neuen Konzepten und einer aktualisierten Programmatik. Einerseits profitierten sie indirekt von dem neoliberalen Paradigmenwechsel und seinen Folgen: Soziale Milieus und Bindungen lösten sich schneller auf als zuvor, die Politikverdrossenheit stieg durch die zunehmende Angleichung der Parteien. Sukzessive griffen praktisch alle Regierungen vormals »rechte« Themen auf (u. a. diskriminierende Ausländerpolitik, »law and order« und die Wiederentdeckung von Elite, Hierarchie und Leistung). Daneben bereitete die wachsende soziale Unsicherheit und der Verteilungskampf den Boden für den Ruf nach charismatischen Führern und autoritären Antworten. Und nicht nur Modernisierungsverlierer, sondern auch deren Gewinner wurden für die Propaganda der extremen Rechten zugänglich. Andererseits musste sich die extreme Rechte den veränderten Bedingungen anpassen, da sich trotz des gesellschaftspolitischen Rückenwinds die Anhängerschaft und das Wählerpotenzial mit Anleihen aus der faschistischen Vergangenheit allein nicht erweitern ließen.

Die Programmatik, das Erscheinungsbild und Diskursstrategien standen folglich auf dem Prüfstand und werden bis heu-

te verändert. Trotz aller Widersprüche existiert zum einen eine modern auftretende Strömung, die sich stark an den autoritären und sozialdarwinistischen Positionen des Neoliberalismus orientiert, diese z. T. radikalisiert und um traditionelle ideologische Versatzstücke (Werte, Familie, Volk, Nation) ergänzt, um so regierungsfähig zu werden. Zum anderen gibt es nach wie vor Gruppierungen und Parteien, die mit rassistischem, völkischem und antisemitischem Populismus punkten. Sie berufen sich auf die Wurzeln einer national-sozialen Revolution und preisen den Faschismus als »Dritten Weg« zwischen Kapitalismus und Kommunismus. Je nach Stimmungslage und nationalen Bedingungen stehen sich beide Strömungen ambivalent gegenüber, treten innerhalb einzelner Parteien auf, und die Ideologeme werden im parlamentarischen Agieren und »auf der Straße« verschieden eingesetzt. Gemeinsam ist beiden Strömungen, dass die autoritären, antiegalitären und antidemokratischen Ziele geblieben sind und die Vision einer homogenen Volks- und korporatistischen Produktionsgemeinschaft gepflegt wird.
Programme wie auch theoretische Texte sind dabei oft frei von eindeutigem Vokabular und spiegeln die veränderte Diskursstrategie der extremen Rechten wieder. Den rassistischen Blut- und Boden-Stereotypen werden aktualisierte Begründungen an die Seite gestellt oder sie werden ganz ersetzt, indem sie die Unterschiede nun an der Kultur festmachen. Sei es als regionaler, kultureller Differentialismus (z.B. die Lega Nord in Italien) oder indem das Bild des Kulturkampfes zwischen dem christlichen Europa und dem Islam etc. bemüht wird. Auch der moderne Sozialdarwinismus bedarf keines Diktators, sondern kommt in neoliberaler Verpackung daher. Markt und Wettbewerb sorgen als breit akzeptierte Stellvertreter für die soziale Selektion. Das Versagen im Konkurrenzkampf wird auf die individuelle Leistungsverweigerung zurückgeführt und die schädlichen sozio-ökonomischen

Strukturen der Gesellschaft dafür verantwortlich gemacht. Der Wohlfahrtsstaat gilt demzufolge als Hauptfeind, da über ihn eine Umverteilung durchgesetzt worden sei, welche die produktiven Kräfte der Gesellschaft gelähmt hätten und zu Hedonismus sowie kultureller Verwahrlosung führten.

Allerdings würde die strikte Umsetzung des neoliberalen Programms das Problem der Desintegration und der Hyper-Individualisierung durch die »Anarchie des Marktes« verstärken. Um dies zu vermeiden, steht ein autoritäres Staats- und Gesellschaftsverständnis parat, in dem die Bindungskraft von Traditionen und Werten beschworen und dem Einzelnen seinen Platz in der neuen Gesellschaft zugewiesen wird. Bei alledem setzt die Rechte nicht primär auf die Symbolik, die Formen der Beeinflussung oder Regierungsführung wie zu Beginn des 20. Jahrhunderts. Letztlich wird der durch den starken Staat formierten Gesellschaft, deren Parlamentarismus endgültig zur Fassade wird, nur eine autoritäre Richtung vorgegeben, die durch die Litanei des Standortwettbewerbs bereits zum Alltagsverständnis geworden ist: Die Nation stellt sich dem Kampf in der Globalisierung und muss sich hierfür sozial von Grund auf erneuern, um ökonomisch und kulturell zu siegen.

Die extreme Rechte bietet somit eine politische Vision an, die neoliberale Diskurse aufgreift und ergänzt und sie gleichzeitig mit traditionellen Ideologem anreichert. Das ist durchaus erfolgreich, wie die Regierungsübernahme unter Beteiligung bzw. Tolerierung der extremen Rechten in Österreich (FPÖ), Italien (Lega Nord, Alleanza Nazionale), Dänemark (Dansk Folkeparti) und Norwegen (Fremdskrittspartiet) beweisen. Ähnlich orientiert sich die Front national und die Nouvelle Droite in Frankreich, die Schweizer Volkspartei, der belgische Vlaams Blok und jüngst die Schill-Partei in Deutschland. Demgegenüber mobilisieren etwa die British National Party und die National Front in England sowie DVU, NPD und die

Freien Kameradschaften in Deutschland offen gegen die Globalisierung, nicht selten mit antikapitalistischen Phrasen. Diese vermeintliche Gegensätzlichkeit ist jedoch bei genauer Betrachtung lediglich Ausdruck einer Ausdifferenzierung der extremen Rechten unter den Vorzeichen neoliberaler Hegemonie. Das Erstarken der extremen Rechten und ihre fast schon selbstverständlichen Regierungsbeteiligungen kennzeichnen vielmehr den Beginn einer autoritären Phase des neoliberalen Projekts, der die Hoffnungen, das Ende des Neoliberalismus sei durch Mitte-Links-Regierungen eingeleitet worden, Lügen straft.

Rechter Antikapitalismus: (K)ein Problem für die Globalisierungskritiker?

Die globalisierungskritische Bewegung ist bereits eine Reaktion auf die skizzierte politische Entwicklung und steht der extremen Rechten entgegen – so lange sich die Rechte explizit neoliberal gibt oder eindeutige rassistische, antisemitische oder nationalistische Positionen verwendet. Zugleich aber werden die Grenzen zwischen Links und Rechts durch die Heterogenität der globalisierungskritischen Bewegung, die gerade erst mit einer theoretischen Auseinandersetzung beginnt, für die politische Praxis manches Mal verwischt.

Ein Teil der extremen Rechte z. B. agiert gegen die multinationalen Konzerne mit dem Hinweis, sie würden der nationalen Politik zunehmend den Entscheidungsrahmen vorgegeben und diese einschränken. Denn erstens sei der nationale Kapitalstock bzw. die nationalen Unternehmen in der Hand von Ausländern und zweitens würden die klein- und mittelständischen Unternehmen von dieser Übermacht an die Wand gedrückt. Infolgedessen verlöre die heimische Volkswirtschaft ihre produktive Basis. Ohne die nationale Begleitmusik sind ähnliche Argumentationsmuster auch in der globalisierungskritischen Bewegung verbreitet. Dabei ist es hinsichtlich der Kritik an Ausbeutung und Akkumulation im Prinzip unerheblich, wem das Unternehmen (national/international) gehört oder welche Größe es hat.

Noch deutlicher sind die Überschneidungen in der Diskussion über die internationalen Finanzmärkte, in der sich deckungsgleiche Aussagen zu deren anonymer Macht und Einfluss auf die »Realökonomie« finden. Auch in der extremen Rechten gilt, dass die produktive und somit »gute« Verwendung des Kapitals für Investitionen und Beschäftigung durch die spekulativen Finanzmärkte untergraben würde. Dabei werden nicht immer offen antisemitische Ressentiments bemüht, indem von »jüdischen« Spekulanten oder von der »Zinsknechtschaft« gesprochen wird. Hier besteht großer Klärungsbedarf, der sich über die Bedeutung der Unterscheidung von internationalem und nationalem Kapital sowie mit der unterschwelligen Bewertung von »schlechtem« bzw. spekulativem Finanzkapital und »gutem« Produktivkapital erstreckt.

Die ökonomischen Aspekte hängen für die extreme Rechte gleichfalls mit politischen und kulturellen Fragen zusammen. Auch sie fordern permanent das Primat der Politik über die Ökonomie und beklagen den Machtverlust des Nationalstaates. Diese Kritik zeichnet einerseits ein verklärtes Bild der Vergangenheit und unterstellt, dass der Staat eine vergleichsweise große Gestaltungsmacht besaß und diese quasi aus sich heraus für den sozialen Fortschritt eingesetzt habe. Andererseits wird die Globalisierung als Prozess verstanden, der unabhängig von staatlichem oder politischem Handeln abläuft und, zugespitzt ausgedrückt, keine Verbindung mit ökonomischen Interessen kennt. Macht- und Herrschaftsstrukturen verschwinden völlig. Auf diese Weise kann von Rechts und Links ein dauernder Appell an die übergeordnete Vernunft der Politiker oder generell des Nationalstaates gerichtet werden, ihre Aufgaben in der Globalisierung zum Wohle aller endlich wahrzunehmen. Zwar sind damit unterschiedliche Vorstellungen des Politikwechsels verbunden, es bleibt jedoch nebulös, wer die tatsächlichen Träger von Reformen oder Revolutionen sein sollen und wie sich staatliches/politisches Handeln schließlich übersetzt.

In der Regel fokussiert die extreme Rechte ihren Kulturpessimismus auf den angelsächsischen Kapitalismus und stellt diesem ein positiv aufgeladenes europäisch-nationales Modell gegenüber. Der Kulturkampf vollziehe sich nicht nur auf der religiösen, sondern gleichfalls auf der sozioökonomischen Ebene, wobei ein starkes Europa bzw. starke europäische Nationalstaaten den USA Paroli bieten müssten. Damit verbunden ist zumeist die Ablehnung einer durch die Globalisierung betriebenen kulturellen Gleichschaltung durch den englischsprachigen Raum. Trotz ihres internationalen Charakters finden sich ähnlich vereinfachende Zuschreibungen des »bösen« angelsächsischen Kapitalismus, gegen den oft der »gute« rheinische Kapitalismus bzw. das Modell der Sozialen Marktwirtschaft ins Feld geführt wird, mitunter auch in der globalisierungskritischen Bewegung. Nicht zuletzt ist dieses Unterfangen angesichts der ordoliberalen, sprich neoliberalen, Grundkonzeption der Sozialen Marktwirtschaft ein Versuch, den Teufel mit dem Beelzebub auszutreiben.

Alles in allem fehlt in den Feldern Ökonomie – Politik – Kultur häufig die notwendige Trennschärfe in der Argumentation. Zum einen ist dieses der Modernisierung der extremen Rechten zuzuschreiben, die strategisch versucht, wirtschafts- und sozialpolitische Themen zu besetzen und sich als geschichtliche Gestaltungskraft darzustellen. Zum anderen steht die soziale Bewegung in der Pflicht, sich selbstkritisch zu hinterfragen und theoretisch zu klären, inwieweit sie mit ihren Aussagen und Protesten den Boden für Konzepte befördert, die mit Demokratie und internationaler Solidarität nichts gemein haben. Aufmerksamkeit und ernsthafte Diskussion sind geboten, da die extreme Rechte fleißig an einem politischen Zukunftsentwurf arbeitet, der einen modernen Autoritarismus in einer formierten Wettbewerbsgesellschaft hoffähig machen soll und deren Befürworter im übertragenen Sinne ebenfalls einfordern: Eine andere Welt ist möglich!

Christian Christen, Jg. 1967, Diplom-Sozialökonom/Diplom-Volkswirt. Zzt. wiss. Mitarbeiter im Deutschen Bundestag und Mitglied der Arbeitsgruppe Alternative Wirtschaftspolitik, Arbeits- und Forschungsschwerpunkte: Internationale Wirtschaftsprobleme, Grundlagen der Wirtschaftstheorie und -politik. ccberlin@katamail.com

Literatur

Christen, Christian (2001): Italiens Modernisierung von Rechts – Berlusconi, Bossi, Fini oder die Zerschlagung des Wohlfahrtsstaates, Berlin

Ders. (2002): Italiens Regierung zwischen autoritärem Neoliberalismus und modernem Rechtsextremismus. In: Bojadzije, Manuela/Demirovi, Alex (2002): Konjunkturen des Rassismus, Münster

Kühnl, Reinhard/Wiegel, Gerd (1998): Die extreme Rechte in Europa. Zur neueren Entwicklung in Deutschland, Österreich, Frankreich und Italien, Heilbronn

Loch, Dietmar/Heitmeyer, Wilhelm (2001): Schattenseiten der Globalisierung – Rechtsradikalismus, Rechtspopulismus und separatistischer Regionalismus in westlichen Demokratien, Frankfurt/M.

Ptak, Ralf (1996): Wirtschaftspolitik und die extreme Rechte – Betrachtungen zu einer wenig behandelten Frage, in: Mecklenburg, Jens: Handbuch Deutscher Rechtsextremismus, Berlin

Ders. (1999): Die soziale Frage als Politikfeld der extremen Rechten – Zwischen marktwirtschaftlichen Grundsätzen, vormodernem Antikapitalismus und Sozialismus-Demagogie, in: Mecklenburg, Jens: Braune Gefahr: DVU, NPD, REP – Geschichte und Zukunft, Berlin

Ders. (2002): Chefsache. Basta! Der Neoliberalismus als antiegalitäre, antidemokratische Leitideologie, in: Paech, Norman/Spoo, Eckart/Buntenschön, Reiner: Demokratie – wo und wie?, Hamburg

Schmid, Bernhard (1998): Die Rechten in Frankreich, Berlin
Schui, Herbert/Ptak, Ralf/Blankenburg, Stefanie/Bachmann, Günter/Kotzur, Dirk (1997): Wollt ihr den totalen Markt? Der Neoliberalismus und die extreme Rechte, München
Schui, Herbert/Ptak, Ralf (1998): Das FPÖ-Dreieck – Rechtsextremes Fundament – Neoliberale Substanz – Marktgerechte Präsentation. In: *Kurswechsel*, Heft 1/98, Wien
Sternhell, Zeev/Sznajdar, Mario/Asheri, Maia (1999): Die Entstehung der faschistischen Ideologie – Von Sorel bis Mussolini, Hamburg
Walpen, Bernhard (2000): Von Igeln und Hasen oder: Ein Blick auf den Neoliberalismus, in: *UTOPIE kreativ*, Heft 121–122, Berlin

Die Akteure der Globalisierung

Globalisierung von Oben

Die Bretton Woods-Institutionen: Internationaler Währungsfonds und Weltbank

Während des Zweiten Weltkriegs begann eine Reihe von Staaten unter Führung der USA Pläne für eine internationale Finanzordnung auszuarbeiten. Ziel war es, eine Wiederholung internationaler Finanzkrisen und Abwertungswettläufe, die in erheblichem Maße zur Verschärfung der Weltwirtschaftskrise nach dem Börsenkrach 1929 beigetragen hatten, zu verhindern. Als Resultat dieser Bemühungen wurden bei einer internationalen Konferenz in dem US-amerikanischen Ort Bretton Woods 1944 der Internationale Währungsfonds (IWF) und die Weltbank (WB) von den Regierungen der 42 Teilnehmerstaaten gegründet. Heute sind 182 Staaten Mitglied des IWF (www.inf.org) und 180 gehören zur Weltbank (www.worldbank.org).

In Bretton Woods verabschiedeten die Mitgliedsländer eine Übereinkunft, die den Wechselkurs ihrer Währung in einem festen Verhältnis gegenüber dem US-$ fixierte. Der US-$ war wiederum zu einem festgelegten Kurs an Gold gebunden. Die Aufgabe des IWF bestand darin, die internationale Zahlungsfähigkeit seiner Mitgliedsländer im Falle von Zahlungsbilanzdefiziten durch Kredite in ausländischer Währung zu sichern. Zur Stabilisierung des internationalen Finanzsystems waren außerdem Kapitalverkehrskontrollen geschaffen worden.

Auf der Grundlage stabiler Finanzbeziehungen sollte schließlich der im Zuge von Weltwirtschaftskrise und Krieg zusammengebrochene internationale Warenhandel wiederhergestellt sowie die Behebung kriegsbedingter Schäden finanziert werden. Zu diesem Zweck war die Gründung einer internationalen Handelsorganisation vorgesehen, die jedoch am politischen Widerstand der USA scheiterte. Dagegen unterstützte die Weltbank den Wiederaufbau unter ihrem ursprünglichen Namen »International Bank for Reconstruction and Development«. Während des Nachkriegsaufschwungs verlagerte sie ihre Tätigkeit auf die Kreditvergabe an ehemalige Kolonien, deren primäres wirtschaftliches Ziel nach der politischen Unabhängigkeit in einem Prozess nachholender Industrialisierung bestand.

In den 70er Jahren erfuhren IWF und WB einen bedeutenden Funktionswandel. Nachdem die USA die Golddeckung des US-$ 1971 einseitig aufgekündigt hatten, wurde das System fester Wechselkurse 1975 endgültig aufgegeben. Man erwartete, dass Angebot und Nachfrage auf den Devisenmärkten stets einen Wechselkurs hervorbringen würden, bei dem die Zahlungsbilanz des jeweiligen Landes ausgeglichen ist. Die Notwendigkeit von Überbrückungskrediten des IWF im Falle von Zahlungsbilanzschwierigkeiten wäre damit entfallen. Deshalb wurde ihm die Aufgabe zugewiesen, ein internationales Währungssystem, in dem es sowohl fixe als auch flexible Wechselkurse gibt, zu überwachen und die Mitgliedsländer bei ihrer Währungspolitik zu beraten. Die US-$-Bindung der Währungen der asiatischen Tigerstaaten, die mit zur Entstehung und Tiefe der Asienkrise 1997 beigetragen hat, war beispielsweise auf Rat des IWF erfolgt.

Endgültig erhielten IWF und WB ihre neue Rolle jedoch erst nach dem Ausbruch der internationalen Schuldenkrise zu Beginn der 80er Jahre. Die nachholende Industrialisierung, die in hohem Maße durch Kapitalimporte aus den kapitalistischen Metropolen finanziert werden sollte, war gescheitert: Die Peripherie-Staaten blieben auf riesigen und schnell wachsenden Schulden sitzen, während die erhofften Industrialisierungs- und Wachstumseffekte ausblieben.

In dieser Situation vergaben IWF und WB Kredite an die von akuten Krisen betroffenen Länder, um deren Zahlungsfähigkeit weiter zu gewährleisten. An diese Kredite knüpften sich jedoch wirtschaftspolitische Auflagen – die so genannten Konditionalität bzw. Strukturanpassungsmaßnahmen. Die Ablösung von einer auf Industrialisierung und Binnenmarktentwicklung abzielenden Politik durch eine auf Ausnutzung reicher Rohstoffvorkommen und billiger Arbeitskraft beruhenden Exportorientierung wurden den Staaten an der Peripherie förmlich aufgezwungen. Nicht selten wurde die von IWF und WB angestoßene Liberalisierung der Kapital- und Warenmärkte in den Peripherie-Staaten von Militärdiktaturen durchgesetzt.

Die außerordentlich starke Position von IWF und WB beruht darauf, dass es sich kein Land »leisten« kann, in Folge von Währungskrisen und Zahlungsunfähigkeit den Zugang zu internationalen Märkten zu verlieren. Auch wenn die wirtschaftliche und gesellschaftliche Entwicklung in vielen Ländern des Südens durch die neoliberale Umgestaltung des Welthandels behindert oder sogar zurückgeworfen wurde, hätte die vollständige Abkopplung vom Weltmarkt jeglicher wirtschaftlicher Aktivität die Grundlage entzogen, da die Zugänge zu neuen Technologien und – wichtiger noch – im Inland nicht verfügbarer Rohstoffe verstellt gewesen wären.

Der Funktionswandel von IWF und WB von der Förderung und Absicherung stabiler Finanzverhältnisse zu einer Weltmarktintegration, die Instabilität und vor allem immer mehr Ungleichheit zwischen Nord und Süd bewirkt, kann durch den Aufbau dieser Institutionen erklärt werden. In beiden hängen Stimmrechte und damit Entscheidungskapazitäten von den jeweiligen Finanzeinlagen der Mitgliedsländer ab. Die hohen Anteile der reichen Metropolen sichern diesen somit eine Mehrheit der Stimmen gegenüber den armen Ländern des Südens.

Die Welthandelsorganisation (WTO)

Nachdem es auf der Bretton Woods-Konferenz 1944 nicht gelungen war, eine internationale Handelsorganisation zur Förderung des grenzüberschreitenden Warenhandels zu gründen, fiel diese Rolle dem 1947 von 23 Ländern vereinbarten General Agreement on Tariffs and Trade (GATT) zu. In dessen Rahmen erfolgten mehrere internationale Verhandlungsrunden, welche die – steigende Zahl der – Mitgliedsländer zu einem stufenweisen Abbau von Zollsätzen und Mengenbeschränkungen des Außenhandels verpflichtet haben. Tatsächlich dürfte dieser den Nachkriegsaufschwung begleitende Prozess der Handelsliberalisierungen dazu beigetragen haben, dass die Wachstumsraten des Außenhandels – mit Ausnahme der Rezessionsjahre – höher waren als die des Weltbruttoproduktes. An diesem Verhältnis zwischen Außenhandels- und Produktionswachstum hat sich nichts geändert. Seit der Weltwirtschaftskrise Mitte der 70er Jahre wachsen Außenhandel und Produktion zwar langsamer, wobei der Außenhandel aber nach wie vor eine höhere Wachstumsrate aufweist.

Gleichwohl hat sich im Laufe der vergangenen fünf Jahrzehnte die Struktur des Welthandels ganz erheblich gewandelt. Erstens hat der Handel der Metropolenstaaten untereinander immer mehr an Bedeutung gewonnen und den »klassischen« Tausch von Rohstoffen und arbeitsintensiven Waren aus den Peripherie-Staaten gegen Industriewaren aus den Metropolen zunehmend verdrängt. Zweitens sind die gehandelten Industriewaren in Folge technischen Fortschritts wesentlich komplexer geworden; dabei spielt der zunehmende Einsatz von hoch qualifizierter Arbeit und Technologien eine herausragende Rolle. Insbesondere die Komplexität der Waren führte dazu, dass sich unterschiedliche technische Standards als so genannte nicht-tarifäre Handelshemmnisse

auswirkten. Ausländische Waren, die nicht den Standards des Inlands entsprechen, können dort schlicht nicht verkauft werden oder müssen – unter zusätzlichem Kostenaufwand – angepasst werden. Drittens sind bedeutende Dienstleistungsmärkte entstanden, genannt seien nur Finanz- und Versicherungsdienstleistungen sowie Tourismus.
Aufgrund dieser Veränderungen wurden neben dem GATT zwei weitere Abkommen zur Liberalisierung und Regelung des Dienstleistungsverkehrs (General Agreement on Trade of Services, GATS) sowie des Handels mit geistigem Eigentum, Patenten und Markenprodukten (Trade Related Intellectual Property Rights, TRIPS) abgeschlossen. Diese drei Verträge sind der Welthandelsorganisation WTO (www.wto.org) unterstellt, die 1995 von 123 Staaten gegründet wurde.
Alle drei Handelsabkommen gehen vom Meistbegünstigungs- sowie dem Inländerprinzip aus. Ersteres besagt, dass Maßnahmen zur Marktöffnung, die zwischen zwei Ländern vereinbart werden, auch für andere Länder zu gelten haben, sofern diese Mitglieder der WTO sind. Gemäß des Inländerprinzips darf kein WTO-Mitglied unterschiedliche Rechtsbestimmungen auf inländisch produzierte bzw. aus dem Ausland eingeführte Waren anwenden. Ausgenommen davon sind bestimmte Warengruppen und darüber hinaus ist es erlaubt, Freihandelszonen oder sogar Zollunionen zu bilden, ohne die damit verbundene vollständige Abschaffung der Binnenzölle auf alle WTO-Mitglieder anzuwenden. Ohne diese Regelung wären regionale Integrationsabkommen wie die Europäische Union (www.europa.eu.int) oder das North-American-Free-Trade-Agreement (www.nafta-sec-alena.org) rechtlich nicht mit einer gleichzeitigen WTO-Mitgliedschaft zu vereinbaren.
Schließlich ist es in vielen Fällen schwer zu entscheiden, ob Warenimporte durch nationale Sozial-, Sicherheits- oder Umweltstandards gegenüber Waren inländischer Produktion

benachteiligt werden. In solchen Fällen, wie auch bei der Frage, ob sich ein Land gerechtfertigter Weise gegen Dumpingmaßnahmen anderer Länder wehren darf, schaltet sich das in der WTO vorgesehene Schlichtungsverfahren ein. Dabei hängt die Durchsetzungsfähigkeit einzelner Länder in entscheidendem Maße von deren Verhandlungsmacht ab, obwohl formal alle Mitgliedsstaaten der WTO gemäß des Prinzips »Ein Land – Eine Stimme« gleichgestellt sind. Deswegen kann die Welthandelsorganisation – trotz der ihr zugrunde liegenden Freihandelsideologie – als ein Forum zur Austragung internationaler Handelsrivalitäten angesehen werden.

Literatur

Altmann, J./Kulessa, M. E. (1998): Internationale Wirtschaftsorganisationen, Stuttgart

Hirst, P./Thompson, G. (1999): Globalization in Question, Cambridge et al.

Globalisierung von unten

Attac – eine Bewegung im Aufschwung

Oliver Moldenhauer

Entstehung

Ende 1997 startete Ignacio Ramonet in *Le Monde Diplomatique* in seinem berühmten Artikel »Die Märkte entwaffnen!« einen Aufruf zur Gründung von Attac in Frankreich. Heute gibt es Attac in 45 Ländern, von Norwegen bis Argentinien, mit insgesamt 80.000 Mitgliedern, davon knapp die Hälfte in Frankreich.

In Deutschland entstand Attac Anfang 2000 erst als »Netzwerk zur demokratischen Kontrolle der internationalen Finanzmärkte«, als ein damals noch recht konventioneller Zusammenschluss von NGOs. Mit der Umbenennung in Attac im November 2000 gründeten sich zunehmend lokale Gruppen, aber auch verstärkt Einzelpersonen traten Attac bei. Der entscheidende Durchbruch allerdings kam mit den Demonstrationen in Genua. Attac wurde *der* Ansprechpartner für die breite Öffentlichkeit und innerhalb von neun Monaten stieg die Mitgliedzahl von 400 auf 6000.

Die Gründe für den Aufschwung der globalisierungskritischen Bewegung liegen aber tiefer: Spätestens seit dem Rücktritt von Oskar Lafontaine ist klar, dass Rot-Grün keine wirtschafts-, sozial und friedenspolitische Alternative (mehr?) darstellt, dass diese Regierung ebenso wie die letzte eine Politik der Unterordnung gegenüber den vermeintlichen und tatsächlichen Sachzwängen der Globalisierung betreibt. Gleichzeitig gibt es zumindest ein diffuses Unbehagen in der Mehrheit der Bevölkerung hinsichtlich »der Globalisierung«

und ihren Auswirkungen auf Nord und Süd, ein Unbehagen, das Attac aufgreift und artikuliert.

Was will Attac?

Attac stellt ökonomische Macht- und Verteilungsfragen, die in der normalen (wirtschafts-)politischen Diskussion ausgeblendet werden. – Was nutzt es, wenn die Produktion noch so hoch ist, aber bei den Menschen nichts davon ankommt? Es geht um die (realen und diskursiven) Auswirkungen der Globalisierung auf nationaler und internationaler Ebene. Dabei ist die Solidarität innerhalb unseres Landes für Attac untrennbar mit der internationalen Solidarität verbunden.
Auch wenn inzwischen deutlich über die Themen Finanzmärkte und Tobin-Steuer hinausgegangen wird, kann und will Attac nicht wie eine Partei zu jeder Frage eine Position beziehen. Zentrales Prinzip unserer Zusammenarbeit bleibt weltanschauliche Pluralität: Ob ChristInnen oder AtheistInnen, SozialistInnen oder AnhängerInnen einer regulierten Marktwirtschaft – wir konzentrieren uns auf die Forderungen, in denen wir uns einig sind – ohne dass wir deswegen eine gemeinsame Utopie entwickeln müssen. Für einige sind die Attac-Forderungen nur ein erster Schritt, anderen sind sie fast schon zu radikal. Entscheidend ist jedoch, dass unsere Forderungen verglichen mit der herrschenden Meinung radikal verschieden sind.
Statt politischen Wandel über Lobbyarbeit zu erstreiten, will Attac die Köpfe der Menschen erreichen, Bewusstsein und Mehrheitsmeinungen in der Bevölkerung ändern.
Zum einen schaffen spektakuläre, konfrontative Aktionen (immer friedlich, oft basierend auf zivilem Ungehorsam) Aufmerksamkeit für unsere Themen. Hierzu gehört die Blockade des Konferenzzentrums in Genua ebenso wie eine schwim-

mende »Steueroase« auf der Alster in Hamburg, der dezentrale WTO-Aktionstag sowie Großdemonstrationen zum EU-Gipfel in Brüssel. Zum anderen sollen detaillierte Expertisen, vor allem aus unseren Mitgliedsorganisationen, es unmöglich machen, unsere Einschätzungen als unqualifiziert abzutun. Angesichts der einseitigen, ideologisch geprägten Debatte und der Geschwindigkeit internationaler Entwicklung sehen wir eine wichtige Aufgabe in einer »ökonomischen Alphabetisierung«.

Wer ist Attac?

Attac besteht in Deutschland einerseits aus den Tausenden von Einzelmitgliedern, die sich in bald 100 Ortsgruppen organisiert haben, und andererseits aus über 100 Mitgliedsorganisationen, darunter so prominente wie ver.di und der BUND und so unterschiedliche wie Linksruck und »Weisse Väter – Afrikamissionare« (zum großen Teil in diesem Handbuch aufgelistet). Parteigliederungen können bei Attac allerdings nur UnterstützerInnen ohne Mitgliedsrechte werden.
Neben den Ortsgruppen in über 100 Städten gibt es Arbeitsgemeinschaften zu den Themen Finanzmärkte, Steuerflucht, WTO/Welthandel, soziale Sicherungssysteme, Arbeit und Bildung. Die Aktionsgruppe führt bundesweit spektakuläre Aktionen durch und unterstützt die Lokalgruppen bei ihren Aktionen. Das FrauenNetzAttac thematisiert die besonderen Auswirkungen der Globalisierung auf Frauen, aber auch die Geschlechterverhältnisse innerhalb von Attac.

Finanzen von Attac

»Geld ist Macht« – das heißt für die Finanzierung von Attac, dass wir uns nicht von großen staatlichen oder privaten GeldgeberInnen abhängig machen wollen, sondern auf Mitglieder und EinzelspenderInnen setzen.
»Geld ist Macht« heißt für uns auch dezentrale Verteilung (35 % der Mitgliedsbeiträge gehen an die Attac-Gruppen) und maximale Transparenz (www.attac-netzwerk.de/interna/finanzen.php).

Wie geht es weiter mit Attac?

Es kann und soll keinen Masterplan für die weitere Entwicklung von Attac geben, aber zwei strukturelle Aufgaben sind besonders zentral für die nächsten Jahre: die Verbreiterung der Basis – auch 10.000 Mitglieder wären immer noch zu wenig für das, was wir vorhaben – und eine inhaltliche Konsolidierung mit der Einrichtung eines wissenschaftlichen Beirats und einer Attac-Sommerakademie.
Wohin auch immer Attac gehen wird, wir wollen keine Partei werden. Mehr oder weniger linke Parteien gibt es genug. Wir wollen nicht diejenigen sein, die »gesellschaftliche Prozesse moderieren«, wie es bei Parteien häufig der Fall ist. Wir wollen Druck ausüben, wollen kämpfen für eine gerechtere, eine sozialere Welt, ohne uns dabei vor Industrie- und Pressemeinung verbeugen zu müssen, ohne darauf Rücksicht zu nehmen, ob wir ein »respektabler Gesprächspartner« für Parteien und Regierung sind.

Diplom-Physiker Oliver Moldenhauer, Jg. 1970, Attac-Gründungsmitglied, seit 22.1.2000 im bundesweiten Koordinierungskreis und zusätzlich seit Anfang 2001 im Attac-Büro.

Dort zuständig für Internet, Finanzen und die WTO-AG.
oliver@attac-netzwerk.de
Attac, Artilleriestr. 6, 27283 Verden, Tel. 04231/957-591,
info@attac-netzwerk.de, www.attac-netzwerk.de
Spendenkonto: 1015150, Ökobank e. G., BLZ 50090100
Mitgliedschaft: www.attac-netzwerk.de/mitmachen/

Glossar globalisierungskritischer Gruppen, Netzwerke, Institutionen und Zeitschriften

Die **Alliance for Sustainable Jobs and the Environment – ASJE** ist ein arbeits- und umweltpolitisches Bündnis in den USA, das sich für eine Welt einsetzt, in der Natur geschützt, Arbeitnehmer respektiert und ungezügelte Macht der Konzerne abgelehnt wird. Die Einbindung größerer Teile der Arbeits- und Umweltinitiativen in die Auseinandersetzungen gegen globalen Handel, FTAA und das GATS sowie Aufklärung und Mobilisierung sind die Hauptaufgaben. (www.stopftaa.com)

Amnesty International ist eine weltweite, von Regierungen, politischen Parteien, Ideologien, Wirtschaftsinteressen und Religionen unabhängige Mitgliederorganisation. Auf der Grundlage der Allgemeinen Erklärung der Menschenrechte wendet sich *ai* gegen schwerwiegende Verletzungen der Rechte eines jeden Menschen auf Meinungsfreiheit, auf Freiheit von Diskriminierung sowie auf körperliche und geistige Unversehrtheit. (Tel. 0228/98 373-0 bzw. www.amnesty.de)

Die **Arbeitsgruppe Alternative Wirtschaftspolitik** veröffentlicht seit 1975 jährlich ein Memorandum mit wirtschaftspolitischen Vorschlägen. Diese wenden sich gegen die weltweit betriebene Politik des Lohn- und Sozialabbaus. Außerdem zeigen sie, dass eine Verbesserung der Lebens- und Arbeitsbedingungen breiter Bevölkerungsschichten eine Politik erfordert, die sich an den Zielen Vollbeschäftigung, soziale Gerechtigkeit und Umweltschutz orientiert. (Tel. 0421/4914480 bzw. www.memo.uni-bremen.de)

BLUE 21 – Berliner Landesarbeitsgemeinschaft Umwelt und Entwicklung e. V. beschäftigt sich aus entwicklungspolitischer Perspektive mit internationaler Handelspolitik (v. a. WTO), Finanzmärkten und der Verschuldungskrise der Länder des Südens. Die Tätigkeitsfelder sind inhaltliche Expertise, Bildungs- und Aufklärungsarbeit, Auseinandersetzung mit Vertretern von Bundesregierung, Parlament und internationalen Organisationen wie auch das aktive Einbringen in Netzwerke und Bewegungen. (Tel. 030/694 61 01 bzw. www.blue21.de)

Bürgerinitiative Umweltschutz (BI) Lüchow-Dannenberg. 1977 wurde Gorleben als Standort für ein »Nukleares Entsorgungszentrum« benannt. Seitdem ist der Landkreis Lüchow-Dannenberg und das Wendland sozialer Ort des Kampfes für den Ausstieg aus der Atomkraft – auch unter grüner Regierungsbeteiligung. Jeder Castortransport bietet die Möglichkeit, die Gefahren der Atomkraft und die ungelöste Atommüllentsorgung in eine öffentliche Debatte zu überführen und die Anti-AKW-Inis national und international zu vernetzen. Die BI ist ein aktiver Teil davon. (Tel. 05 841/4684 bzw. www.bi-luechow-dannenberg.de)

Der **Bund für Umwelt und Naturschutz Deutschland – BUND** ist Teil des größten weltweiten Netzwerkes von Umweltgruppen: *Friends of the Earth International.* Er setzt sich für klare soziale und ökologische Grenzen der wirtschaftlichen Globalisierung ein, fordert eine Spekulationssteuer, eine Konvention über die Verantwortung internationaler Unternehmen sowie die Einführung eines multilateralen Umweltabkommens, das immer Vorrang vor Handelsabkommen der WTO haben muss. (Tel. 030/275864-68 bzw. www.bund.net)

Die 1977 gegründete **Bundeskoordination Internationalismus – BUKO** ist ein Zusammenschluss von 153 Dritte-Welt-

Gruppen und internationalistischen Basisinitiativen. Die BUKO setzt auf die sozialen Bewegungen als politischen Bezugspunkt und arbeitet an Handlungsperspektiven gegen globalen Kapitalismus, Rassismus und Patriarchat. Dazu veranstaltet sie Seminare, Kongresse und gibt »alaska – Zeitschrift für Internationalismus« heraus. (Tel. 040/393156 bzw. www.buko.info)

Das **Bündnis gegen Bankmacht** arbeitet seit 1999 gegen die politische Macht der großen Banken als einem Teil der global players und deren ökonomischer Vormachtstellung. Jeden Sommer wird ein großes Fest vor der Deutschen Bank in Frankfurt a. M. veranstaltet und werden Diskussionen und Konferenzen mit alternativen Ökonomen organisiert. (Tel. 030/24009217 bzw. Diether.Dehm@pds-online.de)

Confédération paysanne ist eine französische Bauerngewerkschaft, die sich international gegen genetisch manipulierte Nahrung und die neoliberale Politik der Globalisierung einsetzt. Sie ist Mitglied der European Farmers Coordination, Brüssel, und des weltweiten Netzwerks der Bauern- und Indigenenbewegung Via Campesina. (www.confederationpaysanne.fr)

Corporate Watch ist eine radikale Gruppe aus Oxford, England. In ihren Forschungen und Veröffentlichungen gehen sie dem Problem der Strukturen der Konzerne und dem sie unterstützenden System nach. Das Ziel ist die Beendigung der ökologischen und sozialen Zerstörung, die von dem Streben der Konzerne nach Profit vorangetrieben wird. (www.corporatewatch.org.uk)

Earth First! ist eine ökologische, gewaltfreie Direkte-Aktions-Bewegung, die jene nur auf den Menschen zentrierte

Weltsicht der Industriegesellschaft ablehnt. Earth First! wurde 1979 als Reaktion auf die ihrer Meinung nach zu kompromissbereite Ökologiebewegung gegründet. Sie beteiligen sich an den Mobilisierungen der globalisierungskritischen Bewegung und gehören PGA (s. u.) an. (www.earthfirstjournal.org/primer)

Die **Europäischen Märsche** sind ein Netzwerk von Organisationen der Erwerbslosen, Sozialhilfebeziehenden, Obdachlosen und prekär Beschäftigten. Erstmals haben sie 1997 mit mehreren Sternmärschen gegen den unsozialen Charakter des EU-Vertragswerks agiert. Ihr Ziel ist, eine breite soziale Bewegung für den Schutz der Rechte der Erwerbslosen und der arbeitenden Armen aufzubauen. (www.euromarches.org)

FIAN e. V. – FoodFirst Informations- & Aktions-Netzwerk, gegründet 1986, setzt sich für die wirtschaftlichen, sozialen und kulturellen Menschenrechte ein. FIAN besitzt Beraterstatus bei der UNO. In konkreten Fällen von Menschenrechtsverletzungen werden die Betroffenen mittels internationaler Protestbriefaktionen und Kampagnen unterstützt. (Tel. 02 323/4 900–99 bzw. www.fian.de)

Focus on the Global South mit Sitz in Bangkok, Thailand, arbeitet an entwicklungspolitischen Expertisen, Analysen und Graswurzelaktionen. Professionalität und Aktivität werden verbunden, um die Probleme der dominanten Erscheinungen der Globalisierung anzugehen. (www.focusweb.org)

Friedensratschlag – Nachdem Anfang der 90er Jahre die von vielen erhoffte »Friedensdividende« ausblieb und die Welt immer unfriedlicher wurde, organisierten Friedensbewegte aus Ost- und Westdeutschland wieder bundesweite Strategiekonferenzen der Friedensbewegung: den »Friedenspolitischen Ratschlag«. Er findet seit 1994 jeweils am ersten Dezemberwochenende in Kassel statt. Ein 30-köpfiger »Bundesausschuss« trifft sich mehrmals im Jahr. (Tel. 0561/804–2314 bzw. www.friedensratschlag.de)

Friends of the Earth International ist ein weltweiter Verband autonomer Umweltorganisationen. Die Mitglieder in 66 Ländern arbeiten an Kampagnen zu den täglichen, dringendsten umwelt- und sozialpolitischen Problemen und versuchen gleichzeitig eine Verschiebung hin zu einer nachhaltigen Gesellschaft zu forcieren. (www.foeeurope.org)

Global Exchange ist eine internationale Menschenrechtsorganisation, die für politische, soziale und ökologische Gerechtigkeit weltweit steht. Sie informieren die amerikanischen Bürger über die Auswirkungen der US-Außenpolitik und das Verhalten der in Amerika ansässigen TNUs. (www.globalexchange.org)

GLOBALISE RESISTANCE (UK) ist ein Aktivistennetzwerk, das Kommunikation und koordinierte Aktion unter Basisaktivsten und Gruppen organisiert. Es wurde im Februar 2001 gegründet, veranstaltet größere Konferenzen, Foren und Treffen in ganz England und mobilisiert für bedeutende Demonstrationen wie Genua, Brüssel oder die Anti-Kriegs-Proteste in London. (www.resist.org.uk)

Greenpeace ist v. a. durch seine spektakulären Aktionen gegen die Zerstörung der Umwelt bekannt geworden. Seit 30 Jahren kämpft Greenpeace in 40 Ländern für eine ökologische und gerechte Welt, vom Schutz der Regenwälder über Atomkraft bis hin zur Auseinandersetzung mit der WTO. (www.greenpeace.org)

Indymedia ist die unabhängige, nichtkommerzielle Berichterstattung von unten über wichtige soziale und politische Themen vor Ort und weltweit. Hunderte von Medieninitiativen und AktivistInnen sind daran beteiligt. Es bietet Raum für Diskussionen sowie Hintergrundinformationen zu aktuellen politischen und sozialen Debatten und Ereignissen. Indymedia versteht sich als Teil des weltweiten Widerstands gegen die kapitalistische Globalisierung. (www.indymedia.org)

Die **Initiative Ordensleute für den Frieden (IOF)** ist eine Gruppe von Ordensfrauen und -männern. 1983 schlossen sie sich zusammen, um gegen den Nato-Doppelbeschluss und die Nachrüstung zu protestieren. Seit 1990 stehen sie regelmäßig vor der Zentrale der Deutschen Bank in Frankfurt a. M. (Tel. 069/ 7 137 698-0 bzw. www.people.freenet.de)

International Confederation of Free Trade Unions – ICFTU ist ein weltweiter Gewerkschaftszusammenschluss. Die ICFTU organisiert und leitet u. a. Kampagnen rund um den Erhalt und die Verteidigung von Gewerkschafts- und Arbeitsrechten, Kinderarbeit, Arbeitnehmerinnenrechte, insbesondere im Zuge globaler multilateraler Handelsabkommen. (www.icftu.org)

Das **International Forum on Globalization (IFG)** ist eine Allianz von 60 führenden Aktivisten, Wissenschaftlern, Ökonomen, Forschern und Autoren, die öffentliche Aufklärung und Bildung als Antwort auf die neoliberale Globalisierung betreiben. Die Mitglieder des IFG repräsentieren 60 Organisationen in 25 Ländern mit der gemeinsamen Sorge, dass die politischen Führer und Konzernchefs auf der Welt eine Restrukturierung der weltweiten Politik vornehmen, die seit der Industriellen Revolution einmalig ist. Das IFG entwickelt Alternativen zur Globalisierung von oben. (www.ifg.org)

Jobs With Justice – JwJ wurde gegründet, um die Lebensstandards der Arbeiter, Arbeitsplatzsicherheit und das Recht zur gewerkschaftlichen Organisierung zu sichern und zu verbessern. JwJ will arbeitsrechtliche Auseinandersetzungen zu einem Teil einer größeren Kampagne für wirtschaftliche und soziale Gerechtigkeit machen. Dafür arbeiten in einem Netzwerk Arbeiter, Studenten und andere lokale Gruppen. (www.jwj.org)

Jubilee Plus ist die in London ansässige Nachfolgeorganisation von Jubilee 2000. Mit Bezug auf das biblische Jubeljahr initiierte sie eine breite Kampagne von Kirchen bis zu Gewerkschaften, um den Schuldenerlass gegenüber den ärmsten Ländern der Welt durchzusetzen. (www.jubileeplus.de)

Kairos Europa ist ein europäisches Netzwerk von ökumenischen Initiativen, Gruppen und Einzelpersonen, die sich für ein gerechtes Europa engagieren. Es arbeitet in mehreren Kairos-Centers an unterschiedlichen Themen und lokalen Alternativen zur Globalisierung. (Tel. 06221/716005 bzw. www.kairoseuropa.de)

Die **Kritischen Aktionäre** setzen sich seit über 20 Jahren in den Hauptversammlungen deutscher Konzerne für mehr Umweltschutz und mehr soziale Gerechtigkeit ein. Sie kämpfen gegen das Diktat des *shareholder value*. Der Dachverband der Kritischen AktionärInnen organisiert die gemeinsamen Kampagnen seiner Mitgliedsorganisationen. Außerdem ist er die zentrale Anlaufstelle für ca. 3.000 KleinaktionärInnen, die ihm die Stimmrechte ihrer Aktien übertragen, um so ihre soziale und ökologische Verantwortung wahrzunehmen. (www.kritischeaktionaere.de)

Labor Notes ist seit 1979 die Stimme der Gewerkschaftsaktivisten, die durch Basisbetriebsdemokratie »die Bewegung zurück zur Arbeiterbewegung« führen will. Als Organisation bringt sie Aktivisten zusammen, gibt ein Monatsmagazin, Bücher und Broschüren heraus und hält Schulungen und Konferenzen ab. (www.labornotes.org)

LabourNet Germany – »der virtuelle Treffpunkt der Gewerkschafts- und Betriebslinken« und Träger des Alternativen Medienpreises 2001 richtet sich auch an Erwerbslose und soziale Bewegungen und verbreitet sonst unterdrückte Informationen. Zur Globalisierung sind es die Auswirkungen auf die Arbeits- und Lebensbedingungen der Lohnabhängigen, internationale Vernetzung und Widerstand, wirtschaftspolitische Alternativen und Gewerkschaftsstrategien jenseits nationaler Wettbewerbsfähigkeitsbündnisse. (www.labournet.de)

Linksruck ist eine Organisation von revolutionären Sozialisten. Linksruck steht in der Tradition des »Sozialismus von unten« und ist Teil der Internationalen Socialist Tendency, einem Netzwerk von sozialistischen Organisationen. Die IST hat eine wichtige Rolle bei den antikapitalistischen Mobilisierungen nach Prag und Genua und dem Aufbau von Anti-Kriegs-Bewegungen gespielt. Viele Linksruck-Mitglieder arbeiten beim Aufbau von Attac mit. Die Organisation gibt die zweiwöchentliche Zeitung *Linksruck* heraus und richtet jedes Pfingsten die »Rosa-Luxemburg-Tage« aus. (Tel. 030/63 225 610 bzw. www.linksruck.de, www.istendency.org)

medico international ist eine sozialmedizinische Hilfsorganisation, die seit 1968 weltweit Basisinitiativen unterstützt. (Tel. 069/94438-0 bzw. www.medico.de)

Das **Netzwerk gegen Konzernherrschaft und neoliberale Politik** besteht seit August 1999 und ist aus dem Komitee »Widerstand gegen das MAI« entstanden. (Tel. 0221/23364-85 bzw. www.come.to/netzwerk-gegen-neoliberalismus)

Das **Oltener Bündnis** arbeitet als Gegengipfel zum Weltwirtschaftsforum in der Schweiz. Gruppen wie die »Erklärung von Bern« arbeiten darin für gerechte und umweltverträgliche Nord-Süd-Beziehungen in Politik, Wirtschaft, Kultur und Ernährung. Attac Schweiz versucht, die Bedeutung der Globalisierung des Kapitals und die Mechanismen der neuen imperialistischen Kriege zu verstehen und ausgehend von den Bedürfnissen der großen Mehrheit der Weltbevölkerung Alternativen auszuarbeiten. (www.attac.org/schweiz; www.evb.ch; www.publiceyeondavos.ch)

Das **Oswald von Nell-Breuning-Institut** arbeitet zur Ethik und Regulierung der Finanzmärkte, vor allem hinsichtlich der ethischen Reflexion von Direktinvestitionen in Schwellenländern. Weiterhin werden die Strukturmerkmale der New Economy analysiert und die Leitbilder des veränderten Arbeitens überprüft. (www.st-georgen.uni-frankfurt.de/nbi/)

Oxfam Deutschland e.V. wurde 1995 als unabhängige NGO gegründet. Der mildtätige und gemeinnützige Verein gehört zu Oxfam International, einem Bund von zwölf unabhängigen Hilfsorganisationen, die in über 80 Ländern des Südens und Osteuropas mit Nothilfe, langfristigen Projekten zur Selbsthilfe sowie in der entwicklungspolitischen Lobby- und Kampagnenarbeit tätig sind. (Tel. 030/4285 0621 bzw. www.oxfam.de)

Die deutsche Sektion von **pax christi** wurde 1948 gegründet. Pax christi bezieht Position, wo Menschen- und Asylrechte verletzt und Konflikte mit Gewalt ausgetragen werden, setzt sich für gerechte Strukturen des Zusammenlebens und der Ökonomie ein, führt Kampagnen, Aktionen und Hilfsprojekte durch, arbeitet gegen Antisemitismus und sucht das Gespräch mit anderen religiösen Traditionen. (Tel. 06 101/2073 bzw. www.paxchristi.de)

Peoples' Global Action – PGA ist ein weltweites Koordinationsnetzwerk für Widerstand gegen den globalen Markt, ein neues Bündnis für Kämpfe und Solidarität und gegen Freihandel und WTO. (www.agp.org)

London Reclaim the Streets ist eine Basisgruppe, die öffentlichen Raum gegen kapitalistische Vereinnahmung zurückfordert. Sie machen öffentliche direkte Aktionen. (www.reclaimthestreets.net)

Risingtide ist ein globales außerparlamentarisches dezentrales Klimanetzwerk, das versucht, mittels direkter Aktionen und Öffentlichkeitsarbeit die Problematik des globalen Klimawandels und das Versagen der aktuell stattfindenden Klimapolitik an die Öffentlichkeit zu tragen. Es versteht sich dabei nicht als eine rein umweltpolitische Organisation, sondern will die Verknüpfungen mit Neoliberalismus, Neokolonialismus und Rassismus herausarbeiten. (www.risingtide.org)

Ruckus Society ist eine kalifornische Non-Profit-Organisation, die seit 1995 Arbeits-, Umwelt- und Menschenrechtsaktivisten in gewaltfreiem zivilen Ungehorsam schult und unterstützt. Zusätzlich hilft sie vielen Organisationen in der Aktionsplanung, Logistik und Taktik und bereitet Aktivisten auf direkte Aktionen vor. (www.ruckus.org)

Die **Stiftung Umverteilen** ist eine unabhängige, gemeinnützige Organisation, die entwicklungspolitische Bildungs- und Öffentlichkeitsarbeit sowie Entwicklungsprojekte in der so genannten Dritten Welt fördert. Diese dienen der Völkerverständigung, der Entwicklungshilfe, Volks- und Berufsbildung, der Jugendhilfe, Wissenschaft und Forschung und dem Umweltschutz. (Tel. 030/7859844 bzw. www.umverteilen.de)

SÜDWIND e. V. – In zahlreichen Forschungsbereichen weisen die SÜDWIND-Studien nach, dass Deutschland eine Mitverantwortung für Missstände in Entwicklungsländern hat. Schwerpunkte der derzeitigen Arbeit sind »Frauen und Wirtschaft«, »Ethische Geldanlagen« und »Internationale Verschuldung«. (Tel. 02241/536 17 bzw. www.suedwind-institut.de)

terre des hommes Deutschland e. V. ist ein entwicklungspolitisches Kinderhilfswerk und unterstützt in 29 Ländern rund 350 Projekte für Straßenkinder, verlassene und arbeitende Kinder, gegen Kinderhandel und -prostitution. Die Projektpartner vor Ort bauen Schulen und Kinderschutzzentren, organisieren kleine Produktionsgemeinschaften und Bewässerungsprojekte und betreuen kranke oder kriegsverletzte Kinder. (Tel. 0541/7101-0 bzw. www.tdh.de)

Vereinte Dienstleistungsgewerkschaft – ver.di ist mit rund 2,8 Millionen Mitgliedern die größte Einzelgewerkschaft Deutschlands. Durch den Zusammenschluss von DAG, DPG, HBV, IG Medien und ÖTV ist es gelungen, Konkurrenzen zwischen den Einzelgewerkschaften abzubauen und gemeinsam für die Verbesserung der Lebens- und Arbeitsbedingungen der Mitglieder einzutreten. Dazu zählt auch das kritische Hinterfragen der Globalisierung. (www.verdi.de)

Via Campesina ist eine internationale autonome Bewegung, die Klein- und Mittelbauern, Landarbeiter, Frauen aus ländlichen Gebieten und indigene Gruppen aus Asien, Afrika, Amerika und Europa organisiert. Themen sind Agrarreform, Gender, Menschenrechte und Solidarität, Handel, Biodiversität, genetische Ressourcen und alternative Agrikultur, außerdem wird an einer globalen Vernetzung und Kommunikation zwischen den verschiedenen Bewegungen gearbeitet. (www.viacampesina.org)

Das **Weltsozialforum (WSF)** ist das größte Treffen der globalisierungskritischen Bewegung. Hier treffen sich alle Stränge der Bewegung: Umweltschützer, Bauern und Landlose, Christen, Attac, NGOs aus Nord und Süd, radikale und reformistische Organisationen und vermehrt auch linke Parlamentarier. Nachdem im ersten Jahr 12.000 Menschen unter dem Banner »Eine andere Welt ist möglich« gemeinsam debattierten, kamen zum zweiten Treffen bereits 60.000 Aktivisten aus aller Welt. Es ist der Gegenentwurf zum Treffen der Wirtschaftselite beim World Economic Forum in Davos. In den letzten beiden Jahren fand es in Porto Alegre statt. 2004 wird es in Indien ausgerichtet. Im Herbst 2002 findet das erste Europäische Sozialforum in Italien statt. (www.portoalegre2002.org bzw. www.attac-netzwerk.de/ESF)

Weltwirtschaft, Ökologie & Entwicklung e. V. – Weed will die Ursachen der Armut aufdecken und dagegen vorgehen. Deshalb arbeitet Weed an folgenden Themen: internationales Finanzsystem und Verschuldung, internationale Handels- und Investitionspolitik, Demokratisierung des UN-Systems und Nord-Süd-Politik der Europäischen Union. Weed analysiert und bewertet aktuelle Entscheidungsprozesse, mobilisiert öffentliche Einmischung, organisiert Workshops, Tagungen und Kongresse, veröffentlicht sorgfältig recherchierte Studien und gibt den »Informationsbrief Weltwirtschaft und Entwicklung« heraus. (Tel. 0228/76613-0 bzw. www.weedbonn.org)

Das **World Development Movement** betreibt Lobbyarbeit bei Regierungen und Firmen, um die Politik zu verändern, die die Menschen arm hält. Derzeit arbeiten sie an einer Veränderung der Regeln des globalen Handels, um Menschen vor Profite zu setzen, die Verschuldung der Dritten Welt zu beenden und eine nachhaltige Entwicklung für alle zu fördern. (Tel. 020/77376215 bzw. www.wdm.org.uk)

X1000mal quer ist eine überregionale Anti-Atom-Kampagne mit dem Ziel der sofortigen Stilllegung aller Atomanlagen. Seit 1996 organisieren sie große gewaltfreie Sitzblockaden zur Behinderung von Castor-Transporten. (www.X1000malquer.de)

Ya Basta! Der spanische Name der italienischen autonomen Bewegung heißt »Es reicht!« und ist inspiriert vom ersten Communique der Zapatisten im Januar 1994. Die Tute Bianchi (»Ganz in Weiß«) sind Teil dieser Bewegung und entstanden 1994 in Mailand. Sie haben eine wichtige Rolle bei den Demonstrationen von Prag und Genua gespielt. (www.yabasta.it)

Die **Zapatistas** wurden berühmt durch ihre bewaffnete Besetzung der Provinzhauptstadt der Region Chiapas in Mexiko am Neujahrstag 1994, als die Nordamerikanische Freihandelszone NAFTA gegründet wurde. 1996 hielten sie das historische interkontinentale Treffen gegen den Neoliberalismus ab, zu dem 3000 Menschen aus 54 Ländern kamen. Mit einem friedlichen Marsch auf Mexiko-City 2001 brachten sie ihren Kampf noch mal in die Weltöffentlichkeit. (www.eco.utexas.edu/faculty/Cleaver/zapsincycyber.html.)

Zeitschriften

Blätter für deutsche und internationale Politik – Die »Blätter« verstehen sich als ein Forum, das über die Grenzen politischer Lager hinweg republikanisch-demokratischen Grundsätzen, sozialer Gerechtigkeit und nachhaltiger Entwicklung verpflichtet ist. Neben Analysen zu aktuellen Themen werden monatlich Wirtschafts- und Umweltinformationen sowie Dokumente zum Zeitgeschehen wie Gesetzestexte, UN-Resolutionen u. ä. veröffentlicht. (www.blaetter.de)

Die **ila**, die Zeitschrift der Informationsstelle Lateinamerika e. V., erscheint seit Dezember 1976 zehnmal jährlich. Sie bringt kritische Informationen über Politik, Wirtschaft und Kultur Lateinamerikas. Dabei untersucht sie besonders die Verantwortung von Unternehmen und Regierungen des Nordens für Armut und politische Unterdrückung in Lateinamerika. (Tel. 0228/ 65 86 13 bzw. www.ila-web.de)

Die **Internationale Pressekorrespondenz** berichtet monatlich über wirtschaftliche Entwicklungen und politische Konflikte in allen Teilen der Welt. Dabei kommen weniger Experten als vielmehr AktivistInnen aus den jeweiligen Ländern zu Wort. Neben dieser laufenden Berichterstattung gibt es theoretische Artikel, die sich zumeist um Fragen internationaler Solidarität, Entwicklungstendenzen des Kapitalismus und Geschichte der ArbeiterInnenbewegung drehen. (www.comlink.apc.org/inprekorr)

Das **International Socialism Journal** wird von der Socialist Workers Party (UK) herausgegeben. Es diskutiert seit den 50er Jahren über revolutionären Marxismus, Weltwirtschaft und die Theorie und Praxis der Arbeiterbewegung. Es steht in einer explizit antistalinistischen Tradition und setzt sich in den letzten Jahren verstärkt mit Strategie und Taktik der globalisierungskritischen Bewegung auseinander. (www.swp.org.uk/ISJ)

Die **iz3w** beschäftigt sich seit 1970 in acht Ausgaben pro Jahr mit den verschiedenen Aspekten der Globalisierung, mit Migration und Rassismus, Entwicklungspolitik und -theorie, mit Ökologie und Medien, Literatur, Sport und Musik sowie mit sozialen Bewegungen. (www.iz3w.org)

Die **Le Monde Diplomatique** ist ursprünglich die Zeitung der unabhängigen französischen Linken. In den letzten Jahren hat sie ihre Auflage auf über eine Million gesteigert und ist die weltweit größte Monatszeitung für Politik und das wichtigste Organ der globalisierungskritischen Bewegung. Sie erscheint auf Arabisch, Deutsch, Englisch, Griechisch, Italienisch, Japanisch und Spanisch. (www.monde-diplomatique.de)

Um Möglichkeiten sozialistischer Politik unabhängig von sozialdemokratischen bzw. kommunistischen Parteien diskutieren zu können, wurde 1948 die **Monthly Review** gegründet. In jüngerer Zeit werden verstärkt das Wiedererstarken der ArbeiterInnenbewegung und die Entstehung neuer sozialer Bewegungen behandelt. (www.monthlyreview.org)

Als internationale Theorie-Zeitschrift war der **New Left Review** maßgeblich an der Herausbildung einer neuen Linken in den 60er Jahren beteiligt, nunmehr werden Themen von der Weltwirtschaft, Staatsmacht und Protestbewegungen bis hin zu Philosophie, Literatur und Kunst behandelt. (www.newleftreview.net)

1971 unter dem Namen »Probleme des Klassenkampfs« gegründet, wurde aus dem politischen Projekt mit wissenschaftlichem Anspruch im Laufe der Jahre eine wissenschaftliche Zeitschrift mit politischem Anspruch, die **Prokla**. Schwerpunktthemen der letzten Zeit waren Re-Regulierung der Weltwirtschaft, Ethnisierung der Ökonomie, Soziale Gerechtigkeit, New Economy und Globalisierung des Terrors. (www.prokla.de)

Sozialismus: Linke GewerkschafterInnen, kritische WissenschaftlerInnen und AktivistInnen analysieren monatlich aktuelle Entwicklungen in Wirtschaft und Gesellschaft und diskutieren Strategien sozialistischer Politik. Dabei wird nicht nur nach konzeptionellen Alternativen zum Neoliberalismus gesucht, sondern auch die Fragen nach ökonomischen Voraussetzungen und sozialer Basis einer anderen Politik behandelt. (www.sozialismus.de)

Die Zeitschrift **Sozialistische Politik und Wirtschaft (SPW)** ist ein Diskussionsforum der sozialdemokratischen Linken. Da deren inhaltliche Positionen in der neuen Sozialdemokratie keinen Platz mehr finden, werden zugleich Möglichkeiten sozialdemokratischer Politik in Zusammenarbeit mit anderen politischen Gruppen, Initiativen und Strömungen diskutiert. (www.spw.de)

1970 gegründet, ist **The Ecologist** das weltweit älteste Umweltmagazin. Es wird in über 150 Ländern vertrieben. Neben der Ökologie beschäftigt sich die Zeitschrift mit den Auswirkungen der Globalisierung auf Arbeitsverhältnisse und Gesundheit. (www.theecologist.org)

Anmerkung der Herausgeber: Die in diesem Glossar aufgeführten Gruppen haben uns freundlicherweise weitgehend Selbstdarstellungen zur Verfügung gestellt.

Globalisierung – Alternativen und Perspektiven

Die Tobin-Steuer und die Regulierung der Finanzmärkte

Peter Waldow

Die Entwicklung der Idee einer Tobin-Steuer

Die Idee der Devisenumsatzbesteuerung ist alt. John M. Keynes hat ein ähnliches Steuerungsinstrument nach den Erfahrungen der Weltwirtschaftskrise 1930 gefordert, bevor der im März 2002 verstorbene Nobelpreisträger James Tobin Anfang der 70er Jahre konkret das Konzept einer Devisenumsatzsteuer – der so genannten Tobin Tax – entwickelte. Ein Konzept, das so gar nicht in den ökonomischen Liberalisierungs-Zeitgeist dieser Jahre passte. So wanderte Tobins Idee in die Schubläden von Wissenschaftlern und Entwicklungspolitikern.

Aber eine gute Idee, wie Arthur Schopenhauer einmal feststellte, muss drei Phasen durchwandern, ehe sie als solche weithin anerkannt wird. In der ersten Phase wird die Idee als Nonsens deklariert, als utopistische Spinnerei. Diese Phase der wissenschaftlichen und politischen Diskreditierung ist mittlerweile abgeschlossen, sie dauerte aber bis Ende der 90er Jahre an. Noch im Jahre 2000 erklärte Robert Mundell, ein Wirtschaftsnobelpreisträger, eine Devisenbesteuerung in einem Zeitungsinterview für idiotisch. Während die Verfechter einer Tobin-Steuer lange nicht ernst genommen wurden, wird mittlerweile in weiten Kreisen der Wirtschaftswissenschaft ernsthaft über Devisensteuern diskutiert und in politischen Kreisen bereits der Nutzen abgeschätzt, der sich durch eine Befürwortung der Idee ergibt.

Wir sind nun also in der zweiten Phase, in der das Konzept auf Herz und Nieren untersucht wird. Es entsteht ein Kräftemessen der Interessen und ein Wettbewerb der Argumente, in dem sich die Idee der Tobin-Steuer durchsetzen muss. Ist sie gut, so kommt es zur abschließenden Phase drei, in der die Steuer eingeführt wird.

Die kritische Zivilgesellschaft als Motor der Tobin-Steuer

Am Anfang einer solchen Entwicklung steht die Schaffung von Öffentlichkeit und politischer Befürwortung, die nach und nach eine Eigendynamik entwickeln. Im Fall der Tobin-Steuer waren die Kräfte zu Beginn der Diskussion klassisch verteilt. Auf der einen Seite die Befürworter – insbesondere gewerkschaftliche Akteure im Süden und die internationale Gemeinschaft progressiver NGOs –, deren mediale Reichweite und politische Einflussnahme marginal war, auf der anderen Seite die übermächtigen Interessenvertreter von Banken und Industrie aus dem Norden.

Diese Konstellation ist zugleich typisch für die Bearbeitung des Nord-Süd-Konflikts. Folglich waren entwicklungspolitische Organisationen die ersten politischen Akteure, die mit Informations-, Aufklärungs- und Lobbyarbeit die Basis für die »politische Karriere« der Tobin-Steuer legten. Als sich dann die UNCTAD in den Jahren 1995–1996 intensiv mit dem Thema befasste, entstand erstmals eine breitere Aufmerksamkeit. Gleichzeitig rüstete sich eine übermächtige Gegenöffentlichkeit, die das Thema schnellstens vom Tisch fegen wollte. Dies wäre auch fast der Fall gewesen, wären nicht neue Entwicklungen eingetreten, die letztlich zum heutigen Erfolg geführt haben.

Neben der permanenten Unterfinanzierung der Entwick-

lungshilfe trugen zum Ausgang des vergangenen Jahrhunderts zwei Tendenzen dazu bei, das Thema internationale Kapitalbesteuerung auf die Tagesordnung auch des Mainstreams und der Politik der Zentralen zu bringen.
Erstens haben die Finanzkrisen in Asien, Russland und Lateinamerika und ihre Ansteckungsmechanismen die Notwendigkeit offenbart, das internationale Finanzsystem neu zu ordnen. In den Diskussionen um eine neue Finanzarchitektur taucht die Tobin-Steuer als ein Instrument unter vielen immer wieder auf. Zweitens aber, und das ist wohl auch der entscheidende Faktor, hat der globalisierungskritische Diskurs die Fragen nach Alternativen zum Weltwirtschaftssystem neu aufgegriffen. Dabei werden erstmals, ohne erkennbare Abgrenzungsbemühungen, sowohl grundsätzliche kapitalismuskritische Ansätze als auch reformerische Instrumente als Teil emanzipatorischer Politik diskutiert.
Sichtbarer Ausdruck dieser neuen Kultur ist die Genese von Attac. Dass die geforderte Einführung einer Steuer auf internationale Finanztransaktionen in der Öffentlichkeit wahrgenommen wird, ist auf die verschiedenen öffentlichkeitswirksamen Kampagnen und Veranstaltungen von Attac zurückzuführen. Dabei hat es sich wieder einmal gezeigt, dass die Zuspitzung auf eine konkrete Forderung – hier die Tobin-Steuer – sehr viel größeren politischen und medialen Erfolg gewährt als eine in der Sache wichtige und notwendige, aber nicht leicht zu vermittelnde Grundsatzdiskussion. Die theoretische und normative Diskussion um eine gerechtere Weltwirtschaft muss jedoch parallel dazu weitergeführt werden, wobei der Tobin-Steuer-Ansatz als ergänzendes Instrument begriffen werden sollte.

Die Tobin-Steuer und die Mächtigen der Welt

Seit Seattle und Genua interessieren sich alle Medien und Politiker für die globalisierungskritische Bewegung und deren Inhalte. Die Tobin-Steuer wird seither bis weit in die bürgerlichen Kreise als ein Element (unter vielen) für eine gerechte Weltwirtschaft angeführt. Dieser Entwicklung können sich nun auch die Mächtigen bzw. Regierenden nicht mehr verschließen.

Nach und nach wird in den Parlamenten der Industrienationen die Tobin-Steuer diskutiert und auch befürwortet. Erst in Kanada (März 1999), dann in Belgien (2000), und das Französische Parlament hat im November 2001 ein Gesetz verabschiedet, dass eine europäische Tobin-Steuer in Höhe von 0,1 % einführt, insofern die anderen EU-Staaten ebenfalls die Steuer beschließen.

Parallel dazu äußern sich Politiker in Wahlkampfsituationen uneindeutig bzw. positiv zur Steuer. Dahinter steckt wohl die Ahnung, dass der Anteil an Tobin-Befürwortern unter den Wählern nicht zu unterschätzen ist. Gleichzeitig bestätigen wissenschaftliche Studien der UNO, der EU-Kommission oder des deutschen Entwicklungshilfeministeriums mehr oder weniger eindeutig, wie sinnvoll eine Devisenumsatzsteuer wäre.

Diese Entwicklungen verdeutlichen, dass eine ursprünglich von den Regierenden abgelehnte Idee allmählich durch ihr Konzept überzeugen und eine nicht länger zu ignorierende Zahl an Befürwortern (Wählern) finden kann.

Das Konzept der Tobin-Steuer

Am Ausgangspunkt seiner Überlegungen stand für James Tobin die Erwartung, dass nach der Auflösung des Bretton-

Woods-Festkurssystems und der Einführung flexibler Wechselkurse vermehrte Devisenspekulationen einsetzen. Tobin rechnete mit zukünftig stärker schwankenden Wechselkursen, was sich ungünstig auf die weltwirtschaftliche Stabilität auswirken würde.

Er sollte Recht behalten; obwohl auch er in den 70er Jahren noch nicht das Ausmaß der Finanzkrisen der letzten zehn Jahre vorausgesehen hat und sich auch niemand die krisenverstärkenden Devisenspekulationen vorstellen konnte, die in der Asienkrise bis zu einer 80 %igen Abwertung der Währungen führten.

Nach und nach bestimmten flexible Wechselkurse das Weltwährungssystem. Währungen werden dabei wie jede beliebige Ware auf dem Markt ge- oder verkauft. Nach der Logik von Angebot und Nachfrage bildet sich dann ein Preis für die Währung, der Wechselkurs.

Gleichzeitig sind weltweit Kapitalverkehrskontrollen abgeschafft worden. Unter diesen Voraussetzungen und mit Hilfe der neuen Computertechnik können heute Devisentransaktionen mit dem berühmten Mausklick in jeder Höhe und zu jeder Zeit getätigt werden.

Kurzfristige Finanztransaktionen und Überliquidität destabilisieren die Finanzmärkte

Die Liberalisierung und Deregulierung des Finanzsektors hat dazu geführt, dass die weltweiten Devisenumsätze heute auf über 1,2 Billionen US-$ angewachsen sind. Davon sind mehr als 80 % kurzfristige Anlagen, mit einer Laufzeit von weniger als sieben Tagen. Diese Gelder haben nichts mehr mit realwirtschaftlichen Aktivitäten zu tun.

Selbst wenn man Transaktionen im Zusammenhang mit realwirtschaftlichen Aktivitäten, wie die Absicherung von Handelsgeschäften (Hedging), berücksichtigt, bleibt noch eine hohe, im Wesentlichen spekulationsbedingte Überliquidität. Entgegen der bekannten ökonomischen Theorien führte die zusätzliche Liquidität aber nicht zu einer Stabilisierung der Devisenmärkte. Während immerfort der Liquiditätsverlust und die dadurch zu erwartende Zunahme an Volatilität (Kursschwankungen) als ökonomisches Hauptargument gegen die Tobin-Steuer genannt wird, beweist die Realität das Gegenteil: Im gleichen Maß, wie das Volumen der Finanzströme angewachsen ist, sind die Finanzmärkte schwankungsintensiver geworden.

Die Hauptursache dieser Volatilität auf den Finanzmärkten und damit für die Instabilität des Finanzsystems sind die kurzfristigen Kapitalströme. Der abrupte Kapitalzu- bzw. -abfluss ist inzwischen selbst von den Hauptakteuren eines ungeregelten Kapitalverkehrs als Auslöser von Wirtschafts- und Finanzkrisen und der spekulativen Blasen auf den Finanzmärkten erkannt worden.

Auch die Behauptung, dass sich die alltägliche Spekulation und Arbitrage beruhigend auf die Märkte auswirkt, ist falsch. Wahr ist, dass es durch die kurzfristigen Finanzflüsse zu temporären Gleichgewichten auf den unterschiedlichen Märkten kommt. Diese Gleichgewichte sind jedoch rein monetärer Art und müssen mittelfristig immer an die realwirtschaftlichen Gegebenheiten angepasst werden. Für ein längerfristiges, fundamentales Gleichgewicht auf den Märkten sind kurzfristige Arbitrage- und Spekulationsgeschäfte daher ungeeignet.

Indem sich die Finanzflüsse von der realwirtschaftlichen Grundlage abgelöst haben, ist ein selbstreferentielles System entstanden, d.h. die Kurse werden nicht mehr durch Anlageerwartungen bestimmt, die sich an den ökonomischen Basisdaten orientieren, sondern bilden sich nur noch durch die kurzfristigen Renditeerwartungen privater Finanzmarktakteure.

Zusätzlich ist das Ausmaß der Transaktionen selbst ein Stabilitätsrisiko, denn das Interventionspotenzial von Zentralbanken ist angesichts der bewegten Finanzmassen im Ernstfall selbst für Volkswirtschaften mittlerer Größe zu gering. Kurzfristigkeit und Überliquidität sind in ihrer Entstehung und destabilisierenden Wirkung untrennbar miteinander verwoben. Zur Stabilisierung des internationalen Finanzsystems müssen daher die kurzfristigen Kapitalbewegungen vermieden werden und die Masse der Finanzflüsse auf ein angemessenes und sinnvolles Maß reduziert werden. Genau an diesem Punkt setzt der Vorschlag einer Devisenumsatzsteuer an.

Die Funktionsweise einer Devisenumsatzsteuer

Der größte Teil der Devisenumsätze hat den Zweck, kurzfristige Kursdifferenzen im Promille-Bereich zu nutzen. Bei einem entsprechend hohen Einsatz lassen sich auf diese Weise beträchtliche Renditen erzielen. Eine geringfügige Besteuerung würde einen Teil dieser Transaktionen unrentabel machen. Sie würden eingestellt. Die Höhe des Rückgangs hängt hauptsächlich von der Höhe des Steuersatzes und der erwarteten Reaktion der Marktteilnehmer ab. Bei einem Steuersatz von 0,25 % ginge das Transaktionsvolumen nach Schätzungen im Höchstfall um ein Drittel zurück.

Hinsichtlich der Höhe der Devisensteuer gibt es unterschiedliche Vorschläge, die in jüngster Zeit aber alle in einem Spektrum von 0,05 % bis 0,5 % liegen. Die Festlegung der optimalen Höhe ist schwierig. Insofern wäre es im Falle einer Einführung sinnvoll, die Wirkungsweise der Steuer durch einen niedrigen Einstieg, der dann je nach Reaktion der Märkte flexibel hochgefahren werden kann, in der Praxis zu erproben.

Durch die Besteuerung werden alle Devisentransaktionen teurer, unabhängig davon, ob es sich um eine Realinvestition oder um eine kurzfristige Spekulation handelt. Der Clou dabei ist aber, dass durch die unterschiedlichen Laufzeiten die Effekte auf die unterschiedlichen Geschäfte auch sehr unterschiedlich sind.

Ein Handelsgeschäft oder eine Auslandsinvestition wird zunächst einmal zwar verteuert, bleibt aber angesichts des geringen Steuersatzes weiterhin rentabel. Ganz anders dagegen die kurzfristigen Spekulations- und Arbitragegeschäfte. Während sich bei einer langfristigen Realinvestition der einmalige Abschlag in zu vernachlässigender Größenordnung auf den Gewinn auswirkt, wird die Steuer einen großen Teil der kurzfristigen Spekulation verhindern, da sie bei jedem Währungstausch neu erhoben wird.

Die Steuer erreicht über diesen Mechanismus, dass zwischen realwirtschaftlichen Investitionen und spekulativen Transaktionen nicht gezielt unterschieden werden muss, was in der Praxis ohnehin so gut wie unmöglich wäre. Sie trägt implizit dazu bei, realwirtschaftliche Investitionen attraktiver zu machen. Vor allem die Entwicklungsländer, die in besonderem Maße auf ausländische Direktinvestitionen angewiesen sind, würden davon profitieren.

Dies führt zu einem Rückgang der kurzfristigen Devisengeschäfte auf den Finanzmärkten. Damit stabilisiert eine Devisenumsatzsteuer generell die Finanzmärkte, da (1) die destabilisierende Überliquidität der Finanzmärkte abgebaut würde, indem die »alltägliche« Spekulation und deren volatilitätserzeugende Wirkung unterbunden wird. (2) Durch den Rückgang der kurzfristigen Geschäfte entfällt für Händler der Anreiz, auf kurzfristige Kursanstiege bzw. -rückgänge zu spekulieren. Damit werden auch Spekulationsblasen, die durch langsames Aufschaukeln kurzfristiger Erwartungen entstehen, nicht mehr möglich. (3) Die Verteuerung kurzfristiger Transaktionen würde auch kurzfristige Kredite verteuern und deren Bevorzugung vor langfristigen Kontrakten reduzieren. Damit würden die systemischen Risiken, die der kurzfristigen Kreditvergabe entspringen, verringert. (4) Notenbanken könnten – ebenfalls in Grenzen – die Geldpolitik wieder als Instrument makroökonomischer Steuerung einsetzen, ohne dass es unmittelbar zu Kapitalabzug käme.

Bedenken gegenüber der technischen Umsetzung der Steuer, wie sie Anfang der 90er Jahre berechtigterweise erhoben wurden, sind mittlerweile gegenstandslos. Aus eigenem Interesse haben Banken und Fonds in den vergangenen Jahren Zahlungsverkehr und Abwicklung von Finanzgeschäften mit Hilfe der Computertechnik so stark formalisiert, dass die Steuererhebung vom Aufwand her mit der Abbuchung von Kontoführungsgebühren zu vergleichen ist. Die Steuer kann ohne zeitlichen Vorlauf jederzeit von den Notenbanken umgesetzt werden, ohne neue Institutionen oder Verfahren zu etablieren.

Neue Steuereinnahmen – für wen?

Überlegungen zur Höhe und Verwendung der Steueraufkommen sind unumgänglich. Mehr noch, der Aufkommensaspekt ist kein notwendiges Übel, sondern bietet die Chance, mit einem Instrument zwei wichtige Ziele gleichzeitig zu erreichen: Lenkung und Einnahmen.
Hinzu kommt, dass angesichts der von der Globalisierung aufgeworfenen Probleme die Frage nach internationalen Steuern heute ohnehin auf der Tagesordnung steht. Während immer mehr Unternehmen und Finanzmarktakteure jenseits des Zugriffs staatlicher Regulierungsmöglichkeiten operieren, schrumpft die Steuerbasis der Nationalstaaten. Gleich-

zeitig verursacht die ökonomische Tätigkeit der *global players* neue Kosten – ökonomische, soziale und ökologische –, die bisher von der Allgemeinheit getragen werden. Internationale Steuern sind deshalb eine logische und notwendige Konsequenz der Globalisierung, wenn angesichts der Zangenbewegung auf die staatliche Steuerbasis mehr politische Handlungsfähigkeit gegenüber den neuen Problemlagen erlangt werden soll.

Von Wissenschaftlern sind für verschiedene Steuerhöhen (0,05 %, 0,1 % und 0,25 %) die Steueraufkommen geschätzt worden. Demnach lägen die Einnahmen bei dem niedrigsten Satz von nur 0,05 % immer noch doppelt so hoch wie die gesamte Entwicklungshilfe der Industrieländer, nämlich bei über 90 Mrd. US-$ pro Jahr.
Im Interesse einer nachhaltigen Entwicklung wäre die internationale Verteilung der Steuereinnahmen die optimale Lösung. Dazu müssten keineswegs neue Institutionen geschaffen werden. Die Gelder könnten im Rahmen der UNO verteilt und in ökologisch und entwicklungspolitisch sinnvolle Vorhaben gelenkt werden. Die Verwendung sollte nicht zweckgebunden sein, sondern sich immer an öffentlichen und global bedeutsamen Aufgaben – z.B. Bekämpfung der Armut, Umweltzerstörung – orientieren.

Alle Steuern können hinterzogen werden, auch eine Tobin-Steuer

Von den Kritikern einer Devisenumsatzsteuer wird angeführt, dass die Steuer insbesondere über Steueroasen umgangen werden kann. Richtig ist, dass die privaten Finanzmarktakteure erfindungsreich sind, wenn es darum geht, sich dem Zugriff des öffentlichen Interesses zu entziehen.

Die Möglichkeit der Steuerumgehung ist jedoch kein Argument gegen eine Devisensteuer noch gegen sonst irgendeine Steuer. Denn grundsätzlich ist jede Steuer zu umgehen und wird auch tatsächlich umgangen.
Da der Großteil aller Devisentransaktionen im Interbankengeschäft und somit in einem der Besteuerung zugänglichen Teil getätigt wird, ist nicht mit einer größeren Steuerbasis zu rechnen, die der Besteuerung entzogen würde. Eine Verlagerung der Geschäfte aus den internationalen Zahlungsverkehrssystemen ist ob der daraus entstehenden Abwicklungsgefahr ebenfalls nicht zu erwarten. Darüber hinaus sind Umgehungstaktiken kompliziert und verursachen Kosten, die in keiner Relation zur Höhe der Steuer stehen.
Illegale Formen der Umgehung könnten überdies den Anstoß geben, die internationale Steuerfahndung technisch und rechtlich der neuen Situation anzupassen. Regierungen hätten, wenn sie es denn wirklich wollten, jederzeit die Möglichkeit, Geschäften in und mit Steueroasen einen Riegel vorzuschieben, indem Finanztransaktionen mit diesen Gebieten stärker kontrolliert, verteuert oder gar verboten würden.

Hauptproblem: politische Durchsetzbarkeit

Ökonomisch ist eine Devisenumsatzsteuer in jeder Hinsicht sinnvoll. Technisch und administrativ ist sie ohne großen Aufwand zu implementieren. Trotzdem ist der Widerstand gegen eine Verwirklichung noch sehr stark.
Er kommt in erster Linie von den Banken und institutionellen Anlegern, die von der Volatilität der Finanzmärkte profitieren. Ihnen würden bei Einführung der Steuer Renditen in mindestens zweistelliger Milliardenhöhe entgehen.
Für eine Realisierung der internationalen Kapitalbesteuerung ist daher weiterhin Druck von unten notwendig. Ohne den

Widerspruch der Bürger würde auch künftig die unausgesprochene Doktrin neoliberaler Eliten – die da heißt: Gewinne werden privatisiert, Verluste sozialisiert – die Funktionsweise des Finanzsystems bestimmen. Eine Kapitalbesteuerung ist in einem solchen System nicht vorgesehen.

Peter Waldow, Jg. 1967, Studium der Volkswirtschaftslehre und Afrikanistik in Heidelberg und Köln, ist wissenschaftlicher Mitarbeiter von WEED im Bereich Internationales Finanzsystem. peter.waldow@weedbonn.org

Politik oder Wirtschaft – unter welchem Primat wollen wir leben?

Anne Karrass, Michael Ney

»Die Forderung nach der Vorherrschaft der Politik über die Wirtschaft ist so naiv, wie sie larmoyant-volkstümelnd Klischees von Gut und Böse bedient – wieder einmal ausgehend von ideologiegetriebener Weltverbesserung«, schreibt Johannes Reich, Chefanalytiker des Bankhauses Metzler im *Manager Magazin* über Attac. Die Frage nach der Vorherrschaft bzw. dem Primat von Politik oder Wirtschaft will die Antwort darauf geben, wer die wesentlichen Entscheidungen trifft. Diese Frage ist nicht naiv, sie ist grundlegend, da sie die Gestaltung unserer Demokratie betrifft. Gleichzeitig verweist sie auf die neoliberal gestaltete Globalisierung, wie sie uns heute überall begegnet, und ist Grundlage zur Entwicklung von Alternativen. Es geht dabei nicht um Schwarzweißmalerei, um Gut oder Böse, vielmehr geht es um Selbstbestimmung, die Legitimität demokratischer Prozesse und die Entwicklung von Alternativen – also um die Frage, wie wir leben wollen. Für die globalisierungskritische Bewegung ist die Gestaltung des gesellschaftlichen Zusammenlebens und damit auch die Wirtschaft dem Primat der Politik zu unterwerfen. Dieser Artikel befasst sich mit der Frage, inwieweit unser Leben zurzeit von der Wirtschaft bestimmt wird und wie ein Primat der Politik aussehen und wieder hergestellt werden kann.

Primat der Wirtschaft oder: Der Markt wird es schon richten!

»Die unsichtbare Hand« – »Der Markt wird es schon richten!« – »Die reinigende Wirkung der Marktkräfte« – Umschreibungen für eine bestimmte Sicht auf die Welt, die davon ausgeht, dass Wohlstand für alle, Wirtschaftswachstum etc. dann erreicht wird, wenn man den Markt sich selbst überlässt, d.h. nicht eingreift oder staatlich reguliert. Diese innerhalb der Volkswirtschaftslehre herrschende Meinung wird mittlerweile von vielen PolitikerInnen wie auch von breiten Teilen der Bevölkerung übernommen. Die griffigste Bezeichnung – vielleicht auch die wertendste – mag Neoliberalismus sein.

Der Markt besteht – in einer volkswirtschaftlichen Theorievorstellung – vereinfacht dargestellt aus unzähligen einzelnen Akteuren, die untereinander konkurrieren. Jeder von ihnen ist so klein und unbedeutend, dass er keinen Einfluss auf das gesamte Geschehen nehmen kann. Jeder der Akteure produziert dabei möglichst effizient und kostengünstig und trägt dadurch zur Effizienz des Ganzen bei.

Abgesehen davon, ob dieser Zustand anstrebenswert wäre (was bedeutet eigentlich eine effiziente Gesellschaft?), reicht schon ein kurzer Blick in den Wirtschaftsteil einer Tageszeitung, um zu sehen, dass wir von dieser Modellvorstellung weit entfernt sind. In den Schlagzeilen dominieren große Konzerne, deren wirkliche Größe durch gegenseitige Beteiligungen, Tochterfirmen etc. noch im Dunklen bleibt.

In den letzten Jahren sind die großen Konzerne durch Fusionen und gegenseitige – mehr oder wenige freundliche – Übernahmen so weit angewachsen, dass der Umsatz einiger transnationaler Konzerne (wie General Motors) mittlerweile die wirtschaftliche Leistung (das BIP) von Staaten wie Dänemark, Südafrika oder Polen übersteigt. Konzerne haben Hunderttausende von Beschäftigten, einen Umsatz von mehreren Milliarden US-$ und eine Produktion, die über die ganze Welt verstreut ist – das Wort vom Konzernkapitalismus scheint nicht fehl am Platz.

Was bedeutet unter diesen Umständen das Primat, d.h. die Vorherrschaft der Wirtschaft? Während sich die Konzerne internationalisiert haben, bleibt die Politik im Wesentlichen auf die nationalstaatlichen Aktionsräume beschränkt. Da es den Konzernen – durch politische Maßnahmen! – vereinfacht wurde, ihren Sitz und ihre Produktionsstätten in andere Länder zu verlagern, scheinen diese von ihren ehemaligen Standorten gänzlich unabhängig zu sein. Demgegenüber sind die Nationalstaaten politisch oft auf die Unternehmen angewiesen, nicht zuletzt, wenn es um die Schaffung von Arbeitsplätzen, die Einnahmen von Steuern zur Finanzierung nationalstaatlicher Aufgaben (z.B. Bildung) sowie der Aufrechterhaltung sozialer Sicherungssysteme geht.

Vor dem Hintergrund, dass die Unternehmen ihre Produktionsstandorte scheinbar völlig frei wählen können, entsteht für die Nationalstaaten eine Situation, in der sie mit den anderen Nationalstaaten konkurrieren, ein für die Unternehmen interessanter, sprich billiger Standort zu sein. Dieses Phänomen umschreibt man mit dem Begriff der Standortkonkurrenz – Nationalstaaten verstehen sich nicht mehr primär als Gesellschaften, sondern als Ansiedlungsorte für Unternehmen, deren Bürger als möglichst effiziente Humanressourcen fungieren.

In dieser Konkurrenzsituation der Nationalstaaten beginnt in allen Bereichen ein Wettlauf: um die niedrigsten Unternehmenssteuersätze, die geringsten Sozialabgaben, die höchsten Subventionen und die wenigsten Regulierungen. Und ein Ende dieses Wettlaufs nach unten scheint nicht abzusehen – jede Steuersenkung wird durch die Steuersenkung eines anderen Landes wieder zunichte gemacht. Das Gleiche gilt für die anderen Bereiche.

All diese Maßnahmen haben jedoch eine Reihe gesellschaftlicher Folgen, auch wenn diese oft übersehen oder nicht genannt werden. Eine Senkung der Unternehmenssteuern geht zwangsläufig einher mit einem Rückgang der staatlichen Einnahmen. Diesem Rückgang kann entweder mit einer Erhöhung der Steuern auf Arbeit oder Konsum (Lohn- und Einkommensteuern bzw. Mehrwertsteuer) begegnet werden, da diese nicht so mobil sind wie die Unternehmen, oder der Einnahmerückgang wird durch eine Ausgabenkürzung kompensiert. Dies würde bedeuten, dass der Staat sparen muss. Davon sind dann besonders die Bereiche der sozialen Sicherung oder der öffentlichen Dienstleistungen wie Bildung betroffen. Die Situation wird durch die immer stärker geförderten Subventionen noch verschärft – neben sinkenden Einnahmen führt der Standortwettbewerb auch zu steigenden Ausgaben. Letztendliche Lastenträger sind die BürgerInnen, die entweder höhere Abgaben zu leisten haben, um die nationalstaatlichen Aufgaben zu finanzieren, oder die den Ausfall staatlicher Leistungen durch Eigenversorgung kompensieren müssen.

Die Sozialabgaben werden in vielen Ländern über eine (Teil-) Privatisierung der sozialen Sicherungssysteme wie Rente und Gesundheit gesenkt. Der Anteil, den die Unternehmen an den Abgaben tragen (Arbeitgeberanteil), wird gesenkt, während die ArbeitnehmerInnen die entstehende Lücke durch private, d. h. vor allem allein zu zahlende Versicherungen ausgleichen müssen – wenn sie sich dies leisten können.

Deregulierung bzw. Abbau von Regulierung heißt vor allem Lockerung von Umweltgesetzen, Kündigungsschutz oder betrieblicher Mitbestimmung. Doch all diese Gesetze haben auch eine gesellschaftliche Bedeutung, sind Ausdruck eines gesellschaftlichen Konsenses darüber, wie wünschenswert eine intakte Umwelt, wie wichtig die Sicherheit von Arbeitsplätzen und wie zentral die Mitbestimmung über Arbeitsbedingungen und Unternehmensstrategien ist.

Doch in der gegenwärtigen, neoliberal gestalteten Welt zählen nicht mehr gesellschaftliche Konsensprozesse und Wertmaßstäbe – sie werden selbst von großen Teilen der Bevölkerung nicht mehr als solche wahrgenommen, geschweige denn artikuliert, weil die neoliberale Argumentation alle Bereiche des Lebens den ökonomischen Interessen unterordnet. Diese Situation nennt man Primat der Wirtschaft. Die Unternehmen haben es geschafft, ihre Partikularinteressen zu Allgemeininteressen zu machen.

Realistischerweise kann es keine Rückkehr zur »guten alten Zeit« geben, weder kann die Globalisierung umgekehrt noch wirtschaftliches Handeln wieder auf einen nationalstaatlichen Rahmen zurückgestutzt werden – wenngleich der globalisierungskritischen Bewegung eine solche Haltung oft vorgeworfen wird.
Auch dürfte es schwierig sein, Unternehmensinteressen wieder zu dem zu machen, was sie sind: keine gesellschaftlichen Zielvorstellungen, sondern Profitinteressen von Unternehmen bzw. deren Aktionären. Sicher sind Unternehmen nicht so mobil, wie sie vorgeben. Bei der Entscheidung über ihre Produktionsstandorte zählen nicht nur die Abgabenbelastung und die Regulierungen, sondern auch Produktivität, Bildungsniveau der Arbeitskräfte, Infrastruktur, Absatzmärkte etc. Deutschland konkurriert nicht mit Nigeria um Unternehmensansiedlung – oft nicht einmal mit Tschechien. Dennoch würde eine Forderung, die Länder sollten sich »einfach« dem Standortwettbewerb entziehen und ihre Politik so gestalten, wie es gesellschaftlich gewünscht ist, auf große und teilweise auch berechtigte Skepsis stoßen. Eine unabhängige Wirtschaftspolitik ist in einer Welt, in der die Wirtschaft bereits in großen Teilen globalisiert ist, schwer vorstellbar. Der Globalisierung der Wirtschaft kann nur eine entschiedene Globalisierung der Politik entgegentreten.
Dies beinhaltet nicht notwendigerweise die Forderung nach einer Weltregierung – auch wenn dies von vielen als End-

punkt dieser Entwicklung gesehen wird. Es bedeutet aber im ersten Schritt eine Zusammenarbeit zwischen bzw. einen Zusammenschluss von Ländern in verschiedenen Teilen der Welt. Ein Beispiel dafür ist die Europäische Union, auf die im Folgenden genauer eingegangen werden soll.

Die Europäische Union als möglicher Gegenpol zum Primat der Wirtschaft – das Wunschbild

15 Ländern haben sich mittlerweile zur Europäischen Union zusammengeschlossen. Dem liegt die Erkenntnis zu Grunde, dass nationalstaatliche Systeme nur in Koalitionen der Wirtschaftsmacht und den Drohungen der Konzerne entgegentreten können. Die Staaten der EU haben ihre Unternehmens- und Zinsbesteuerung harmonisiert, was bedeutet, dass Unternehmen, welche diese Steuern als zu hoch empfinden, jetzt den gesamten EU-Raum meiden müssten. Unternehmen und Zinsbegünstigte zahlen nun einen angemessenen Anteil des Steueraufkommens, weshalb z. B. die Steuern auf den Konsum gesenkt werden konnten, was v. a. den unteren EinkommensbezieherInnen zugute kommt. Auch die Subventionen wurden EU-weit angeglichen und damit entfällt im Raum der EU die Standortkonkurrenz zwischen den einzelnen Nationalstaaten.

Den Staatshaushalten tut dies gut, endlich ist wieder genug Geld da für wichtige gesellschaftliche Projekte wie Bildung, Gesundheitswesen und Kinderbetreuung.

Auch die Gesetzgebung in Bereichen wie Umweltschutz, betriebliche Mitbestimmung und die Sozialgesetzgebung wurden weitgehend angeglichen. Die Meßlatte war dabei nicht die Wunschliste der Konzerne, sondern die gesellschaftlichen Bedürfnisse und Vorstellungen.

Die Länder lassen sich nun nicht mehr gegeneinander ausspielen, auch nicht bei den Lohnnebenkosten, obwohl die Angleichung der Sozialsysteme aufgrund der unterschiedlichen Ausgestaltung schwierig ist.

Die Konzerne haben sich mit dieser Situation arrangiert – schließlich ist Europa ein guter Produktionsstandort mit hoher Produktivität, ausgebauter Infrastruktur, gut ausgebildeten Arbeitskräften und zudem ein riesiger Absatzmarkt. Das Primat der Wirtschaft scheint ein Auslaufmodell zu sein, seine Tage gezählt.

Die Realität der EU – ein Erfüllungsgehilfe der Ökonomie

Soweit zu dem, was in der Europäischen Union möglich sein könnte. Die Realität sieht jedoch anders aus. Die EU ist im Wesentlichen ein Wirtschaftsprojekt. Wesentliche Ziele sind die Schaffung eines gemeinsamen Marktes, der den Unternehmen die Möglichkeit bietet, noch günstiger zu produzieren. Durch den Wegfall der Zölle und der Angleichung der Rechtsvorschriften ist es für die Unternehmen noch leichter geworden, von einem (EU-)Land ins andere zu wechseln. Die Standortkonkurrenz tobt härter als je zuvor: Die Steuern auf Unternehmensgewinne und Zinsen sinken ins Bodenlose, Steuern auf Vermögen werden kaum noch erhoben. Harmonisierungsversuche verlaufen halbherzig und haben daher noch zu keinem Erfolg geführt – oft mit dem Verweis darauf, dass eine Harmonisierung nur weltweit Sinn machen würde. Im Gegenzug steigen die indirekten Steuern und in vielen Bereichen herrscht eine rigide Sparpolitik. Die Sozialsysteme werden immer weiter abgebaut, um die Arbeitskräfte billiger und damit die Standorte attraktiver zu machen. Dies kann man sowohl an den Privatisierungstendenzen wie auch an Diskussionen wie der um die Streichung der Gelder für »faule« Arbeitslose erkennen. Von einem Wiedererstarken der Politik kann nicht die Rede sein, eher scheint die Standortkonkurrenz nun sowohl zwischen den Ländern der EU wie auch zwischen der EU als Ganzes gegen die anderen Länder oder Wirtschaftsblöcke der Welt (v.a. der USA) zu funktionieren.

Das Interesse der EU-BürgerInnen an diesem gemeinsamen Projekt ist gering. Das von ihnen direkt gewählte Europäische Parlament hat kaum Mitbestimmungsmöglichkeiten, die Entscheidungen der Staatsoberhäupter bzw. StaatsministerInnen im Europäischen Rat sind undurchsichtig und ähneln nicht selten einer Art Kuhhandel.

Und doch ändert sich im Zuge erstarkender Globalisierungskritik auch das Interesse an der EU. Zielte die Kritik zu Beginn hauptsächlich gegen die Intransparenz der Entscheidungen, so wird mehr und mehr wahrgenommen, welche Chancen in diesem Projekt stecken, um dem übereinstimmend geforderten Primat der Politik wieder Gehör zu verschaffen. Dies macht sich nicht nur an den Protesten fest, die neben den WTO-Konferenzen und G8-Treffen nun auch die halbjährlichen Ratstagungen begleiten, sondern auch an den Reaktionen der EU, beispielsweise durch die auf dem EU-Gipfel in Laeken (Dezember 2001) beschlossene Einsetzung eines Konventes, der über die zukünftige Form der EU entscheidet, v.a. in Bezug auf die Entscheidungsprozesse.

Staatsfixierung / Reformismus?

Die EU als Möglichkeit zur Wiedererlangung des Primats der Politik zu betrachten, wird – wie auch andere, viel prominentere Forderungen von Attac, wie beispielsweise die gerechte Steuerpolitik oder die nach solidarischen Sozialsystemen – von vielen Seiten als zu staatsfixiert betrachtet und als refor-

mistisch eingestuft. Attac kann aufgrund seiner Netzwerkstruktur, die die unterschiedlichsten Vorstellungen umfasst, in dieser Frage nicht als Block betrachtet werden, der für eine Stärkung des Staates eintritt. Daher kann auch nicht entschieden werden, ob diese Anschuldigung zutrifft oder nicht.
Die Forderung nach einem Primat der Politik ist nicht gleichzusetzen mit der Forderung, den Markt durch den Staat zu ersetzen. Denn der Staat ist kein neutraler Akteur, er ist beeinflussbar, unterschiedliche gesellschaftliche Interessen treffen sich in ihm, versuchen, sich durchzusetzen und schließen Kompromisse – abhängig von ihrer (auch wieder vor allem wirtschaftlich begründeten) Macht.
Die Forderung nach einem Primat der Politik richtet sich auf eine Stärkung des Staates, aber eines Staates, der als Ausdruck seiner Bevölkerung auch deren Wünsche und Bedürfnisse repräsentiert. Dabei muss selbstverständlich beachtet und thematisiert werden, welche Interessen der Staat in welchem Maße berücksichtigt.

Politik ist nicht gleichzusetzen mit Parteienpolitik, ebenso wichtig sind gesellschaftliche Meinungsbildungsprozesse und öffentlicher Diskurs. Entsprechend ist der erste Schritt auf dem Weg zu einem Primat der Politik nicht die Wahl der »richtigen« Partei, sondern die Hinterfragung der herrschenden Zustände. Es müssen Fragen gestellt werden nach Machtpositionen und Einflusswegen. Die Globalisierung scheint derart komplex, dass viele Menschen sich frustriert zurückziehen. Eines der wichtigsten Ziele von Attac ist daher die so genannte ökonomische Alphabetisierung, d. h. die Befähigung der Menschen zum Verständnis der gegenwärtigen Situation: Dazu gehört das Transparent-Machen von Wirtschaft und Finanzmärkten – und den Zusammenhang zum Leben des/der Einzelnen aufzuzeigen. Die Grundlage von Demokratie und Selbstbestimmung ist Bildung, die das Wissen über die Zu-

sammenhänge, ein Zurechtfinden in der Welt und damit ein demokratisches Mitgestalten der Welt ermöglicht.
Auf dieser Basis können grundlegende Fragen gestellt werden: Sind wir mit dem gegenwärtigen Zustand des Systems/der Systeme, mit den Machtverhältnissen zufrieden? Mit hoher Wahrscheinlichkeit wird die Antwort bei vielen Menschen negativ ausfallen. Welche Alternativen haben wir? Und wie wollen wir leben? Darauf wird es nicht nur eine Antwort geben, sondern vielleicht so viele wie es Menschen gibt. Die Ansatzpunkte dafür liegen auf einer sehr hohen Ebene – beispielsweise in der Forderung nach einer Tobin-Steuer oder nach einer Reform der internationalen Finanzinstitutionen –, aber sie liegen auch direkt vor der Haustür des/der Einzelnen, ob das im Protest gegen die Privatisierung der städtischen Wasserwerke oder die Schließung des Kindergartens aufgrund der städtischen Sparpolitik ist. Wenn die Zusammenhänge klar sind, muss kein frustriertes Zurückziehen erfolgen, auch kein blinder Ruf nach dem Staat, sondern wird eine kritische Auseinandersetzung, eine gemeinsame Suche nach Lösungen mit allen Betroffenen möglich. Erst wenn dieser Zustand einer partizipativen Gesellschaft erreicht ist und die Lösungsmöglichkeiten durchsetzbar werden, dann kann man von einem Primat der Politik sprechen. Dies ist eine Welt, die nicht nur wünschenswert, sondern auch möglich ist – eine Welt, in der eine Globalisierung für alle stattfindet.

Anne Karrass, Jg. 1977, ist Diplom-Volkswirtin, Mitglied im bundesweiten Koordinierungskreis von Attac Deutschland und lebt in Hamburg. annekarrass@web.de

Michael Ney, Jg. 1969, ist Soziologe, arbeitet als Bildungsreferent bei der Katholischen Arbeitnehmerbewegung Deutschland, ist Bildungskoordinator bei Attac und lebt in Bonn. michaelney@web.de

Organize! Gewerkschaften in der Globalisierung

Margret Mönig-Raane

Die Internationalisierung der Warenströme und des Kapitals ist keine neue Erscheinung, wie auch internationale Solidarität und Zusammenarbeit keine neuen Handlungsfelder der Gewerkschaften sind. Aber es gab in den letzten Jahrzehnten gravierende Veränderungen, die (auch) für die Gewerkschaften neue Herausforderungen bedeuten. Dabei gehe ich hier auf die Weiterentwicklung der europäischen Integration nicht näher ein, weil dies ein gesondertes Thema wäre, sondern konzentriere mich auf die globalen Entwicklungen.

Probleme der Globalisierung

Mehr Wohlstand durch die fortschreitende Liberalisierung der Weltmärkte war das Versprechen. Wenn wir die realen Auswirkungen der Globalisierung betrachten, stellen wir fest, dass diese Verheißung keineswegs für alle, nicht einmal für die Mehrheit der betroffenen Menschen wahr geworden ist. Profitiert haben vor allem die transnationalen Konzerne, die ihre Gewinne und ihre dominierende Rolle in der Weltwirtschaft stark ausbauen konnten. Profitiert haben die Finanzfonds und Besitzer von weltweit angelegten Vermögen, und profitiert haben einige Gruppen höher qualifizierter und bezahlter Erwerbstätiger, die auf den Arbeitsmärkten stark gefragt sind.

Zugleich hat sich der Einkommensabstand zwischen reichen und armen Ländern in den letzten 20 Jahren fast verdoppelt. Das reichste Fünftel der Weltbevölkerung verfügt über nahezu 90 % des globalen Bruttoinlandsproduktes (BIP), das

ärmste Fünftel lediglich über 1 %. In fast allen Ländern hat die Armut zugenommen und Frauen sind besonders stark davon betroffen. Auch in den entwickelten Ländern wird die Kluft zwischen Arm und Reich größer. Der Raubbau an der Natur schreitet weiter voran.
Diese real ablaufende Globalisierung hat nicht nur die gravierenden sozialen und ökologischen Probleme der Welt verschärft und neue hervorgebracht. Diese neoliberal geprägte Globalisierung und ihre ideologische und politische Instrumentalisierung durch Arbeitgeber und kapitalorientierte Kräfte in Politik und Wissenschaften wirft auch schwerwiegende Probleme für die Gewerkschaften, die Wirtschaftspolitik, den Sozialstaat und die Demokratie in Deutschland und den anderen entwickelten Ländern auf.

Im Namen der Globalisierung, der Standortkonkurrenz und des *shareholder value* wird verstärkter Druck auf die Beschäftigten und auf sozial und ökologisch ausgerichtete Kräfte in der Gesellschaft ausgeübt. Die Drohung mit Kapitalverlagerung und der Hinweis auf »negative Reaktionen der Märkte« – also der großen Kapitalanleger – verleihen dem Nachdruck. Was andere als »disziplinierende Wirkung der Finanzmärkte auf die Politik« begrüßen, betrachten wir als sozial-ökonomische Fehlsteuerung und als nicht akzeptable Untergrabung der Demokratie.

Löhne, Sozialleistungen, öffentliche Daseinsvorsorge und Regulierungen sollen abgebaut und eine restriktive, an den Interessen der Kapitalanleger und Finanzinstitute ausgerichtete Wirtschafts- und Sozialpolitik betrieben werden. Damit wird die unzureichende Entwicklung der Binnennachfrage weiter fortgeschrieben und verstärkt. Dies ist auch eine wesentliche Ursache für die gegenwärtige rezessive Wirtschaftsentwicklung und die wieder steigende Arbeitslosigkeit.

Gewerkschaften und soziale Regulierung der Ökonomie

Gewerkschaften sind Organisationen der abhängig Arbeitenden, um ihre gemeinsamen Interessen in Wirtschaft und Gesellschaft durchzusetzen. Sie bilden eine Gegenmacht zur Vorherrschaft von Kapitalinteressen in Betrieben, Wirtschaft, Gesellschaft und Politik. Sie artikulieren und vertreten diese Interessen einerseits in der direkten Auseinandersetzung mit den Arbeitgebern, andererseits durch den Einsatz für politische Forderungen und gesellschaftliche Veränderungen.
Grundlage der Entfaltung einer eigenständigen Machtposition der abhängig Arbeitenden in der ökonomischen Auseinandersetzung ist die Überwindung ihrer Konkurrenz unter- bzw. gegeneinander. Nur durch ihre gemeinsame Aktivität, Organisation und Mobilisierung können sie sich als eine Kraft formieren, die dem Kapital auch in Kämpfen gegenübertreten und für alle Beschäftigten menschenwürdige Arbeit und ein dem Entwicklungsstand der Gesellschaft entsprechendes und zumindest existenzsicherndes Entgelt durchsetzen kann. Nur so können sie auch als politische Kraft und Bewegung wirksam werden und soziale Reformen und Regulierungen durchsetzen. Eine zentrale Bedingung dafür und Zielsetzung der Gewerkschaften sind demokratische Verhältnisse.
Es ist ein wesentliches Charakteristikum tarifvertraglicher, sozialstaatlicher und ökologischer Regulierungen, dass sie für die in Konkurrenz miteinander stehenden Unternehmen (weitgehend) allgemein gültig sind. Dann kann die Konkurrenz nicht durch die gegenseitige Unterbietung bei Löhnen, Sozial- und Ökostandards ausgetragen werden, sondern muss sich wesentlich auf die Produktivität der Arbeitsprozesse und die Qualität und Innovation der Produkte beziehen. Davon profitiert letztlich die gesamte Gesellschaft.

Für das Kapital bedeuten diese Regulierungen dennoch Einschränkungen ihrer Möglichkeiten, durch kurzfristige Minimierung ihrer Kosten und insbesondere der Löhne höhere Profite zu erzielen. Insbesondere wenn Unternehmen zugleich in der Konkurrenz mit anderen stehen, die diesen Regulierungen nicht unterworfen sind, etwa weil sie nicht tarifgebunden sind oder im Ausland produzieren, entwickeln sie ein massives Interesse an der Verhinderung und am Abbau solcher Regulierungen.

Was ist neu an der Globalisierung?

Die »Globalisierung« ist davon geprägt, dass die internationale Konkurrenz sich verschärft und auf neue Felder wie Dienstleistungen und Eigentumsrechte ausgeweitet hat. Eine Grundlage dafür sind zunächst die gesunkenen Kosten und erweiterten Möglichkeiten internationaler Transaktionen durch die neuen Informations- und Kommunikationstechniken, zum anderen sind zuvor bestehende Beschränkungen und Regulierungen der internationalen Konkurrenz abgebaut und aufgehoben worden. Eine zentrale Rolle spielt die Liberalisierung der internationalen Finanzmärkte. Zunehmend werden auch Dienstleistungen und Informationsprodukte internationalisiert. Ein weiterer wichtiger Vorgang ist der Zusammenbruch der realsozialistischen Staaten, sodass nun der Kapitalismus – quasi alternativlos – nahezu die gesamte Erde erfasst.

Ökonomische Hintergründe

Um gewerkschaftliche Alternativen, Forderungen und Gegenstrategien zur vorherrschenden kapitalistischen Globali-

sierung zu entwickeln, ist zunächst eine weitere Klärung und Verständigung über die Hintergründe dieser Entwicklungen notwendig. Schließlich will uns die herrschende Meinung weismachen, es handele sich hier um sachzwanghafte Prozesse, die die politischen Gestaltungsmöglichkeiten immer mehr einengten und eine grundsätzliche Alternative zum neoliberal geprägten Kurs der Wirtschafts- und Sozialpolitik unmöglich machten. Dagegen ist zu prüfen, inwieweit diese Politik nicht selbst diese angeblichen »Sachzwänge« schafft und verschärft, und welche Interessen damit verfolgt werden.
Das Kernproblem der ökonomischen Entwicklung und ihrer Krisenhaftigkeit ist nicht der Mangel an investierbarem Kapital, sondern die unzureichende Entwicklung der gesamtwirtschaftlichen Nachfrage im Verhältnis zu den wachsenden Produktionskapazitäten der Unternehmen. Den bei weitem größten Block der Endnachfrage bilden immer noch die privaten Konsumausgaben mit in Deutschland ca. 59 % des Bruttoinlandsprodukts. Konsum und Investitionen des Staates machen weitere 21 % aus, die Investitionen der Unternehmen ca. 19 %.

Politische Hintergründe

Die seit den Krisen der 70er Jahre anhaltende Massenarbeitslosigkeit schuf die Voraussetzungen zur Durchsetzung einer gravierenden Umverteilung von den Masseneinkommen zu den Kapitaleinkommen. Die einseitige Orientierung auf Exportwachstum und Standortkonkurrenz ist dafür ein entscheidendes Vehikel. Kostensenkung für die Unternehmen durch Lohnbegrenzung und Sozialabbau, Deregulierung und Steuersenkung ist in allen Ländern die herrschende ökonomische Orientierung. Die überzogene Sparpolitik der öffentlichen Haushalte verschärft das Problem. Wenn aber aufgrund der dadurch sinkenden Nachfrage zusätzliche Produktionskapazitäten nicht ausgelastet werden können, lohnen sich auch keine produktiven Investitionen und die wachsenden Gewinne und Vermögenseinkommen fließen stattdessen auf die Finanzmärkte.

Die Globalisierung erweist sich als ein zentraler Mechanismus, diese ökonomische Orientierung im Interesse des Kapitals umzusetzen. Auf nationalstaatlicher Ebene von den Gewerkschaften erreichte Regulierungen werden durch die verstärkte internationale Konkurrenz unterlaufen und unter Druck gesetzt. Durch die von den Regierungen der entwickelten Länder im Interesse und auf Drängen der weltmarktorientierten Unternehmen vorangetriebene Privatisierung, Deregulierung und Liberalisierung auf den Weltmärkten wird dieser Druck planmäßig verschärft.

Allen Bestrebungen, die zunehmende Internationalisierung der Wirtschaftsbeziehungen demokratisch zu kontrollieren und einer internationalen sozialen und ökologischen Regulierung zu unterwerfen, setzen die Konzerne und die ihnen verbundenen Regierungen, insbesondere aber die USA, massiven Widerstand entgegen. Mit der ideologischen Globalisierungsdebatte wird versucht, diese Zusammenhänge, die politischen Verantwortlichkeiten und die jedenfalls in den großen Ländern weiterhin gegebenen Möglichkeiten einer anderen Politik zu verschleiern und zu leugnen.

Wirtschaftspolitischer Kurswechsel

Es gibt Alternativen zu dieser Entwicklung, und es ist Aufgabe der Gewerkschaften, sich für diese Alternativen stark zu machen. Als Ausgangspunkt ist dabei festzuhalten: Die Gewerkschaften sind nicht Gegner einer Globalisierung. Gewerkschaften, erst recht in einem so stark mit dem Weltmarkt verflochtenen Land wie Deutschland, befürworten grundsätzlich intensiven weltweiten Austausch. Er bietet Chancen für mehr Wohlstand. Gewerkschaften sind Kritiker und Gegner einer neoliberalen, kapitalistischen, destruktiven Globalisierung. Zielsetzung der Gewerkschaften ist es, eine soziale, ökologische und demokratische Gestaltung der Globalisierung und der gesellschaftlichen Entwicklung auf allen Ebenen durchzusetzen.

Von zentraler Bedeutung ist dabei eine Veränderung der Kräfteverhältnisse und der wirtschafts- und sozialpolitischen Ausrichtung in den hoch entwickelten Ländern. Zum einen sind es diese Länder und die aus ihnen stammenden Konzerne, die die Weltmärkte und ihre Rahmenbedingungen beherrschen. Zum anderen gehen – wie ich kurz darzustellen versucht habe – die Ursachen für die wirtschaftlichen Krisenprozesse und wachsenden Ungleichheiten in der Welt überwiegend von der kapitalistischen Ökonomie der entwickelten Länder aus.

Erster Kernpunkt einer Alternative ist deshalb ein Kurswechsel der Wirtschafts- und Sozialpolitik hierzulande und in den anderen OECD-Ländern. Die Wirtschaftspolitik muss auf Stärkung der Binnennachfrage durch mehr Massenkaufkraft und öffentliche Investitionen gerichtet sein. Eine Koordination der Wirtschaftspolitik innerhalb der EU in diesem Sinne ist voranzutreiben. Steuer- und Sozialdumping müssen verhindert und eine angemessene Besteuerung von Unternehmen, Kapitalerträgen und großen Vermögen sichergestellt werden. Wir brauchen Arbeitszeitverkürzung und öffentlich geförderte Beschäftigung. Die weitere Privatisierung sozialer Sicherungssysteme muss verhindert werden.

Einen eigenständigen Beitrag werden wir als Gewerkschaften in den kommenden Tarifrunden leisten. Löhne und Gehälter müssen künftig regelmäßig zumindest im Maße des Produktivitätszuwachses zuzüglich der zu erwartenden Preissteigerungen wachsen, also zumindest den verteilungsneutralen Spielraum ausschöpfen. Dies soll im Rahmen tarifpolitischer Koordinierung der Gewerkschaften EU-weit betrieben werden. Steigende Massenkaufkraft hierzulande und in Europa bietet auch den ärmeren Ländern größere Spielräume für den Export ihrer Produkte.

Internationale Re-Regulierung

Der zweite Kernpunkt einer Alternative ist die Entwicklung eines neuen Ordnungsrahmens der Globalisierung. Soziale und ökologische Regulierungen auf nationalstaatlicher Ebene, die im Zuge der Globalisierung unterlaufen oder abgebaut worden sind, müssen übernational, also weltregional und global, abgesichert oder neu etabliert werden. Nötigenfalls sind Transaktionen mit Ländern, die diese Regulierungen missachten, von der EU zu diskriminieren oder zu unterbinden.
Wir brauchen eine Re-Regulierung der internationalen Finanzmärkte u. a. durch eine Devisenumsatzbesteuerung (Tobin-Steuer) und den Kampf gegen Steueroasen. Wir brauchen eine Reform und Demokratisierung der Institutionen des internationalen Handels- und Finanzsystems und ihrer Politik. Nötig sind Entschuldung und Hilfe für hoch verschuldete, arme Länder. Die Entwicklungshilfe muss endlich zumindest auf das von der UN proklamierte Ziel von 0,7 % des BIP angehoben werden.
Menschenrechte und grundlegende soziale und ökologische Standards müssen durch verbindliche Regelungen im Rahmen der Welthandelsorganisation (WTO) und durch Stärkung der Internationalen Arbeitsorganisation (ILO) weltweit durchgesetzt werden. Insbesondere die Durchsetzung der von der ILO beschlossenen Kernarbeitsnormen (Gewerkschaftsfreiheit und Recht auf Tarifverträge, Abschaffung

von Zwangsarbeit und Kinderarbeit sowie von Diskriminierung im Arbeitsleben) ist ein Prüfstein für die soziale Gestaltung der Globalisierung.

Bei den Verhandlungen über Dienstleistungshandel und geistige Eigentumsrechte müssen öffentliche Dienste und Daseinsvorsorge gesichert und breiter und kostengünstiger Zugang zu Wissen und wissensbasierten Produkten ermöglicht werden. Die Märkte der reichen Länder sind verstärkt für Produkte der ärmeren zu öffnen.

Auch die Durchsetzung solcher Forderungen wird realistischerweise nur möglich sein, wenn die Regierungen mächtiger entwickelter Länder und der EU nicht nur die Interessen der in ihnen beheimateten Konzerne vertreten, sondern auch soziale und ökologische Erfordernisse verstärkt zur Geltung bringen. Dies werden sie wiederum nur tun, wenn sie dazu durch den Druck von Gewerkschaften, anderen sozialen Bewegungen und der entsprechend aufgeklärten, politisierten und mobilisierten Öffentlichkeit gedrängt werden. Die europäischen, aber auch die amerikanischen und die japanischen Gewerkschaften haben hier eine globale Verantwortung.

Internationale Solidarität entwickeln

Die Gewerkschaften sind weltweit die wichtigste Gegenkraft der kapitalistischen Globalisierung und sie müssen es noch viel stärker werden. Sie müssen die Aufgabe, die sie bisher v. a. im Rahmen der Nationalstaaten wahrgenommen haben – gemeinsame Interessen der abhängig Arbeitenden artikulieren und vertreten und durch Organisierung und koordinierte Aktion durchsetzen –, auch auf internationaler Ebene realisieren. Es geht um die Entwicklung globaler Solidarität, Gegenmacht und Gestaltungsfähigkeit.

Die Entwicklung und Verankerung gemeinsamer Positionen und Forderungen ist auf internationaler Ebene noch schwieriger als innerhalb der einzelnen Länder. Es gibt unterschiedliche Bedingungen und Interessen zwischen den Beschäftigten verschiedener Branchen und Unternehmenstypen oder verschiedener Qualifikationsniveaus, zwischen Kernbelegschaften und prekär oder informell Erwerbstätigen oder formal Selbstständigen oder Erwerbslosen, und insbesondere auch zwischen den Beschäftigten in verschiedenen Ländern. Diese äußern sich auch in unterschiedlichen Positionen der Gewerkschaften verschiedener Branchen oder Länder.

Diese unterschiedlichen Interessen müssen berücksichtigt, ausdiskutiert und ausgetragen werden. Im Ergebnis muss aber eine gewerkschaftliche Position stehen, die gemeinsame, allgemeine Interessen der abhängig Arbeitenden und der Bevölkerungsmehrheiten in allen Teilen der Erde nach vorne stellt und die Konkurrenz der verschiedenen Gruppen und Standorte überwindet. An den Erklärungen und Aktivitäten der internationalen Gewerkschaftszusammenschlüsse und insbesondere des Internationalen Bundes Freier Gewerkschaften (International Confederation of Free Trade Unions – www.icftu.org) wird deutlich, dass in den letzten Jahren Fortschritte in der Kritik der Globalisierung und der Formulierung von Forderungen zu ihrer sozialen Gestaltung erzielt worden sind.

Auch die Zusammenarbeit und Durchführung gemeinsamer Kampagnen der verschiedenen Gewerkschaften und Gewerkschaftszusammenschlüsse auf internationaler Ebene ist in den letzten Jahren vorangekommen und muss weiter forciert werden. Sichtbarer Ausdruck ist das Bündnis und die Website www.global-unions.org, die gemeinsam von den wichtigsten internationalen Gewerkschaftsorganisationen getragen wird. Sie vermittelt einen Überblick und Links zu den verschiedenen Gewerkschaften und Kampagnen. Für den Dienstleistungsbereich gründete sich zum 01.01.2000 die neue Gewerkschaftsinternationale UNI, der nahezu 1000 Organisationen in 140 Ländern mit zusammen über 15 Millionen Mitgliedern angehören (www.union-network.org, auch auf Deutsch).

Gemeinsame Aktionen und Druck entwickeln

Die nationalen und internationalen Gewerkschaften bringen über Regierungen, auf die sie Einfluss haben, und gemeinsam mit anderen NGOs ihre Forderungen bei internationalen Organisationen und Tagungen ein. Die Fortschritte waren bisher allerdings gering, zuletzt bei der WTO-Konferenz in Doha (vgl. die Einschätzungen der ICFTU auf ihrer Website). Gewerkschaften beschränken sich aber nicht auf Lobbying hinter verschlossenen Türen, sondern organisieren auch öffentlichen Druck und Demonstrationen. In den letzten Jahren gibt es verstärkten Austausch und Zusammenarbeit zwischen Gewerkschaften und entwicklungspolitischen, umweltpolitischen oder globalisierungskritischen NGOs. Ein Beispiel dafür war das diesjährige Weltsozialforum in Porto Alegre.
Forderungen und Aktivitäten richten sich nicht nur an die Politik, sondern auch direkt an die Unternehmen. Die Gewerkschaften der verschiedenen Standorte multinationaler Unternehmen müssen Solidarität und gemeinsame Aktivitäten entwickeln. Sie dürfen sich nicht gegeneinander ausspielen lassen, sondern müssen sich gegenseitig stärken und in Auseinandersetzungen unterstützen. Die Bildung weltregionaler und globaler Betriebsräte ist voranzutreiben und Mitbestimmungsrechte insbesondere bei Fusionen und Unternehmensaufkäufen müssen durchgesetzt werden. Durch gewerkschaftlichen und öffentlichen Druck sind verbindli-

che und unabhängig kontrollierte soziale und ökologische Verhaltenskodizes durchzusetzen, die die Konzerne weltweit zu beachten haben.

Organize! Gewerkschaften stärken

Grundlage für gewerkschaftliche Erfolge ist auch international eigene Stärke. Eine zentrale Aufgabe ist deshalb der Aufbau und die Stärkung unabhängiger und demokratischer Gewerkschaften in allen Ländern. Insbesondere Gewerkschaften in Entwicklungsländern müssen dabei unterstützt und verstärkt an gemeinsamen Kampagnen beteiligt werden. Auch in den entwickelten Ländern ist die Frage der Organisierung zentral. In der Defensivsituation der vergangenen Jahrzehnte und vor dem Hintergrund veränderter Beschäftigungsstrukturen ist der Anteil der gewerkschaftlich organisierten ArbeitnehmerInnen z. T. stark gesunken. Dieser Trend muss gestoppt und umgekehrt werden, indem verstärkt Frauen, jüngere Menschen, höher Qualifizierte und Beschäftigte in den wachsenden und neuen Sektoren der Dienstleistungen sowie MigrantInnen für die Gewerkschaften gewonnen werden. Positive Ansätze gibt es.
Die stärkere Verbindung und Zusammenarbeit von Gewerkschaften mit außerparlamentarischen Bewegungen wie Attac kann dazu einen Beitrag leisten. Wenn sich Gewerkschaften wieder stärker als soziale und politische Bewegung verstehen und andererseits Initiativen und Organisationen sich verstärkt auf eine Zusammenarbeit mit Gewerkschaften orientieren, kann das beide Seiten voranbringen. Die Überwindung bisheriger Distanz darf nicht nur eine Angelegenheit von FunktionärInnen sein, sondern muss die einzelnen Mitglieder, Aktiven und UnterstützerInnen erfassen. Wir brauchen auf allen Ebenen ein gegenseitiges »Fördern und Fordern«. Organize!

Margret Mönig-Raane, Jg. 1948, stellvertretende Vorsitzende der Vereinten Dienstleistungsgewerkschaft ver.di und Mitglied im Weltvorstand des Union Network International (UNI).

Priorität Wettbewerbsfähigkeit? – Eine Bilanz des Bündnisses für Arbeit

Forum Gewerkschaften

Globalisierung, so ist oft zu hören, stellt Gewerkschaften vor folgende Alternative: Entweder bleiben sie ihrem Selbstverständnis als sozialer Gegenmacht um den Preis zunehmenden Bedeutungsverlustes treu oder sie bemühen sich gemeinsam mit Kapitaleignern und Management um eine höhere Wettbewerbsfähigkeit am jeweiligen Standort. Die Geschichte des Bündnisses für Arbeit zeigt jedoch, dass Standortpolitik bzw. Wettbewerbskorporatismus den gesellschaftlichen Einfluss der Gewerkschaften keineswegs gestärkt, sondern eher verringert haben.

Inzwischen dürfte klar sein: Das Bündnis für Arbeit ist gescheitert.[1] Es mag durchaus sein, dass es noch den einen oder anderen Pressetermin geben wird. Aber von dem strategischen Projekt der Regierung Schröder, durch politische Deals zwischen Unternehmern und Gewerkschaften Arbeitslosigkeit abzubauen, war zuletzt nur noch die Routine regierungsamtlicher Öffentlichkeitsarbeit übrig geblieben. Sieben Mal hat das Bündnis seit dem Regierungswechsel 1998 getagt, in immer größeren Abständen, in 2001 nur ein einziges Mal, um schließlich ohne Abschlusserklärung auseinander zu gehen. Wozu auch? Weder Konsens noch irgendwelche neuen Ergebnisse gab es zu vermelden.

Nicht die Gewerkschaften haben sich dem Projekt verweigert. Sie hatten mehrheitlich bis zuletzt an Verabredungen mit den Arbeitgebern und der Bundesregierung festgehalten.[2] Doch deren Substanz war seit längerem aufgezehrt. Zum einen, weil die Unternehmerverbände nach ihrem grandiosen Erfolg zu Beginn der Tarifrunde 2000, als es gelang, die Gewerkschaften auf den Pfad lohnpolitischer Bescheidenheit zurückzudrängen, das Bündnis für fortgesetzten Lohnsenkungswettbewerb instrumentalisieren wollten. Aber auch die Bundesregierung ließ Bündnisfähigkeit vermissen. Bedeutsame gewerkschaftliche Reformvorschläge, wie Verkürzungen der Wochenarbeitszeit, Abbau von Überstunden oder »Rente mit 60«, kamen noch nicht einmal auf die Tagesordnung. Stattdessen wurde der »Umbau des Sozialstaates« mit der Aufhebung der solidarischen Finanzierung und Teilprivatisierung der gesetzlichen Rentenversicherung vorangetrieben, womit zugleich die Folie für die Zurückstutzung des Gesundheitssystems geliefert wurde. Und zuletzt die Aufgabe der Selbstverwaltung der Bundesanstalt für Arbeit und der Ausstieg aus der öffentlichen Regulierung des Arbeitsmarktes.

Arbeitsplätze haben die Bündnisrunden keine gebracht.[3] Arbeitslosigkeit wurde dafür neu definiert: als ein Problem der Arbeitslosen, sich hinreichend flexibel den Markterfordernissen anzupassen. Und darüber hinaus als ein Problem der Politik, nicht entschlossen genug die »bürokratische Erstarrung« des Arbeitsmarktes angegangen zu sein.

Hauptprojekt der Regierung Schröder/Eichel/Fischer & Co. ist – neben der Deregulierung der Arbeitsmärkte – die »Konsolidierung der öffentlichen Haushalte«. Davon verspricht man sich eine Entlastung der Kapitalmärkte, folglich größere Spielräume für Zinssenkungen, die neue Investitionen stimulieren sollen. Wenn zugleich durch die Senkung der so genannten Lohnnebenkosten der »Faktor Arbeit« verbilligt würde, könnte neue Beschäftigung entstehen – so der regierungsamtliche Sachverstand. Doch diese Kalkulationen sind auf Sand gebaut. Durch die Schrumpfung der öffentlichen Haushalte – die aufgrund der irrealen Zusage, bis 2004 einen ausgeglichenen Haushalt vorzulegen, noch verschärft wird – wird Nachfrage abgeschöpft, werden dringend erforderliche Zukunftsinvestitionen gekappt.[4] Per Saldo werden nicht nur keine Arbeitsplätze geschaffen, sondern weitere vernichtet.

Bündnis Nr. 1, 2 + 3: Die Vorläufer

Rückblende: Mitte der 90er Jahre war die Kartei der Beschäftigungssuchenden bei den Arbeitsämtern zum ersten Mal auf über 4,4 Millionen gestiegen – einschließlich der so genannten Stillen Reserve waren über 7 Millionen ohne Arbeit. Krokodilstränen wurden in Sonntagsreden über das »Schicksal der Massenarbeitslosigkeit« vergossen, doch aktive Arbeitsmarktpolitik stand bei den Neoliberalen auf dem Index der politischen Missetaten gleich hinter Planwirtschaft. Die Unternehmerverbände nutzten die Gunst der Stunde für niedrige Tarifabschlüsse und den Abbau übertariflicher Leistungen. Die Gewerkschaften waren tiefer als je zuvor in der Defensive. Was tun?

In dieser Situation erprobte der IG Metall-Vorsitzende Klaus Zwickel ein waghalsiges Manöver, als er auf dem Gewerkschaftstag im November 1995 die Errichtung eines korporatistischen Paktes vorschlug. Zwickel griff den neoliberalen Ball auf und bot Lohnzurückhaltung an, wenn dies mit der Schaffung neuer Arbeitsplätze (300.000 in drei Jahren) und dem Verzicht auf weiteren Sozialabbau honoriert würde. Die neoliberale Bundesregierung ging zum Schein auf diese Offerte ein, distanzierte sich aber gleich nach den CDU/FDP-Erfolgen bei den Landtagswahlen im Frühjahr 1996 wieder davon. Der erste Anlauf zum Bündnis Nr. 1 war damit gescheitert. Noch nicht einmal für ein kurzes Intermezzo reichte Bündnis Nr. 2: Der Versuch des damaligen DGB-Vorsitzenden Dieter Schulte, ein »Bündnis für Ostdeutschland« zu zimmern, war bereits vor seiner Verabredung Makulatur.

Dennoch hat der erste Bündnis-Versuch tiefe Spuren hinterlassen. Zum einen in den Gewerkschaften: Es war nicht mehr so richtig klar, ob Lohnverzicht nun auch gewerkschaftsoffiziell als Voraussetzung für die Sicherheit von Arbeitsplätzen angesehen wurde. In vielen betrieblichen »Bündnissen für

Arbeit«wurde dies so verstanden. Damit geriet die Sicherung der Wettbewerbsfähigkeit tarifpolitisch in den Vordergrund: Durch Lohnzurückhaltung wurden die Lohnstückkosten in Deutschland wie kaum anderswo in Europa gesenkt.
Spuren blieben auch auf der politischen Bühne: Die Absage des »Bündnisses« war ein Meilenstein auf dem Weg zum Ende der Ära Kohl. Nicht nur, weil die Gewerkschaften nunmehr offen für einen Politikwechsel werben konnten, sondern auch, weil das Bewusstsein in der Bevölkerung über die wachsende »Gerechtigkeitslücke« neoliberaler Politik wuchs. »Das Ende des Bündnisses war der Anfang vom Ende der CDU als Regierungspartei«.[5]
In die nachfolgende Kampagne für einen Politikwechsel brachte Klaus Zwickel 1998 die Initiative für das Bündnis Nr. 3 ein: Er schlug ein umfassendes gesellschaftliches Reformprojekt vor. »Der weit verbreiteten Ansicht, wir hätten nur die Wahl zwischen unterschiedlichen Spielarten von ›Kapitalismus pur‹, müssen alternative Reformvorstellungen entgegengestellt werden.«[6] Durch eine aktive Wirtschaftspolitik, die auf dem ersten Arbeitsmarkt wie in einem Dritten (Non-Profit) Sektor neue Arbeitsplätze schafft, durch kontinuierliche Arbeitszeitverkürzung, die die vorhandene Arbeit neu verteilt, und durch aktive staatliche Arbeitsmarktpolitik könnte mittelfristig die Arbeitslosigkeit halbiert werden. Die Zeit der Umverteilung des gesellschaftlichen Reichtums zugunsten der Kapitaleinkommen sollte endgültig der Vergangenheit angehören: »Meine Forderung nach einem ›Ende der Bescheidenheit‹ und der Rückkehr zur lohnpolitischen Vernunft ist der Erkenntnis geschuldet, dass eine ausgewogene Verteilung des Volkseinkommens nicht nur eine Frage sozialer Gerechtigkeit ist, sondern letztlich die Voraussetzung für stabile wirtschaftliche Entwicklung.«[7] Mehr Verteilungsgerechtigkeit erfordere auch eine »höhere Besteuerung von Großvermögen, unproduktiven Finanzanlagen und Spekulationsgewinnen«.

Das Bündnis Nr. 3 war spätestens wenige Monate nach dem Sieg des rot-grünen Bündnisses gescheitert. Der Regierungswechsel brachte nicht den erhofften Politikwechsel. Keine der von Zwickel 1998 für maßgeblich gehaltenen Reforminitiativen wurde auf die Tagesordnung der Bundesregierung genommen.

Bündnis Nr. 4: Die neue Friedensformel

Dennoch begann erst mit dem Regierungswechsel die Karriere eines Bündnisses, das gleichermaßen Arbeitsplätze schaffen und die Wettbewerbsfähigkeit des Standorts Deutschland optimieren soll. Im Kern geht es um eine Neubegründung von »Konsenspolitik«. Beim traditionellen sozialpartnerschaftlichen Reformismus handelte es sich um einen »asymmetrischen Klassenkompromiss« (Peter v. Oertzen). Er basierte auf der Anerkennung des Interessengegensatzes von Lohnarbeit und Kapital, der durch Mitbestimmung, Tarifpolitik, kollektives Arbeitsrecht und sozialstaatliche Reformen »zivilisiert« werden sollte. Die Grundlage des »Bündnisses« ist eine andere: Gewerkschaften und Betriebsräte sind dazu aufgerufen, die Wettbewerbsbedingungen für das nationale Kapital aktiv zu verbessern. »Wo Betriebsräte früher den Preis hochtreiben konnten, den die Unternehmen für den Konsens der Belegschaften zu zahlen hatten, hängt ihr Erfolg heute, in der Welt des grenzenlosen Wettbewerbs, davon ab, dass es ihnen gelingt, die Unterstützung der Belegschaft für Reorganisationskonzepte zu beschaffen, von denen sie trotz aller Beteiligung an ihrer Entwicklung und Umsetzungen letztlich nicht wissen können, ob sie diese verdienen.«[8] Der gemeinsame Wettbewerbserfolg ist die neue »Friedensformel« zwischen Kapital und Arbeit. Der sozialpartnerschaftliche Korporatismus der 60er und 70er Jahre wurde ersetzt durch einen neuen Wettbewerbskorporatismus. Der Direktor des Max-Planck-Instituts für Gesellschaftsforschung und Mitglied der Benchmarking-Arbeitsgruppe des Bündnisses, Wolfgang Streeck, sieht die Vorzüge eines institutionalisierten Wettbewerbskorporatismus in folgenden Punkten:[9]

- »In allen derartigen Bündnissen geht es um eine Anpassung der Lohnpolitik«. Gewerkschaftliche Lohnzurückhaltung sollte von Seiten des Staates durch »Senkung der gesetzlichen Lohnnebenkosten« unterstützt werden.
- Umbauten des Wohlfahrtsstaates sollen beitragen zur Flankierung von niedrig entlohnter und niedrig qualifizierter Beschäftigung im expandierenden Dienstleistungssektor.
- »Differenzierte Arbeitszeitverkürzungen, die die Flexibilitätsbedürfnisse der Unternehmen berücksichtigen, sind konsensfähig – siehe die Ausweitung der Teilzeitarbeit in den Niederlanden.«
- »Mitbestimmung kann auch heute dazu dienen, Kooperation und Vertrauen auf der betrieblichen und Unternehmensebene zu verankern.«

Tarifautonomie und -politik geraten nun von zwei Seiten massiv unter Druck: zum einen durch den anhaltenden Druck der Unternehmer, möglichst viele Verhandlungsgegenstände auf betriebliche und Unternehmensebene zu verlagern. Gleichzeitig aber auch durch die Vorgabe von – wie auch immer verstandenen – Verteilungsspielräumen, die mehr und mehr den Charakter von Lohnleitlinien annehmen. Autonome Gewerkschaftspolitik wird auf diesem Pfad zunehmend aufgegeben.

Flankiert wird diese Entwicklung durch den Ausbau von Niedriglohnsektoren. Arbeitslosigkeit wird nicht mehr entscheidend auf gesamtwirtschaftliche Verteilungsprobleme zurückgeführt (was auch mit Lohnsenkungsstrategien nicht kompatibel wäre), auch nicht auf gesamtwirtschaftliche Innovationsblockaden, sondern auf das vorgebliche Problem unzureichend qualifizierter und gering produktiver Arbeitskräfte. Von den Gewerkschaften wird gefordert, ihre traditionelle Politik der Abschaffung bzw. Begrenzung von Niedriglohnbeschäftigung aufzugeben. Die Frage nach der Qualität von Dienstleistungsbeschäftigung wird gar nicht mehr gestellt, der Zusammenhang von Arbeit und Existenzsicherung wird weiter gelockert, ein wesentliches Bollwerk gegen Lohnkonkurrenz nach und nach abgetragen. Und zwar ohne wirklich stichhaltige Not: Selbst in den Stammländern des Neoliberalismus – Großbritannien und USA – gibt es keine überzeugenden Beispiele dafür, dass mit dieser Strategie verstärkter Lohnspreizung oder verteilungspolitischer Polarisierung den Langzeitarbeitslosen und Geringqualifizierten geholfen würde.

Ein effektives Instrument im Kampf gegen die Arbeitslosigkeit könnten Arbeitszeitverkürzungen sein. Die von der Politik angestrebte Orientierung am niederländischen »Modell« ist jedoch äußerst problematisch: Erstens wird mit der Ausweitung von Teilzeitarbeit die Frage des Lohnausgleichs von vornherein negativ beantwortet. Zweitens erfolgte im Zusammenhang hiermit in Holland eine zügige Ausweitung prekärer Arbeitsverhältnisse. Und drittens muss massenhafte Teilzeitarbeit in Altersarmut münden, wenn nicht gleichzeitig ein Umbau des Alterssicherungssystems (und der Arbeitslosenzahlungen) durch Ausbau einer bedarfsorientierten Grundsicherung erfolgt. Dies wäre jedoch eine ganz andere Richtung, als sie unter Rot-Grün mit der schrittweisen Privatisierung und Kapitalisierung der Sozialversicherung verfolgt wird.

Schließlich Mitbestimmung: Hier liegt der Systemwechsel of-

fen zutage. Als betriebliches Kooperationsmodell bekommt die Mitbestimmung die Aufgabe der Herstellung und Moderierung von Wettbewerbspakten. Als Instrument kollektiver, überbetrieblicher Interessenvertretung gegen die Übermacht des Kapitals verliert es damit stark an Bedeutung.
Unterm Strich: Ein so angelegtes Bündnis für Arbeit führt in der Tat zu einer »fundamentalen Revision der etablierten Institutionen« des bundesrepublikanischen Wohlfahrtsstaates.[10]

Vom Sozial- zum Wettbewerbsstaat

Warum ein solches Bündnis? Der Mainstream der »neuen Sozialdemokratie« ist davon überzeugt, dass sich im Zuge der »Globalisierung« die gesellschaftlichen Kräfteverhältnisse eindeutig zu Gunsten des Kapitals und zu Lasten der organisierten Lohnarbeit verschoben haben. Die aus dem vermeintlichen »Sachzwang Globalisierung« resultierenden Konsequenzen:

- Unternehmen können nicht weiterhin soziale Verpflichtungen auferlegt werden. »An die Stellen treten Anreize, etwa zum Aufbau oder zur Weiterführung von Produktionsstätten, die geeignet sein müssen, kooperatives Verhalten aus Selbstinteresse zu motivieren.« Die »Besteuerbarkeit des Kapitals« nimmt ab.[11]
- »Sozialpolitik muss sich zunehmend durch ihren Beitrag zur nationalen Wettbewerbsfähigkeit rechtfertigen« ebenso wie staatliches Handeln. Legitimation erfolgt nicht mehr ausschließlich über den einen Souverän – »das (Wahl)Volk« –, sondern ebenso über »die Märkte«.
- Auf internationaler Ebene gibt es Kooperation nur als geregelten Verkehr zwischen Wettbewerbsstaaten: Sie

»dient in erster Linie dem gleichzeitigen und gegenseitigen Abbau von nationalen Marktgrenzen«.

Mit einem Bündnis, dem diese Leitlinien zugrunde liegen, kehrt man zurück zur »These vom Ende der gestaltenden Politik im Zeitalter der Globalisierung«, die der IG Metall-Vorsitzende Zwickel 1998 noch als wesentliche Blockade von zukunftsfähiger Reformpolitik ausgemacht hatte. Für Gewerkschaften steht die Rolle in diesem Spiel fest: »Die viel wahrscheinlichere Alternative zu einer Entgewerkschaftung der europäischen Volkswirtschaften, die auf dem Kontinent zunächst wenig wahrscheinlich erscheint, ist die Aufnahme der Gewerkschaften in nationale Modernisierungskoalitionen, in denen es darum geht, die heimischen Produktionsbedingungen für in- und ausländische Investoren attraktiv zu machen.«[12] Mit einem Wort: subalternes Co-Management. Doch die Prämissen der Wettbewerbskorporatisten stimmen nicht.

- Das Konzept der Wettbewerbsfähigkeit ist irreführend. Volkswirtschaften stehen nicht wie Unternehmen in einem internationalen Konkurrenzkampf. Der entscheidende Unterschied: Während Unternehmen so gut wie keinen internen Absatzmarkt haben, wird selbst bei den am meisten auf den Weltmarkt orientierten Volkswirtschaften maximal ein Drittel der Produktion im Ausland abgesetzt. Der größte Markt bleibt der Binnenmarkt, der jedoch infolge der Schwächung der Masseneinkommen unter Nachfrageschwäche leidet.
- Aus der Tatsache der Internationalisierung des Warenverkehrs, aber mehr noch der Finanzmärkte, wird die Schlussfolgerung gezogen, dass das Kapital derart mobil geworden sei, dass es sich nationaler oder international koordinierter Wirtschaftssteuerung weitestgehend

entziehen kann. Doch dafür spricht allenfalls die bisherige Praxis und die ist nicht vermeintlichen ökonomischen Sachzwängen, sondern einem politischen Projekt geschuldet, das allein auf Marktsteuerung setzt und von daher Maßnahmen zur Regulierung der Kapitalmärkte ausschließt.

Politik für qualifizierte Arbeit

Der Bauplan des »Bündnisses für Wettbewerbsfähigkeit« lautet: Anerkennung der Hegemonie des global agierenden Kapitals, Anpassung der rechtlichen und tarifpolitischen Arrangements an die neuen ökonomischen Bedingungen durch Umbau des Wohlfahrtsstaates in einen Wettbewerbsstaat, durch die Anerkennung der letztlich von den Finanzmärkten diktierten Mindestrenditekonditionen des Kapitals, durch die weitgehende Flexibilisierung der Tarifpolitik (Flächentarifvertrag nur noch als Rahmen für betriebliche Vereinbarungen) und durch die Orientierung der Mitbestimmung auf die Herausforderungen des Standortwettbewerbs – kurzum eine »Runderneuerung der Institutionen des Arbeitsmarktes« (Streeck). Daraus entsteht kein neues Gemeinwesen, das Arbeit und bessere Lebensbedingungen für alle ermöglicht, sondern eine zutiefst gespaltene, neofeudale Dienstbotengesellschaft.
Politische Alternativen zu diesem Pfad müssen mit grundlegenden Annahmen des Korporatismus brechen:

- So wie die Globalisierung der Finanzmärkte das Ergebnis politischer Interventionen ist, so kann auch heute mit politischen Maßnahmen regulierend in diese Märkte eingegriffen werden: durch eine zielgerichtete Steuerpolitik (dazu gehört eine Börsenumsatzsteuer, die Tobin-

Steuer, eine Bardepotpflicht usw.), durch administrative Regulierungen (Wiedereinführung von Kapitalverkehrskontrollen, Integration von *Offshore*-Zonen, Regeln für institutionelle Anleger), eine neue Kredit- und Währungspolitik (Kreditbeschränkungen, Rolle von Weltbank und Internationalem Währungsfonds, Wechselkurszielzonen, Devisenmarktinterventionen usw.).[13]

- Jede seriöse Analyse der Entwicklung der Lohnstückkosten weist nach, dass Deutschland in Westeuropa – aufgrund der überlegenen Produktivitätsentwicklung wie auch aufgrund »moderater«Lohn- und Gehaltsabschlüsse – eine Politik des Lohndumping betreibt. Hinsichtlich der Lohnstückkosten ist Deutschland kein Hoch-, sondern ein Niedriglohnland. Der durch anhaltende Lohnzurückhaltung verursachte Fall der Lohnquote muss gestoppt werden.[14] Zudem ist eine umfassende Verständigung der Gewerkschaften in Westeuropa zur Verhinderung von Lohndumpingstrategien erforderlich.[15]
- Verteilungspolitische Initiativen müssen jedoch über die Tarifpolitik hinausgehen. Die Aktualität des politischen Mandats der Gewerkschaften ist zu erbringen auf dem Feld der Re-Regulierung qualifizierter Arbeitsverhältnisse als Gegenstrategie zu Niedriglohnbeschäftigung. Zudem ist für eine Steuerpolitik einzutreten, bei der sich Deutschland nicht als ein Land erweist, das Dumping-Strategien zugunsten der Vermögensbezieher und der Kapitalunternehmen verfolgt.
- Sozialpolitisch ist entscheidend ein Bruch mit dem Mythos, die so genannten Lohnnebenkosten seien zu hoch und stünden einer Ausweitung der Beschäftigung im Wege. Die Sozialpolitik ist das Feld, auf dem sich erweisen muss, ob die Gewerkschaften erfolgreich dazu beitragen können, die Spaltung der Gesellschaft zu

begrenzen und zu überwinden. Dies wird davon abhängen, inwieweit es gelingt, eine gemeinsame Politik von qualifizierten Beschäftigten in Noch-Normalarbeitsverhältnissen, Beschäftigten in prekären Arbeitsverhältnissen und Arbeitslosen zu verabreden, die zum Kern die Wiederherstellung der materiellen Grundlagen jeder sozialstaatlichen Politik haben muss: die Herstellung von Vollbeschäftigung.

Fortschritte in Richtung einer neuen Beschäftigungspolitik sind Ergebnisse sehr konflikthafter Verhandlungsprozesse. Deshalb muss – im Widerspruch zur Ideologie des »Abschied von der Konfliktpartnerschaft« – die Herstellung und Verbesserung gewerkschaftlicher Durchsetzungsfähigkeit an erster Stelle stehen. Zweitens bedarf es der Aktualisierung des gesellschaftspolitischen Mandats der Gewerkschaften. Nur so lassen sich die Fäden zwischen betrieblicher und überbetrieblicher, politischer Interessenvertretung neu knüpfen.
Viel zu lange haben sich Gewerkschaften auf der internationalen Bühne mit Repräsentationsverpflichtungen zufrieden gegeben und in Europa bestenfalls schlecht ausgestatteten Lobbyismus betrieben. »Außen« als soziale Kraft nicht präsent zu sein, »harmonierte« aber mit einer Politik, die sich von Standortsicherung zumindest die Stabilisierung abschmelzender Kerntruppen der Mitgliedschaft erhofft. Gewerkschaften jedoch, die diese wettbewerbskorporatistischen Überwinterungs-Illusionen nicht haben, müssen einen neuen Internationalismus entwickeln. Sie müssen Bestandteil einer transnationalen Bewegung werden, die sich gegen die negativen Folgen neoliberaler Globalisierungspolitik zur Wehr setzt. In der Tat: »Eine andere Welt ist möglich«, und daran müssen auch die Gewerkschaften mitwirken. Auch unmittelbar vor der eigenen Haustür, indem sie Protagonisten eines sozialen Europas werden.[16]

Die Auseinandersetzung für Arbeit, soziale Sicherheit und Gerechtigkeit wird zunächst in den Gewerkschaften entschieden. Ohne Zurückdrängung eines nationalen Wettbewerbskorporatismus in den eigenen Reihen bleiben die Interessenvertretungen der Lohnabhängigen ein Spielball der wirtschaftlichen und politischen Eliten. Die Erneuerung der Gewerkschaften ist eine zentrale Bedingung für einen Kurzwechsel der Politik. Nur indem erneuerte Gewerkschaften an einem Politikwechsel beteiligt sind, kann auch die fortschreitende Spaltung der Gesellschaft verhindert werden. Für die Arbeitslosen und die Beschäftigten in zeitlich befristeten und prekären Beschäftigungsverhältnissen müssen die Gewerkschaften verlässliche Instanzen sein.

Das Forum Gewerkschaften ist ein Diskussionszusammenhang linker Gewerkschafter, Hochschullehrer und Journalisten, der regelmäßig in der Zeitschrift Sozialismus publiziert. Dem Forum gehören an: Heinz Bierbaum (Universität Saarbrücken), Frank Deppe (Universität Marburg), Richard Detje (Redaktion Sozialismus), Klaus-Peter Kisker (Freie Universität Berlin), Dieter Knauß (IG Metall-Bevollmächtigter Waiblingen), Joachim Kreimer-de Fries (DGB-Bundesvorstandsverwaltung), Klaus Pickshaus (IG Metall-Vorstandsverwaltung, Abt. Sozialpolitik), Lilo Rademacher (IG Metall Friedrichshafen), Bernd Riexinger (ver.di-Vorsitzender Stuttgart), Michael Schlecht (Leiter der Abt. Wirtschaftspolitik beim Vorstand von ver.di), Sybille Stamm (ver.di-Vorsitzende Baden-Württemberg), Theo Steegmann (IG Metall, Beschäftigungsgesellschaft Rheinhausen), Hans-Jürgen Urban (Leiter der Abt. Sozialpolitik beim Vorstand der IG Metall), Ewald Wehner (Netzwerk Gewerkschaftslinke), Michael Wendl (stellv. ver.di-Vorsitzender Bayern), Jörg Wiedemuth (Leiter der Abt. Tarifpolitik beim Vorstand von ver.di).
redaktion@sozialismus.de

1 So das Resümee von Klaus Lang, für die IG Metall in der Steuerungsgruppe des Bündnisses vertreten, in seinem Referat vor dem Bundesausschuss der SPD-AfA am 1.2.2002 in Berlin, dok. in: *Frankfurter Rundschau* vom 6.3.2002.

2 Mit Ausnahme von IG Medien und HBV, deren letzte Gewerkschaftstage vor dem Zusammenschluss zur Dienstleistungsgewerkschaft ver.di die Unternehmung für gescheitert erklärt hatten.

3 Man könnte hier bei bestem Willen das START-Programm zur Verbesserung der Ausbildungssituation und das Job-Aqtiv-Gesetz nennen, doch diese Maßnahmen sind originäre Aufgaben der Regierung und sollten nicht zur »Erfolgsgeschichte« des Bündnisses zählen.

4 Von 2,9 % auf 1,9 % war der Anteil der Bruttoinvestitionen des Staates am Bruttoinlandsprodukt unter der Regierung Kohl von 1992–1998 zusammengestrichen worden. Die rot-grüne Bundesregierung setzte diesen fatalen Kurs, Konsolidierung auf Kosten von Zukunftsvorsorge zu betreiben, fort: Der Anteil der öffentlichen Investitionen wurde weiter auf 1,6 % (2002) zurückgefahren. Das dürfte in den vergangenen zehn Jahren (1992–2002) 400.000 bis 500.000 Arbeitsplätze gekostet haben.

5 Heiner Geissler, Zeit, das Visier zu öffnen, Köln 1998, S. 81.

6 Klaus Zwickel, Streiten für Arbeit. Gewerkschaften contra Kapitalismus pur, Berlin 1998, S. 15, 71.

7 Ebenda, S. 108 f.

8 Wolfgang Streeck, zitiert nach Frank Deppe, Die neue Sozialpartnerschaft, in: H.-J. Urban (Hrsg.), Beschäftigungsbündnis oder Standortpakt? Das »Bündnis für Arbeit« auf dem Prüfstand, Hamburg 2000.

9 Zitiert aus W. Streeck, Bündnis für Arbeit: Bedingungen und Ziele, Manuskript. Zur Kritik des Wettbewerbskorporatismus siehe im einzelnen die Beiträge von Urban, Deppe und Detje in: ebenda.

10 Zitiert nach ebenda.

11 Wolfgang Streeck, Internationale Beziehungen in einer internationalisierten Wirtschaft. In: Ulrich Beck (Hrsg.), Politik der Globalisierung, Frankfurt a. M. 1998, S. 180. Die nachfolgenden Zitate stammen ebenfalls aus diesem Text: S. 180, 181, 183.

12 Ebenda, S. 201.

13 Vgl. Jörg Huffschmid, Politische Ökonomie der Finanzmärkte, Hamburg 1999, vor allem Kapitel 5: Zur Reform der Finanzmärkte, S. 168 ff.

14 Vgl. W. Sauerborn/M. Schlecht/M. Wendl, Jenseits der Bescheidenheit, Hamburg 2002.

15 Dies ist Grundlage der Doorn-Erklärung wie auch der Vereinbarungen im Europäischen Metallarbeiter-Bund zu einer europäisch koordinierten Entgeltpolitik. Siehe Torsten Schulten/Reinhard Bispinck (Hrsg.),

Tarifpolitik unter dem EURO. Perspektiven einer europäischen Koordinierung: das Beispiel Metallindustrie, Hamburg 1999.

16 Siehe H. Bierbaum/J. Bischoff/F. Deppe/J. Huffschmid/K. Steinitz, Soziales Europa, Hamburg 2001.

Eine gerechte Welt ist möglich – jenseits des Kapitalismus

Christine Buchholz

Vor 10 bis 15 Jahren hätte wohl niemand daran geglaubt, dass Aktivisten auf der ganzen Welt eine Bewegung aufbauen würden, die entschlossen gegen die Macht der Konzerne und der neoliberalen Eliten demonstrieren, streiken und argumentieren würde. Der Aufstieg dieser Bewegung hat zu einer Einheit von Menschen mit den unterschiedlichsten politischen Ansätzen geführt. Aber die weitere Entwicklung verläuft nicht automatisch. Nur solidarische Diskussionen und konstruktiver Streit um die richtigen Schritte bringen die Bewegung nach vorne.

Neoliberalismus, Globalisierung oder Kapitalismus – wogegen kämpfen wir?

Die globalisierungskritische Bewegung hat völlig zurecht den Neoliberalismus als gemeinsamen Feind ausgemacht. Dabei wird häufig argumentiert, dass die Politik schlicht ihre Macht durch einen intellektuellen Putsch an die Neoliberalen und ihre Think Tanks verloren hat. Der französische Soziologe Pierre Bourdieu sprach auch von »der neoliberalen Invasion«. Doch die Ideologie des Neoliberalismus existierte schon lange vor ihrem Durchbruch in den 70er Jahren (siehe den Aufsatz von Plehwe/Walpen). Nach den ungeheuren Wachstumsraten der 50er und 60er Jahre, dem »Goldenen Zeitalter« des Vollbeschäftigungskapitalismus, brachen die Profite Mitte der 70er Jahre ein und eine tiefe Krise erschütterte die Weltwirtschaft. Für die Suche nach neuen Profitquellen bot der Neoliberalismus die ideologische Rückendeckung. Er forderte Privatisierung, Deregulierung und Liberalisierung. Die privaten Kapitalisten wollten in Zukunft an der Gesundheitsversorgung, der Telekommunikation etc. mitverdienen. Mit dem Dogma, dass der Markt alles regelt, konnte man auch die Gewerkschaften angreifen – mit ihrer Forderung nach höheren Löhnen wurde ihnen die Schuld an der Arbeitslosigkeit gegeben.

Der Neoliberalismus ist also keine »falsche Idee«, ohne die der Kapitalismus reibungslos funktioniert. Er ist vielmehr die Antwort der Herrschenden auf die wiederkehrenden Krisen des Kapitalismus.

Genauso ist »die Globalisierung« kein »fehlgeleiteter« Kapitalismus, sondern das Ergebnis seiner eigenen Dynamik. Was Karl Marx im »Kommunistischen Manifest« schrieb, ist im Kern heute noch gültig: »Das Bedürfnis nach einem stets ausgedehnten Absatz für ihre Produkte jagt die Bourgeosie über die ganze Erdkugel. Überall muss sie sich einnisten, überall anbauen, überall Verbindungen herstellen. Die Bourgeosie hat durch die Exploitation des Weltmarktes die Produktion und Konsumption aller Länder kosmopolitisch gestaltet.«

Dieses Bedürfnis ist eine Folge des Wettbewerbs, der die Triebfeder des Kapitalismus ist. Wer als Kapitalist bestehen will, muss um Marktanteile, Ressourcen oder billige Arbeitskräfte konkurrieren. Folgen die einzelnen Kapitalisten nicht der Logik der Profitmaximierung, werden sie vom Markt verdrängt.

In den neoliberalen Lehrbüchern heißt es, der Markt regele alles. In Wirklichkeit ist die Marktwirtschaft höchst anarchisch. Die Produktion für unbekannte Märkte führt zu Überproduktion und dadurch zu Wirtschaftskrisen. Und entgegen des von den Neoliberalen wiederholt ausgerufenen »Endes des Konjunkturzyklus« kehren die Krisen wieder und werden tiefer.

Wirtschaftliche Konkurrenz wird zudem durch Staaten mit

politisch-militärischen Mitteln fortgeführt. Kein vorheriges Gesellschaftssystem hat so viele und so zerstörerische Kriege hervorgebracht. Im Ersten Weltkrieg wurden 10 Millionen Menschen getötet, im Zweiten Weltkrieg 60 Millionen. Die Anzahl großer und kleiner Kriege hat zu- und nicht abgenommen. In der Demokratischen Republik Kongo beispielsweise wird seit 1998 ein Krieg um die Kontrolle von Bodenschätzen geführt, in dem über 2,5 Millionen Menschen getötet wurden. Bushs Feldzug gegen den Terror droht weitere Kriege zu entfachen, wie auch die Gefahr eines Atomkrieges wieder wächst. Diese Kriege werden vorangetrieben, um Einflusssphären zu garantieren und den Zugang zu wichtigen Rohstoffen wie Öl zu sichern.

Klassengesellschaft – kein Schnee von gestern

Unter der bedrohlichen Oberfläche der neoliberalen Globalisierung eröffnen sich aber auch Perspektiven für Veränderung. Die heutige soziale Realität in allen Teilen der Welt unterscheidet sich im Grundsatz nicht von der durch Karl Marx und Friedrich Engels beschriebenen Klassenspaltung und Ausbeutung. Bei Klassenverhältnissen handelt es sich um soziale Beziehungen (und nicht um soziologische Oberflächenerscheinungen), die immer wieder Ungleichheit und Machtstrukturen hervorbringen, aber auch in Frage gestellt werden können. Der Kapitalismus hängt von einer ständig wachsenden Arbeiterklasse ab. Jeder Arbeiter und jede Arbeiterin auf der Welt muss ihren Lohn für Waren ausgeben, die für Profite und nicht zur Befriedigung der Bedürfnisse von Menschen produziert werden.

Die Mehrheit der Weltbevölkerung ist Teil der Arbeiterklasse. Von der konservativen Margaret Thatcher über den Neue-Mitte-Soziologen Ulrich Beck bis zu den linken Theoretikern Toni Negri und Michael Hardt meinen viele, dass die Arbeiterklasse heute keine wichtige Rolle mehr spielt. Sie sei geschrumpft oder habe sich in verschiedene Gruppen und Milieus aufgelöst. Die Arbeiterklasse ist heute aber größer als je zu vor. Allein in Südkorea gibt es heute mehr Arbeiter als zu Marx' Zeiten auf der ganzen Welt. Die Arbeiterklasse umfasst heute neben Arbeiterinnen und Arbeitern im traditionellen produzierenden Gewerbe Textilarbeiterinnen, Krankenschwestern, Bankangestellte, Verkäufer oder Computerexpertinnen sowie Menschen, die arbeitslos sind. Sowohl Männer, Frauen als auch deren Familien gehören dazu, Menschen aus der westlichen Welt und zunehmend Menschen aus dem Süden.

Arbeiter haben 1999 bei den Protesten gegen die Welthandelskonferenz in Seattle eine wichtige Rolle gespielt. Die Großdemonstration von Genua war von italienischen Arbeitern geprägt. Als US-Präsident Bush im Februar 2002 in Südkorea für seinen Krieg gegen den Terror warb, protestierten Studenten und Arbeiter gegen Krieg und Privatisierung. Heutzutage gibt es Massenstreiks auch in Ländern wie Indien, Brasilien oder Indonesien. Und in Deutschland werden die Proteste gegen Entlassungen und die Privatisierung von öffentlichen Einrichtungen lauter.

Die Widersprüche zwischen den Klassen führen zu einem mal mehr, mal weniger offensichtlichen Klassenkampf. Dieser wird von zwei Seiten geführt. Die herrschende Klasse ist täglich damit beschäftigt, die Kontrolle über die Ausgebeuteten und Unterdrückten zu behalten. Gegen ihr Handeln regt sich ständig Widerstand in verschiedener Form und Stärke. In diesem Widerstand von unten sehen Sozialisten die Hoffnung für die Zukunft.

Arbeiter sind nicht nur eine beliebige Gruppe innerhalb der globalisierungskritischen Bewegung. Ihre Arbeit ist die

Quelle des Profites, sie haben die größte Möglichkeit, die wirtschaftlichen Prioritäten zu verändern. Nach den Dezemberstreiks in Frankreich 1995 konnten durch weitere Arbeitskämpfe einzelne Werkschließungen verhindert werden, die Regierung konnte die Sozialausgaben nur langsamer absenken als in anderen europäischen Ländern, sogar die 35-Stunden-Woche wurde durchgesetzt.

Sozialisten betonen zudem die revolutionäre Rolle der Arbeiterklasse. Jede Gesellschaft beruht auf der Produktion lebensnotwendiger Güter. Die Menschen, die diese Produkte herstellen, haben zum einen die Macht zum Umsturz und zum anderen die Kraft zum Neuaufbau der Gesellschaft. Daraus ergeben sich Konsequenzen für unsere politische Strategie. Natürlich ist es einfacher, bei McDonald's die Scheiben einzuwerfen oder ein Papier über die Verbesserung der Arbeitsbedingungen in gewerkschaftsfreien Betrieben zu schreiben, als die McDonald's-Arbeiter selbst zu organisieren. Aber individuelle Militanz oder linke Lobbyarbeit führen allein nicht zum Erfolg. Eine Strategie, die das aktive Handeln der Mehrheit der Weltbevölkerung, der Arbeiterklasse, ausschließt, ist zum Scheitern verurteilt.

Ein letzter, aber wichtiger Aspekt ist die Emanzipation der Arbeiter durch den Kampf für ihre eigenen Interessen. »Streiks«, so ein französischer Metroarbeiter nach den Dezemberstreiks, »verändern den Menschen völlig. Die Leute leben in ihrer kleinen Ecke. Sie selbst zuerst, um die Nachbarn kümmert sich keiner ... während der Streiks hatte Individualismus keine Chance. Keine! Die Ketten waren gesprengt. Spontan. Weil wir ständig miteinander diskutierten, lernten wir uns gegenseitig kennen. Den ganzen Tag waren wir zusammen im Betrieb. Bei unserer Arbeit dagegen sind wir total voneinander getrennt und sehen uns nur in der Zehnminutenpause. Hier aber lernten wir zusammen zu leben.«[1]

Sozialismus von unten

Es gibt berechtigte Vorbehalte gegenüber der Idee des Sozialismus. Die Erfahrung des »realen Sozialismus« in der ehemaligen DDR macht Menschen skeptisch, die nach einer Alternative suchen. Die authentische Tradition des Sozialismus sieht aber anders aus als die ehemaligen Ostblockregime. In den letzten Jahrhunderten haben sich zwei Formen des Sozialismus herausgebildet – Sozialismus von oben und Sozialismus von unten. Die Erste ist sowohl die stalinistische Entstellung des Sozialismus im ehemaligen Ostblock als auch die sozialdemokratisch-reformistische Vorstellung, stellvertretend für die Massen über Parlamente den Sozialismus zu verwirklichen. Beide haben gemeinsam, dass der Sozialismus den Menschen durch eine herrschende Elite heruntergereicht werden soll.

Die Tradition des Sozialismus von unten betont demgegenüber, dass Sozialismus nur durch die Selbstbefreiung der Mehrheit im Interesse der Mehrheit erreicht werden kann, die im Kampf um ihre eigenen Geschicke zu Handelnden auf der Bühne der Geschichte werden. Dabei muss »die Emanzipation der Arbeiter das Werk der Arbeiterklasse selbst sein« (Marx). Für diese Tradition stehen neben Karl Marx unter anderem Rosa Luxemburg, Leo Trotzki und Wladimir Iljitsch Lenin. In diesen Kämpfen von unten stellen Menschen die herrschende Ordnung in Frage und können sich selbst verändern, indem sie das alltägliche Gefühl der Ohnmacht durchbrechen.

Kämpfe können die gesellschaftlichen Kräfteverhältnisse nach links verschieben. Es ist kein Zufall, dass Attac in Frankreich so stark gewachsen ist, wo die Streiks und Studentenproteste vom Winter 1995 das gesellschaftliche Klima verändert haben, und Attac-Deutschland sein enormes Wachstum nach den Protesten von Genua hatte. Kämpfe können eine

Alternative zu der Enttäuschung aufzeigen, welche die neoliberale Politik produziert, die inzwischen auch zur Leitlinie der sozialdemokratischen Regierungen geworden ist. Enttäuschungen, die sonst von Konservativen wie Stoiber oder Faschisten wie Le Pen aufgegriffen und nach rechts gelenkt werden. Deswegen sind Revolten, wie die in Argentinien im Winter 2001/2002, Streiks und Proteste so wichtig für die Zukunft der antikapitalistischen Bewegung und eine linke Antwort auf die Krise des Kapitalismus.

Aus den Bedürfnissen des Kampfes erwächst auch die Vision einer sozialistischen Gesellschaft. In Argentinien gibt es Ansätze zur Selbstorganisation von Arbeitern und Nachbarschaftskomitees – demokratische Strukturen, die nicht den Bedürfnissen der Konzerne entsprechen, sondern denen der ausgebeuteten und vernachlässigten Menschen.
Im Kapitalismus ist Demokratie hauptsächlich auf das Kreuzchenmachen in der Wahlkabine beschränkt. Wirtschaft oder Institutionen wie WTO oder IWF kennen keine demokratische Mitbestimmung der Bevölkerung. Sozialismus hingegen schließt eine viel umfassendere Form der Demokratie ein, als es sie im Kapitalismus jemals geben kann. Sie hat neben der demokratischen Gestaltung des öffentlichen Lebens die Kontrolle der Arbeiterinnen und Arbeiter über die Produktion zur Grundlage. Der Sozialismus ist keine fertige Blaupause für eine bessere Gesellschaft, sein Gesicht wird von denen geprägt werden, die ihn erkämpfen. Dies wird unter Umständen geschehen, die wir erst dann kennen lernen werden, wenn wir aktiver Teil des Kampfes um Umgestaltung sind.
Gleichwohl ergeben sich einige Prinzipien einer zukünftigen sozialistischen Gesellschaft bereits aus den Widersprüchen, die zu den heutigen Kämpfen führen. Auf der einen Seite die Notwendigkeit der Herrschenden auszubeuten und zu kon-

trollieren, auf der anderen Seite die Notwendigkeit der einfachen Leute, die Macht über ihr eigenes Leben zu bekommen; Widersprüche zwischen dem Zwang Profite zu erwirtschaften und das Überleben von Natur und Menschen sicherzustellen; Widersprüche zwischen Eigentumsrechten und dem Recht auf Lebensmittel; zwischen obszönem Reichtum und bitterer Armut; zwischen Spaltung und Solidarität.

Die Tradition des Sozialismus von unten geht davon aus, dass eine Mehrheit ein Interesse daran hat, die Welt zu verändern.
In einer vom Nationalen Industrieverband in Brasilien in Auftrag gegebenen Umfrage sprachen sich »55 % der befragten Personen dafür aus, dass Brasilien eine sozialistische Revolution brauche«. Die Befragten verbanden mit Sozialismus Werte wie Freundschaft, Gemeinschaft, Teilen, Achtung, Gerechtigkeit und Solidarität.[2] Eine derartige Umfrage würde in anderen Teilen der Welt wahrscheinlich erheblich anders ausfallen und ein solches »Meinungsbild« bedeutet nicht, dass automatisch eine Revolution stattfindet. Denn dem marxschen Satz, dass die Befreiung der Arbeiterklasse das Werk der Arbeiterklasse selbst sein muss, steht ein anderer gegenüber: »Die herrschenden Ideen einer Zeit waren stets nur die Ideen der herrschenden Klasse.«
Klassenkampf drückt sich nicht nur im Konflikt zwischen den Klassen aus, sondern auch in Kämpfen innerhalb der Arbeiterklasse. Es gibt fortschrittliche Arbeiter und Arbeiter mit rückschrittlichen, z. B. rassistischen Ideen. Selbst in einem Kopf kann es ein ungleiches Bewusstsein geben. Ein Arbeiter kann militant sein, wenn es um höhere Löhne oder menschliche Arbeitsbedingungen geht und gleichzeitig diskriminierende Vorstellungen über Frauen akzeptieren oder für die Kriegsbeteiligung »seines« Landes sein.
Um gegen diese Widersprüche angehen zu können, ist es not-

wendig, zu streiten und zu argumentieren. Das ist der Kern von revolutionärer Politik.

Revolutionäre Politik heißt auch, um die Strategie in der Bewegung zu kämpfen. Entscheidungen sind zu treffen, weil die objektive politische Lage, wie Krieg oder eine neue Wirtschaftskrise, es erfordern. Aber auch, weil die Reaktion der Herrschenden auf die globalisierungskritische Bewegung – von Repression bis Vereinnahmungsversuchen – zu einer Positionierung zwingen. Mit der Gewaltdebatte bemühen sich die Herrschenden, die breite Allianz der Globalisierungskritiker zu spalten. Auf der anderen Seite versuchen sie, die Bewegung durch Umarmung zu ersticken. Die Legitimationskrise der Konzernchefs, Regierungen und Vertreter internationaler Organisationen wie IWF und WTO führt dazu, dass sich die Herrschenden zumindest in Worten auf die Kritiker der Globalisierung einlassen. Vertreter von Regierungen, die selbst neoliberale und kriegerische Politik umsetzen, nutzten das Weltsozialforum in Porto Alegre für sich, indem sie sich als Teil der Bewegung darstellten (was durch Proteste abgewendet wurde).
In jeder Bewegung, die gesellschaftliche Strukturen herausfordert, formieren sich verschiedene Ausrichtungen und Interessen. Eine Gefahr ist es, auf Appelle an IWF, Weltbank, die Vereinten Nationen oder die EU zu setzen. Susan George, Mitbegründerin von Attac-Frankreich, hat richtig bemerkt: »Die herrschenden Klassen werden niemals kampflos ihre Privilegien und ihre Macht aufgeben.« Eine Strategie, die auf Dialog mit den Herrschenden oder Politikberatung setzt, führt zu keinem Erfolg, da der kapitalistische Konkurrenzdruck und der Zwang Profite zu machen, die Bosse der großen Unternehmen immer wieder dazu bringen wird, die Arbeitnehmer anzugreifen oder Umwelt- und Sozialstandards zu ignorieren. Eine solche Strategie droht auch, die Aufmerk-

samkeit von den Kämpfen auf der Straße und den Betrieben hin zu Verhandlungs- und Gesprächsrunden zu lenken. Eine solche Ausrichtung würde die Erfolgsaussichten der Bewegung entscheidend schwächen.
Viele Fragen, vor denen wir stehen, sind nicht neu. Viele 68er versuchten im Niedergang der Bewegung die staatlichen Institutionen von innen heraus zu verändern, wurden aber letztendlich von ihnen verändert. Ein anderer Teil pfiff auf die Mehrheit, wählte den bewaffneten Kampf und landete im Gefängnis oder in der Frustration.
In Deutschland gab es 1918 eine revolutionäre Bewegung, die den Ersten Weltkrieg beendete und den Kaiser verjagte. Da es aber keine starke revolutionäre Organisation gab, konnte sich die Führung der SPD zum Schein an die Spitze der Bewegung setzten, um sie dann gemeinsam mit Reaktionären und Militärs niederzuschlagen.
Viele Generationen in vielen Teilen der Welt haben bereits im Sinne des Sozialismus von unten für eine andere Welt gekämpft. Um Lehren aus der Geschichte zu ziehen, um Argumente entwickeln zu können und den Kampf um die Ideen in der Mehrheit zu organisieren, braucht es eine sozialistische Organisation. In der Vergangenheit haben sozialistische Organisationen aber auch viele Deformationen erlebt. Deshalb müssen sie auch bereit sein, sich zu ändern und auf neue Fragen Antworten zu suchen.
Globalisierungskritiker, Antikapitalisten und alle anderen kritischen Menschen sind eingeladen zur Diskussion und aktiven Mitgestaltung am Aufbau einer sozialistischen Alternative. Das Potenzial, das in dieser Bewegung steckt, macht hoffnungsvoll – wir haben eine Welt zu gewinnen.

Christine Buchholz, Jg. 1971, ist Mitglied der Bundesleitung der sozialistischen Organisation Linksruck. christine.buchholz@web.de

1 Jim Wolfreys, Klassenkämpfe in Frankreich, editicn aurora/Frankfurt am Main, S. 5
2 Supplement der Zeitschrift *Sozialismus*, H. 3-2002.

Literatur

Harmann, Chris (2001): Antikapitalismus. Theorie und Praxis, edition aurora, Frankfurt (www.edition-aurora.de)
Draper, Hal (1966): The Two Souls of Socialism, Berkeley/California 1966 (dt. Übersetzung unter www.marxists.de)
Marx, Karl/Engels, Friedrich (1848): Manifest der Kommunistischen Partei, Argument-Verlag (1999)

Die Rückforderung des Gemeinguts

Naomi Klein

Was ist die »Anti-Globalisierungs-Bewegung«? Ich setze den Begriff in Anführungszeichen, weil mir sofort Zweifel daran kommen. Ist es wirklich eine Bewegung? Wenn es eine Bewegung ist – ist sie gegen Globalisierung? Lasst mich mit dem ersten Punkt beginnen. Wir können uns ganz leicht selbst davon überzeugen, dass es eine Bewegung ist, indem wir sie auf einem Forum wie diesem – auf denen ich viel zu viel Zeit verbringe – diskutieren, indem wir so tun, als könnten wir sie sehen, sie in den Händen halten. Natürlich haben wir sie gesehen und wir wissen, dass die Bewegung in Quebec wieder aufgetaucht ist und auch an der US-mexikanischen Grenze während des »Summit of the Americas« und der Diskussion um eine Freihandelszone in dieser Hemisphäre. Aber dann verlassen wir Veranstaltungsräume wie diesen, gehen nach Hause, sehen fern, gehen etwas einkaufen und jegliches Gefühl, dass die Bewegung existiert, verschwindet und wir zweifeln an unserem Verstand. Seattle – war das eine Bewegung oder eine kollektive Halluzination? Für die meisten von uns bedeutete Seattle eine Art Coming-out-Party einer globalen Widerstandsbewegung oder die »Globalisierung der Hoffnung«, wie es jemand während des »Weltsozialforums« in Porto Alegre bezeichnete. Aber für jeden anderen bedeutet Seattle immer noch endloser Milchschaumkaffee, asiatisch beeinflusste Küche, E-Commerce-Millionäre und schnulzige Meg-Ryan-Filme. Oder vielleicht ist es beides und ein Seattle brachte das andere Seattle hervor – und jetzt existieren beide unbeholfen nebeneinander.

Diese Bewegung, die wir manchmal beschwören, trägt viele Namen: Anti-Konzern, Anti-kapitalistisch, Anti-Freihandel, Anti-imperialistisch. Viele sagen, dass sie in Seattle begann. Andere behaupten, sie begann vor 500 Jahren – als die Kolonialisten erstmals den indigenen Bevölkerungen sagten, dass sie von jetzt an viele Dinge anders machen müssten, um sich zu »entwickeln« oder um »geschäftstüchtig« zu werden. Wieder andere sagen, sie begann am 1. Januar 1994, als die Zapatisten in der Nacht, in der das nordamerikanische Freihandelsabkommen NAFTA in Mexiko in Kraft trat, ihren Aufstand mit den Worten »Ya Basta!« (»Es reicht!«) in Gang setzten. Es hängt ganz davon ab, wen man fragt. Ich denke allerdings, es ist richtiger, sich eine Bewegung aus vielen Bewegungen vorzustellen, Koalitionen von Koalitionen. Heute arbeiten Tausende von Gruppen gegen Kräfte, die gemeinsam etwas vorantreiben, was im weitesten Sinne als die Privatisierung aller Lebensbereiche und als die Verwandlung jeglichen Handelns und jeglicher Werte in eine Ware zu bezeichnen ist. Wir sprechen oft von der Privatisierung der Erziehung und Bildung, des Gesundheitswesens, der natürlichen Ressourcen. Aber dieser Prozess geht viel weiter. Er umfasst die Art und Weise, wie wichtige Ideen in Werbeslogans und öffentliche Straßen in Einkaufszentren verwandelt werden, wie künftige Generationen schon bei ihrer Geburt zu Zielgruppen des Marktes werden, wie Werbung in Schulen eindringt, wie menschliche Grundbedürfnisse wie Wasser als Ware verkauft, Grundrechte der Arbeitnehmer zurückgeschraubt, Gene patentiert und Designerbabys kreiert, Samen genetisch verändert und vermarktet und Politiker gekauft werden.

Gleichzeitig gibt es gegenläufige Strömungen in Gestalt vieler verschiedener Kampagnen und Bewegungen, deren gemeinsame treibende Kraft in einer radikalen Rückforderung des Gemeinguts liegt. Während unsere öffentlichen Räume –

Plätze, Straßen, Schulen, Farmen, Fabriken – durch den aufgeblasenen Marktplatz ersetzt werden, verbreitet sich ein Geist des Widerstands rund um den Erdball. Die Menschen fordern Teile der Natur und der Kultur zurück, sie sagen: »Dies wird ein öffentlicher Raum«. Amerikanische Schüler entfernen die Werbung aus ihren Klassenräumen. Europäische Umweltschützer und Raver feiern Partys auf verkehrsreichen Kreuzungen. Landlose Thai-Bauern pflanzen organisches Gemüse auf überbewässerten Golfplätzen an. Bolivianische Arbeiter kehren die Privatisierung ihrer Wasserversorgung um. Einrichtungen wie Napster oder Morpheus haben eine Art Gemeingut im Internet geschaffen, wo Jugendliche untereinander Musik tauschen können und nicht mehr von multinationalen Plattenfirmen kaufen müssen. Werbetafeln wurden von Werbung befreit und unabhängige Mediennetze aufgebaut. Die Proteste verstärken sich. Während des ersten »Weltsozialforums« in Porto Alegre reiste der oft als Zerstörer von McDonald's karikierte José Bové mit lokalen AktivistInnen der Movimento Sem Terra (MST) zu einem nahe gelegenen Versuchsgelände von Monsanto, wo sie drei Hektar genetisch modifizierter Sojabohnen zerstörten. Aber die Proteste waren damit noch lange nicht beendet. Die MST hat das Land besetzt und ihre Mitglieder bauen jetzt ihr eigenes organisches Getreide an. Sie haben sich geschworen, die Farm in ein Modell für nachhaltige Landwirtschaft umzuwandeln. Kurz gesagt, die AktivistInnen warten nicht auf die Revolution, sie handeln jetzt, dort wo sie leben, dort wo sie lernen, wo sie arbeiten, wo sie Landwirtschaft betreiben.

Es tauchen jedoch auch einige offizielle Vorschläge auf, die darauf abzielen, diese radikale Rückforderung des Gemeinguts gesetzlich festzuschreiben. Als die NAFTA und ähnliche Handelsabkommen ausgebrütet wurden, war oft die Rede davon, die Freihandels-Agenda durch »Nebenabkommen« zu ergänzen, die den Umweltschutz, das Arbeitnehmerrecht und die Menschenrechte einschließen sollten. Jetzt wird darum gekämpft, diese Themen aus dem Abkommen herauszuhalten. Unter dem Slogan »Unsere Welt ist keine Ware« hat José Bové zusammen mit der Via Campesina, einer globalen Vereinigung von Kleinbauern, eine Kampagne gestartet mit dem Ziel, Lebensmittelsicherheit und landwirtschaftliche Produkte aus allen Handelsabkommen zu streichen. Sie wollen eine Abgrenzung um das Gemeingut ziehen. Diese Idee findet breite Unterstützung, nach den jüngsten Lebensmittelskandalen insbesondere in Europa. Maude Barlow, Direktorin des Council of Canadians, der mehr Mitglieder hat als die meisten politischen Parteien in Kanada, argumentierte, dass Wasser kein privates Gut sei und in keinem Handelsabkommen vorkommen dürfe. Charakteristisch ist, dass diese Anti-Privatisierungs-Kampagnen alleine in Bewegung kommen, aber gelegentlich laufen sie auch zusammen – wie es in Seattle, Prag, Washington, Davos, Porto Alegre und Quebec geschehen ist.

Über die Grenzen hinaus

Das bedeutet, dass sich der Diskurs verlagert hat. Während der Kämpfe gegen die NAFTA gab es innerhalb der betroffenen Länder erste Anzeichen einer Zusammenarbeit zwischen Gewerkschaften, UmweltschützerInnen, Farmern und Verbrauchergruppen. In Kanada kämpften die meisten in dem Gefühl, etwas spezifisch Kanadisches vor einer Amerikanisierung zu bewahren. In den Vereinigten Staaten wurden eher protektionistische Reden geschwungen: Arbeiter waren darüber besorgt, dass die Mexikaner »unsere« Arbeitsplätze »stehlen« und »unsere« Umweltstandards beeinträchtigen würden. Die ganze Zeit über wurden die Stimmen der sich gegen das Abkommen aussprechenden Mexikaner fast überhaupt nicht wahrgenommen – obwohl sie von allen die lautesten waren. Nur wenige Jahre später hat sich die Debatte über den Handel verändert. Der Kampf gegen die Globalisierung hat sich in ein Ringen gegen die »Konzernisierung« verwandelt und, für einige, gegen den Kapitalismus an sich. Zudem wurde er zu einem Kampf um die Demokratie. Maude Barlow führte vor zwölf Jahren die Kampagne gegen NAFTA in Kanada an. Seit die NAFTA Gesetz wurde, arbeitet sie mit OrganisatorInnen und AktivistInnen aus anderen Ländern zusammen sowie mit AnarchistInnen in ihrem eigenen Land, die dem Staat mit Argwohn begegnen. Einst galt sie als der Inbegriff des kanadischen Nationalismus, heute hat sich Barlow jedoch von diesem Diskurs entfernt. »Ich habe mich verändert«, sagt sie, »ich habe diesen Kampf als einen Kampf zur Rettung der Nation angesehen. Nun sehe ich ihn als Kampf zur Rettung der Demokratie«. Das ist ein Anliegen, das Nationalitäten und Staatsgrenzen überschreitet. Das wirklich Neue an Seattle war, dass OrganisatorInnen aus aller Welt begannen, ihre Kämpfe auf lokaler und nationaler Ebene – um mehr Gelder für öffentliche Schulen, gegen die Auflösung von Gewerkschaften und die Beschäftigung von Gelegenheitsarbeitern, für landwirtschaftliche Familienbetriebe und gegen die sich vertiefende Kluft zwischen Arm und Reich – durch eine globale Brille zu sehen. Das ist die wichtigste Verschiebung, die wir seit Jahren erlebt haben.

Wie kam es dazu? Wer oder was hat diese neue internationale Bewegung einberufen? Wer hat die Memos verschickt? Wer hat diese komplexen Koalitionen aufgebaut? Es ist verlockend so zu tun, als hätte jemand in Seattle einen *Masterplan* zur Mobilisierung erträumt. Ich denke jedoch, es war eher ein groß angelegter Zufall. Viele kleinere Gruppen hatten sich organisiert, um dorthin zu fahren, und fanden dann zu ihrer Überraschung heraus, wie breit gefächert und vielfältig die Koalition war, der sie sich angeschlossen hatten. Wenn es jedoch eine Kraft gibt, bei der wir uns bedanken können, dass diese Front ins Leben gerufen wurde, dann sind das die multinationalen Unternehmen. Wie schon einer der Organisatoren von Reclaim the Streets bemerkte, sollten wir den Vorstandsvorsitzenden dankbar dafür sein, dass sie uns halfen, die Probleme schneller zu erkennen. Dank der augenblicklichen imperialistischen Ambitionen des »Projekts Unternehmen« – der durch die Deregulierung des Handels ausgelöste grenzenlose Drang nach Profit und die durch geschwächte Kartellgesetze ausgelöste Welle von Fusionen und Firmenübernahmen – sind multinationale Unternehmen so unwahrscheinlich reich geworden, haben sich durch Firmenbeteiligungen so weit verbreitet und sind so global in ihrer Reichweite, dass sie damit unsere Koalitionen erst geschaffen haben.

Überall auf der Welt nutzen AktivistInnen die von globalen Unternehmen fertig gelieferte Infrastruktur. Das kann eine gewerkschaftliche Zusammenarbeit über Landesgrenzen hinaus bedeuten, aber auch den Aufbau von bereichsübergreifenden Organisationen – zwischen ArbeiterInnen, UmweltschützerInnen, VerbraucherInnen, sogar Gefängnisinsassen, die alle unterschiedliche Beziehungen zu einem bestimmten multinationalen Unternehmen haben können. So kann man eine einzelne Kampagne oder Koalition gegen eine einzelne Marke, wie beispielsweise General Electric, aufbauen. Dank Mosanto arbeiten Bauern in Indien mit UmweltschützerInnen und VerbraucherInnen in aller Welt zusammen, um Aktionsstrategien zu entwickeln, genetisch modifizierte Lebensmittel von Feldern und aus Supermärkten zu entfernen. Dank Shell Oil und Chevron haben sich MenschenrechtsaktivistInnen in Nigeria, DemokratInnen in Europa und UmweltschützerInnen in Nordamerika im Kampf gegen die umweltschädigende Ölindustrie vereint. Dank der Entscheidung des Catering-Giganten Sodexho-Marriott, in den amerikanischen Strafvollzug zu investieren, protestieren StudentInnen gegen die explodierende, auf Profit ausgerichtete US-amerikanische Gefängnisindustrie, indem sie einfach das Essen in ihrer Campus-Cafeteria boykottieren. Zu weiteren Zielscheiben gehören pharmazeutische Unternehmen, die die Produktion und den Vertrieb von billigen AIDS-Medikamenten zu verhindern suchen, sowie Fast-Food-Ketten. Kürzlich haben sich Studenten und Farmarbeiter in Florida gegen Taco Bell zusammengetan. In der Gegend um St. Petersburg/ USA erhalten Feldarbeiter – von denen viele Immigranten aus Mexiko sind – einen jährlichen Durchschnittslohn von 7.500 US-$ für die Ernte von Tomaten und Zwiebeln. Aufgrund einer Gesetzeslücke haben sie keine Verhandlungsmacht: Die Farmbosse weigern sich, mit ihnen über Löhne auch nur zu reden. Als sie Nachforschungen anstellten, wer eigentlich die Ernte kauft, fanden sie heraus, dass Taco Bell der größte Abnehmer der lokalen Tomatenproduktion ist. Zusammen mit Studenten starteten sie die Kampagne »Yo No Quiero Taco Bell« (»Ich will kein Taco Bell«), um Taco Bell auf den Universitätsgeländen zu boykottieren.

Natürlich hat uns Nike am meisten dabei geholfen, dieser neuen Art aktivistischer Synergie den Weg zu bahnen. StudentInnen, die sich einer Übernahme ihrer Universitätsgelände durch den Nike-Rausch gegenübersahen, haben sich mit ArbeiterInnen verbunden, die studentische Markenkleidung herstellen, und auch mit Eltern, die über die Kommerzialisierung der Jugend besorgt sind, sowie mit Kirchengruppen, die Kampagnen gegen Kinderarbeit durchführen – alle vereint durch ihre verschiedenen Beziehungen zu einem gemeinsamen globalen Feind. Das Aufdecken der Schwachstellen von Hochglanz-Verbrauchermarken hat der Bewegung die ersten Inhalte gegeben und war eine Art Herausforderung und Reaktion auf die ganz anderen Inhalte, die diese Unternehmen jeden Tag mittels Werbung und Öffentlichkeitsarbeit über sich selbst verbreiten. Als größte nordamerikanische Finanzinstitution mit unzähligen Firmenbeteiligungen, die mit einigen der schlimmsten unternehmerischen Missetätern Geschäfte macht, bietet die Citigroup eine andere erstklassige Zielscheibe. Die Kampagne gegen die Citigroup verknüpft praktischerweise Dutzende von Themen – von Abholzungen in Kalifornien bis hin zu Öl-und-Pipeline-Projekten im Tschad und in Kamerun. Diese Kampagnen sind erst ein Anfang. Aber sie kreieren eine neue Art von Aktivisten: Nach den Worten der studentischen Aktivistin Sarah Jacobson aus Oregon ist »Nike eine Einstiegsdroge«.

Indem sie sich auf Unternehmen konzentrieren, können OrganisatorInnen anschaulich aufzeigen, auf welche Art die vielen Probleme sozialer, ökologischer und ökonomischer Gerechtigkeit miteinander verbunden sind. Kein(e) AktivistIn, den/die ich getroffen habe, glaubt, dass die Weltwirtschaft verändert werden kann, indem ein einzelnes Unternehmen verändert wird, aber die Kampagnen haben eine Tür zur geheimnisvollen Welt des internationalen Handels und der Finanzen geöffnet. Sie weisen den Weg zu den zentralen Institutionen, die die Gesetze des globalen Handels schreiben – WTO, IWF, FTAA und für einige der Markt selbst. Die vereinende Bedrohung heißt auch hier Privatisierung – der Verlust des Gemeinguts. Mit der nächsten Runde der WTO-Verhandlungen sollen noch mehr Bereiche des Gemeinguts zu Handelswaren erklärt werden. Durch Nebenabkommen wie GATS und TRIPS soll ein noch strengerer Schutz von Eigentumsrechten an Samen und an Patenten für Medikamente erreicht werden sowie die Vermarktung von Dienstleistungen wie Gesundheitswesen, Bildung und Wasserversorgung.

Die größte Herausforderung für uns ist, aus all dem eine Botschaft herauszukristallisieren, die viele Menschen erreicht. Viele KämpferInnen verstehen die Zusammenhänge, die die verschiedenen Themen miteinander verbinden, fast intuitiv – so wie Subcomandante Marcos sagt: »Zapatismus ist keine Ideologie, sondern eine Eingebung«. Aber für Außenstehende kann allein schon die Bandbreite des heutigen Protests ein wenig verwirrend sein. Wenn man die Bewegung von außerhalb belauscht, was die meisten Leute tun, so hört man nur eine Kakophonie scheinbar zusammenhangloser Slogans, ein kunterbuntes Durcheinander grundverschiedener Beschwerden ohne klares Ziel. Als ich letztes Jahr auf der *Democratic National Convention* in Los Angeles während des Konzerts von »Rage Against the Machine« vor dem Staples Center war, wo ich fast angeschossen worden wäre, dachte ich, dass es überall Slogans für alles bis hin zur Absurdität gibt.

Das Versagen der traditionellen Politik

Dieser Eindruck wird noch verstärkt durch die dezentrale, nicht-hierarchische Struktur der Bewegung, die die traditionellen Medien immer irritiert. Gut organisierte Pressekonferenzen sind selten, es gibt keine charismatischen Anführer, die Proteste türmen sich oft aufeinander. Statt, wie bei den meisten Bewegungen, eine Pyramide zu formen, mit Anführern auf der obersten Stufe und den Anhängern darunter, sieht sie eher aus wie ein sorgsam ausgearbeitetes Netz. Diese netzartige Struktur ergibt sich z. T. durch die Organisation über das Internet. Aber sie ist auch eine Antwort auf die politischen Realitäten, an denen sich der Protest anfänglich entzündete: das Versagen der Parteipolitik auf ganzer Linie. Auf der ganzen Welt haben sich Leute im Wahlkampf für sozialdemokratische und Arbeiterparteien engagiert, nur um sie dann machtlos vor den Marktkräften und IWF-Diktaten stehen zu sehen. Unter diesen Umständen sind die AktivistInnen von heute nicht mehr so naiv anzunehmen, Veränderungen ließen sich über wahlpolitische Maßnahmen herbeiführen. Sie sind daher mehr daran interessiert, die Strukturen in Frage zu stellen, die eine Demokratie so zahnlos machen, wie z. B. die Politik der strukturellen Anpassung des IWF, die Fähigkeit der WTO, sich über nationale Staatsgewalt hinwegzusetzen, oder korrupte Kampagnenfinanzierung. Hier geht es nicht nur darum, aus der Not eine Tugend zu machen. Auf ideologischer Ebene ist es die Reaktion auf die Erkenntnis, dass Globalisierung in ihrem Kern eine Krise der parlamentarischen Demokratie darstellt. Was hat diese Krise verursacht? Einer der wesentlichen Gründe dafür ist die Art und Weise, wie Macht und Entscheidungsfindung an Institutionen gelangten, die immer weiter vom Bürger entfernt sind: von lokalen Institutionen zu regionalen, von regionalen zu nationalen, von nationalen zu internationalen, denen Transparenz und Rechenschaftspflicht fehlt. Was ist die Lösung? Eine alternative Demokratie mit Bürgerbeteiligung zu bilden.

Wenn man über die gegen die Welthandelsorganisation erhobenen Vorwürfe nachdenkt, scheint es, dass Regierungen in der ganzen Welt ein wirtschaftliches Modell angenommen haben, dass viel mehr enthält, als nur das Öffnen der Grenzen für Güter und Dienstleistungen. Daher ist es nicht sinnvoll, die Sprache der Anti-Globalisierung zu verwenden. Die meisten Leute wissen nicht wirklich, was Globalisierung eigentlich ist, und der Begriff macht die Bewegung anfällig für stereotype Einwände wie: »Wenn du gegen Handel und Globalisierung bist, warum trinkst du dann Kaffee?« In Wirklichkeit ist die Bewegung eine Ablehnung dessen, was mit Handel und so genannter Globalisierung einhergeht – die Reihe strukturverändernder politischer Maßnahmen, von denen jedem Land in der Welt gesagt wurde, dass es sie annehmen müsste, um investitionsfreundlich zu werden. Ich nenne dieses Paket »McRegierung«. Dieser »Leckerbissen« aus Steuersenkungen, Privatisierung von Dienstleistungen, Liberalisierung von Vorschriften, Auflösung von Gewerkschaften – wozu dient diese Mahlzeit? Um alles zu entfernen, was dem Markt im Weg steht. Lasst dem freien Markt seinen Lauf und alle anderen Probleme werden sich von alleine lösen. Hier geht es nicht um den Handel. Es geht darum, Handel zu missbrauchen, um das Rezept »McRegierung« durchzusetzen.

Die Frage, die wir heute im Vorfeld der FTAA stellen, lautet nicht: Bist du für oder gegen Handel? Die Frage lautet: Haben wir das Recht, die Bedingungen unserer Beziehung zu ausländischem Kapital und Investitionen auszuhandeln? Können wir entscheiden, wie wir uns vor den Gefahren schützen, die den deregulierten Märkten innewohnen – oder müssen wir diese Entscheidungen anderen überlassen? Diese Probleme werden noch akuter, wenn wir uns in einer Rezession befinden, denn während des Wirtschaftsbooms wurde vieles zerstört, was noch von unserem sozialen Netz übrig war. In Zeiten niedriger Arbeitslosigkeit kümmerten die Leute sich wenig darum. In sehr naher Zukunft werden sie sich wohl mehr Gedanken darüber machen. Die größten Kontroversen, denen sich die WTO gegenübersieht, sind diese Fragen über die Selbstbestimmung. Hat beispielsweise Kanada das Recht, schädliche Benzinzusätze zu verbieten, ohne von einem ausländischen Chemieunternehmen verklagt zu werden? Nicht gemäß einer WTO-Entscheidung zugunsten der Ethyl Corporation. Hat Mexiko das Recht, die Erlaubnis für eine gefährliche Giftmülldeponie zu verweigern? Nicht in den Augen von Metalclad, dem US-Unternehmen, dass unter Berufung auf die NAFTA gerade die mexikanische Regierung auf 16,7 Millionen US-$ Schadensersatz verklagt. Hat Frankreich das Recht, die Einfuhr von hormonbehandeltem Fleisch zu verbieten? Nicht nach Meinung der Vereinigten Staaten, die sich rächten, indem sie französische Importe wie Roquefort-Käse verboten – und dadurch einen Käsehersteller namens Bové veranlassten, ein McDonald's-Restaurant zu demontieren. Die Amerikaner glaubten, dass er einfach keine Hamburger mochte. Muss Argentinien Einsparungen im öffentlichen Sektor vornehmen, um die Bedingungen für die Gewährung ausländischer Kredite zu erfüllen? Ja, laut IWF – wodurch Generalstreiks gegen die sozialen Konsequenzen ausgelöst wurden. Es ist überall das Gleiche: Demokratie wird gegen ausländisches Kapital eingetauscht.

In einer anderen Größenordnung werden die gleichen Kämpfe für Selbstbestimmung gegen Weltbank-Dämme, Abholzung und die Ausbeutung von Ressourcen auf dem umkämpften Land der indigenen Bevölkerung geführt. Die meisten Leute in diesen Bewegungen sind nicht gegen Handel oder industrielle Entwicklung. Sie kämpfen für das Mitspracherecht lokaler Kommunen bei der Entscheidung darüber, wie ihre Ressourcen genutzt werden sollen. Sie wollen sicherstellen, dass die auf dem betreffenden Land lebenden Menschen von seiner Erschließung direkt profitieren. Diese Kampagnen sind nicht Reaktionen auf den Handel, sondern auf einen Ausverkauf, der bereits seit 500 Jahren im Gang ist: das Opfern von demokratischer Kontrolle und Selbstbestimmung für ausländische Investitionen und das Allheilmittel Wirtschaftswachstum. Die Herausforderung, der sie sich jetzt gegenübersehen, besteht darin, den Diskurs rund um die vage Vorstellung von Globalisierung hin zu einer spezifischen Debatte über Demokratie zu verlagern. In einer Zeit »noch nie da gewesenen Wohlstands« wird den Leuten gesagt, dass sie keine andere Wahl hätten, als öffentliche Ausgaben drastisch zusammenzustreichen, Arbeitnehmerrechte zu widerrufen, als illegale Handelshemmnisse angesehene Umweltschutzbestimmungen aufzuheben, Gelder für Schulen und den sozialen Wohnungsbau zu streichen. Dies alles sei dazu nötig, uns für den Handel bereit, investitionsfreundlich und weltweit konkurrenzfähig zu machen. Man stelle sich vor, welche Freuden uns während einer Rezession erwarten.

Wir müssen aufzeigen können, dass Globalisierung – diese Art von Globalisierung – auf dem Rücken der Menschen vor Ort errichtet wird. Diese Unterscheidung zwischen global und lokal wird zu oft nicht gemacht. Stattdessen scheinen wir manchmal zwei einsam für sich kämpfende Aktivistengruppen zu haben. Hier die internationalen Anti-Globalisierungs-AktivistInnen, die vielleicht gerade triumphieren, aber weit entfernte Themen zu bekämpfen scheinen, die nichts mit den tagtäglichen Kämpfen der Menschen zu tun haben. Sie werden oft als elitär angesehen: weiße Mittelschichtsjugendliche mit Dreadlocks. Dort die AktivistInnen vor Ort, die täglich Kämpfe ums Überleben oder um den Erhalt der elementarsten Versorgungseinrichtungen ausfechten und sich oft ausgebrannt und demoralisiert fühlen. Sie fragen sich: Worüber zum Teufel regt ihr Jungs euch eigentlich so auf?

Der einzig klare Weg nach vorne ist ein Zusammenschluss beider Gruppen. Was sich jetzt als Anti-Globalisierungs-Bewegung versteht, muss sich in tausend verschiedene Vor-Ort-Bewegungen umwandeln, die die Art und Weise bekämpfen, wie neoliberale Politik sich in der Realität auswirkt: Obdachlosigkeit, Lohnstagnation, Mietexplosion, polizeiliche Gewalt, Überfüllung der Gefängnisse, Kriminalisierung von Wanderarbeitern. Dies sind auch Kämpfe gegen alle möglichen alltäglichen Probleme: um das Recht, selbst zu entscheiden, wohin der lokale Müll gebracht wird, das Recht auf gute öffentliche Schulen, das Recht, mit sauberem Wasser versorgt zu werden. Gleichzeitig müssen die Vor-Ort-Bewegungen, die Privatisierung und Deregulierung konkret bekämpfen, ihre Kampagnen in eine breite globale Bewegung einbinden, die aufzeigen kann, inwiefern diese besonderen Anliegen in eine internationale Wirtschaftsagenda hineinpassen, die in der ganzen Welt durchgesetzt wird. Bleibt dieser Zusammenhang im Dunkeln, werden die Leute weiterhin demoralisiert sein. Wir müssen ein politisches Gerüst aufbauen, das es mit der Macht und Kontrolle der Unternehmen aufnehmen und das zu lokaler Organisation und Selbstbestimmung befähigen kann. Es muss ein Gerüst sein, das das Recht auf Vielfalt fördert, preist und energisch verteidigt: kulturelle Vielfalt, ökologische Vielfalt, landwirtschaftliche Vielfalt – und, ja, auch politische Vielfalt, unterschiedliche Arten politischer Betätigung. Kommunen müssen das Recht haben, ihre Schulen, Dienstleistungen und ihre natürliche Umgebung nach eigenem Gutdünken zu planen und zu verwalten – natürlich im Rahmen nationaler und internationaler Standards. Das Ziel dabei sollte allerdings nicht bessere, weit entfernte Regeln und Herrscher sein, sondern nahe Demokratie vor Ort.

Die Zapatisten haben hierfür eine Redewendung. Sie nennen es »eine Welt, in der viele Platz haben«. Einige haben dies als eine nichts sagende New-Age-Antwort kritisiert. Sie wollen einen Plan. »Wir wissen, was der Markt mit diesen Räumen tun will, was wollt *ihr* tun? Wo ist euer Plan?« Ich denke, wir sollten uns nicht scheuen zu sagen: »Das hängt nicht von uns ab«. Wir müssen etwas Vertrauen in die Fähigkeit der Leute haben, sich selbst zu regieren, Entscheidungen zu treffen, die für sie am besten sind. Wir müssen etwas Bescheidenheit an den Tag legen, wo jetzt so viel Arroganz und Bevormundung herrscht. Es ist keineswegs nichts sagend, an menschliche Vielfalt und lokale Demokratie zu glauben. Alles in »McRegierung« hat sich dagegen verschworen. Neoliberale Wirtschaft neigt auf allen Ebenen zu Zentralisierung, Konsolidierung, Homogenisierung. Es ist ein Krieg gegen die Vielfalt. Dagegen brauchen wir eine Bewegung der radikalen Veränderung, die sich für eine Welt mit vielen Welten darin engagiert, die für »das eine Nein und die vielen Jas« steht.

Naomi Klein, Jg. 1971, ist Autorin des globalisierungskritischen Bestsellers »No Logo«. www.nologo.org

Dies ist das Transskript einer Rede, die im April 2001 im Centre for Social Theory and Comparative History, UCLA, gehalten wurde.

Globalisierung im Krieg

Kriegsführung auf amerikanische Art

Walden Bello

Nach der Logik Washingtons sollten jetzt überall Freudenfeuerwerke losgehen, während die Anti-Terror-Kreuzritter sich auf Osama bin Ladens Versteck in Tora Bora einschießen. Doch Europa zeigt sich gelassen, im ganzen Süden herrscht Besorgnis vor und in großen Teilen der arabischen und muslimischen Welt tiefe Niedergeschlagenheit.

Die Gründe dafür liegen auf der Hand: mindestens 4.000 Tote in Afghanistan, darunter viele Zivilisten, vier Millionen Flüchtlinge, die Rückkehr zu einer chaotischen Stammesgesellschaft mit einer Zersplitterung der Zentralmacht. Was bin Laden und seine Organisation taten, war entsetzlich und ist unentschuldbar – aber darf man all dies im Namen der Gerechtigkeit einem Land antun? Wieder einmal haben die Amerikaner die Stadt zerstört, um sie zu retten.

Washington lässt sich jedoch durch diese Details seine Triumphstimmung nicht verderben. Die Taliban und Al-Qaida wurden vernichtend geschlagen, aber dieser Sieg hat noch eine tiefere Bedeutung für das Pentagon. Eine massive, präzisionsgesteuerte Schlagkraft der Luftwaffe kann fast ohne jeden Einsatz von US-Bodentruppen, also fast ohne Verluste, Kriege gewinnen. Auf Bodentruppen kann man natürlich nicht ganz verzichten, doch sie werden weniger für den Angriff gebraucht als vielmehr für Aktionen gegen die demoralisierten und durch die Bomben verstörten Überlebenden dieses Schauers aus Flammen und Stahl – eine Rolle, die Söldner vor Ort wie die Nordallianz übernehmen können.

Die Schlagkraft der Luftwaffe begräbt das Vietnam-Syndrom

Was erstmals im Kosovo-Konflikt 1999 erprobt wurde, hat sich jetzt in Afghanistan bestätigt. Dieser Krieg war der letzte Nagel im Sarg des »Vietnam-Syndroms«. Nach dem wiederhergestellten Vertrauen in das, was der Militärhistoriker Russel Weigley »die Kriegsführung auf amerikanische Art« nannte – massive Feuerkraft, hoch entwickelte Technologie, totaler Sieg –, erwägt Washington nun ernsthaft dieselbe Art der Intervention in anderen Staaten, die angeblich Terroristen unterstützen und ihnen Zuflucht gewähren. Wobei der Jemen, der Sudan, Somalia und der Irak ganz oben auf der Liste stehen. Und es würde überraschen, wenn die Ereignisse in Afghanistan den Plänen für eine starke militärische Rolle der USA im Drogenkrieg in Kolumbien nicht Auftrieb gäben. Die Zeitschrift *Newsweek* berichtet, dass die kolumbianischen Behörden, die sich ein entschiedeneres Eingreifen der USA wünschen, jetzt »versuchen, die Parallelen zwischen den Taliban und den Guerillabewegungen im eigenen Land aufzuzeigen«. Zwar besteht der nicht ganz unerhebliche Unterschied, dass Afghanistan Wüste und Kolumbien Dschungel ist, aber ist dies nicht ein geringfügiges Problem, dass die amerikanische Technologie ohne allzu große Mühe lösen kann?

Das neue Mandatssystem

Zusammen mit dem wiederhergestellten Vertrauen in die Kriegsführung auf amerikanische Art gewinnen auch direkte Interventionen in die Angelegenheiten von Entwicklungsländern erneut Auftrieb. Schon vor dem 11. September wurden viele sich entwickelnde Gesellschaften, vor allem in Afrika und im Nahen Osten, als »gescheiterte Gesellschaften« bezeichnet. Robert Kaplans Aufsatz von 1994 in der Zeitschrift *The Atlantic* war nur einer von mehreren einflussreichen Artikeln, in denen nachdrücklich die Ansicht vertreten wurde, die Dekolonisation habe in Afrika und im Nahen Osten nicht zur Entstehung gefestigter politischer Systeme geführt, sondern zu einem Abstieg in die »Anarchie«, die die ganze Welt zu destabilisieren droht. Seit dem 11. September wird in Washington und London die Achtung vor der nationalen Souveränität und Selbstbestimmung weiter unterminiert, indem konservative Intellektuelle Meinungen äußern, die mächtige Staaten nicht äußern können – noch nicht. Eine einflussreiche Formulierung stammt von Paul Johnson, dem Autor des Buches »Modern Times«: »(...) die beste mittelfristige Lösung wird sein, das alte Mandatssystem des Völkerbunds wieder zu beleben, das zwischen den Kriegen als ›respektable‹ Form des Kolonialismus gute Dienste leistete. Syrien und der Irak waren einst sehr erfolgreiche Mandate. Auf ähnliche Weise waren der Sudan, Libyen und der Iran durch internationale Verträge unter spezielle Regime gestellt worden. Länder, die mit ihren Nachbarn nicht in Frieden leben können und die verdeckte Kriege gegen die internationale Gemeinschaft führen, können nicht die völlige Unabhängigkeit erwarten. Da alle ständigen Mitglieder des Sicherheitsrats jetzt, in unterschiedlichem Maße, die von den Amerikanern angeführte Initiative unterstützen, sollte es nicht weiter schwierig sein, eine neue Art von UN-Mandat zu entwickeln, dass terroristische Staaten unter Aufsicht stellt.«

Es verwundert nicht, dass nur wenige solcher Phantasien die Ursachen von extremen Reaktionen wie dem Terrorismus ansprechen: koloniale Grenzen, die post-koloniale Konflikte nach sich ziehen mussten, die fortwährende Marginalisierung der neuen Länder in einer ungerechten globalen Wirtschaftsordnung und die anhaltende Kontrolle des Nordens über Gebiete mit reichen Öl- und Gasvorkommen, um die öl- und energieintensive Zivilisation des Westens anzutreiben. Die nächste Phase in Afghanistan wird zu dem neuesten Experiment für das Neue Treuhand- bzw. Mandatssystem werden, nachdem die erste Großinitiative 1993 an Somalias Aufsässigkeit scheiterte. Die Europäische Union soll – natürlich unter britischer Führung – eine ständige Besatzungsmacht stellen, während die Vereinten Nationen hinzugezogen werden, um unter den konkurrierenden Stammesgruppen eine »parlamentarische Regierung« auszuhandeln, die das politische Vakuum füllen soll. Verfolgt man die jüngsten Entwicklungen in Afghanistan, so drängt sich der Eindruck auf, Washington handle nach dem Prinzip: unilateral bei Militäraktionen, aber multilateral beim politischen Aufbau – damit andere sich schuldig fühlen, wenn die politische Struktur zusammenbricht.

Krieg ohne Grenzen

Der Krieg gegen den Terror kennt keine Grenzen, weshalb der Krieg auch zu Hause mit derselben Heftigkeit geführt werden muss. Der 11. September war das zweite Pearl Harbour und die Regierung Bush sagt den Amerikanern, sie befänden sich gerade mitten in einem totalen Krieg wie dem Zweiten Weltkrieg. Nicht einmal der Kalte Krieg wurde mit derart totalitären Begriffen präsentiert wie der Krieg gegen den Terror. Gesetze und Verordnungen, die die Rechte der Privatsphäre und Freizügigkeit einschränken, wurden mit einer Geschwindigkeit und auf eine Art und Weise verabschiedet, die Joe McCarthy vor Neid hätten erblassen lassen. Wie David Corn im Magazin *The Nation* bemerkt, sind die USA erst seit neun Wochen im Krieg, doch es wurden bereits Gesetze verabschiedet und Durchführungsverordnungen erlassen, mit denen man geheime Militärtribunale einrichtet, um Nicht-US-Bürgern den Prozess zu machen, mit denen Einwanderer in die Nähe von Terroristen gerückt werden und die den Justizminister ermächtigen, Ausländer auf bloßen Verdacht hin zeitlich unbegrenzt zu inhaftieren. Gesetze, die den Einsatz von Lauschangriffen und geheimen Durchsuchungen ausweiten, die die Verwendung von geheimem Beweismaterial in Einwanderungsverfahren zulassen, in das Ausländer keinen Einblick erhalten und das sie nicht widerlegen können. Verordnungen, die die Vertraulichkeit in der Beziehung zwischen Rechtsanwälten und Mandanten zerstören, indem sie den Behörden das Mithören erlauben, und mit denen die Rasterfahndung nach rassischen und ethnischen Kriterien institutionalisiert wird.

Die europäischen Verbündeten der USA haben sich beeilt gleichzuziehen. Viele von ihnen nutzen das Anti-Terror-Klima, um eine ganze Reihe von Gesetzen durchzudrücken, die schon vor dem 11. September in der Schublade lagen. Anders als in den USA nehmen die Bürger und Parlamente in Europa das allerdings nicht so ohne weiteres hin – darunter überraschenderweise auch das britische Parlament, das Tony Blairs drakonischen Gesetzentwurf niederschmetterte, mit dem er der Staatsanwaltschaft erlauben wollte, jeden als Terroristen verdächtigten Ausländer festnehmen zu lassen und auf unbegrenzte Zeit zu inhaftieren.

Die US-Gesetzgebung nach dem 11. September ist nicht nur wegen ihrer innenpolitischen Auswirkungen Besorgnis erregend, sondern auch wegen ihrer internationalen Konsequenzen. Was wir hier erleben, ist die Institutionalisierung eines Regimes unilateraler Rechtsetzung: Mit dem letzten Paket von Gesetzen und Verordnungen stattet Washington sich mit der Befugnis aus, bei der Jagd auf Terroristen im Ausland nahezu alles tun zu können – wie es die US-Streitkräfte erst kürzlich demonstrierten, als sie in einem Akt, der sich von Piraterie nicht unterscheidet, im Arabischen Meer ohne Zustimmung des Kapitäns an Bord eines singapurischen Schiffes gingen, die Crew überwältigten und sich auf die vergebliche Suche nach Terroristen machten.

Wäre bei dieser Schiffsdurchsuchung ein Verdächtiger entdeckt worden, hätte das Pentagon ihn zu einem US-Militärstützpunkt, z. B. in Deutschland, bringen und ihm dort vor einem geheimen Militärgericht den Prozess machen können. Wäre er in diesem Prozess, der wesentlich geringeren Anforderungen genügt als die zivile Rechtsprechung, für schuldig befunden worden, so hätte er in die USA verlegt werden können, wo er erschossen oder inhaftiert worden wäre. Für die USA ist eine Kooperation der Staaten, auf deren Territorium Terroristen verhaftet werden, nett, aber nicht unbedingt nötig.

Deus ex machina

Im klassischen Drama wäre der 11. September der Deus ex machina – eine Kraft oder ein Ereignis von außen, das ein ungewisses Schicksal zu Gunsten eines der Protagonisten wendet. Angesichts der historischen Konstellation vor dem 11. September war die Al-Qaida-Aktion in New York ein Geschenk für die USA und das globale Establishment. Nur wenige Wochen zuvor waren mehr als 300.000 Menschen durch Genua marschiert, in der bis dahin größten Kräfteschau der Bewegung gegen die von Unternehmen gesteuerte Globalisierung, einer Bewegung, die mit den Demonstrationen in Seattle, Washington D.C., Chiang Mai, Prag, Nizza, Porto Alegre, Honolulu und Göteborg immer stärker geworden war. Die Proteste in Genua unterstrichen die Tatsache, dass die Schlüsselinstitutionen der globalen Wirtschaftskontrolle – der Internationale Währungsfonds (IWF), die Weltbank und die Welthandelsorganisation (WTO) – ihre Legitimität völlig eingebüßt hatten, ebenso wie die Doktrin der Liberalisierung, Deregulierung und Privatisierung, die unter der Rubrik neoliberale Volkswirtschaften bzw. »Washington-Konsens« daherkamen. Diese Aushöhlung der Glaubwürdigkeit wurde durch eine Verkettung von Desastern bewirkt, darunter die Finanzkrise in Asien, die Katastrophe der in Zeitlupe ablaufenden Strukturanpassung in Afrika und Lateinamerika sowie die Ausbreitung der Finanzkrise, zuerst nach Russland und Brasilien und dann nach Argentinien.

Was die Legitimationskrise der global-kapitalistischen Schlüsselinstitutionen so brisant machte, ist, dass sie mit einer grundlegenden Strukturkrise der globalen Wirtschaft überlappte. Die Hauptmerkmale dieser Strukturkrise waren die industrielle Überproduktion, die zunehmende Monopolisierung als Mittel gegen den Fall der Profitrate und die unregulierten Spekulationsaktivitäten auf den Finanzmärkten. Als Ende 2000/Anfang 2001 4,6 Billionen US-$ an industriellem Reichtum – was der Hälfte des BIP der USA entspricht – an der Börse ausgelöscht wurden, ging die New Economy unter und eine Rezession brach aus. Die globale Reichweite der Rezession und ihr Ausmaß haben den Begriff »synchroner Abschwung« entstehen lassen. Gemeint ist ein Prozess, der dadurch ausgelöst wurde, dass die Volkswirtschaften infolge der weltweiten Liberalisierung des Handels, der Investitionen und Finanzen heute eng miteinander verzahnt sind.

Da sich die Versprechungen der Globalisierung, für Wohlstand zu sorgen, die Armut abzuschaffen und die Ungleichheit zu mindern, in Luft auflösten, war es nicht überraschend, dass die Antiglobalisierungskräfte »Oberwasser bekommen hatten«, wie es der Pro-Globalisierungs-Wirtschaftswissenschaftler C. Fred Bergsten der Trilateralen Kommission gegenüber ausdrückte.

Im Übrigen wurden vor dem 11. September nicht nur die Institutionen der globalen Wirtschaftskontrolle von einer Aushöhlung ihrer Legitimation heimgesucht, sondern auch die Institutionen der politischen Kontrolle im Norden, insbesondere in den USA. Immer mehr Amerikaner erkannten allmählich, wie ihre liberale Demokratie so durch und durch von der Politik des Firmengeldes korrumpiert worden war, dass man sie mit Recht als Plutokratie bezeichnen konnte. Im US-Präsidentschaftswahljahr 2000 konzentrierte Senator John McCain seinen Wahlkampf um die Nominierung zum Präsidentschaftskandidaten auf ein Thema: die Reform eines Wahlsystems, das wie kein anderes auf der Welt von Großunternehmen beherrscht wird.

Dass der vom Big Business favorisierte Kandidat Bush nicht die Mehrheit der Stimmen der Wählerschaft – und einigen Studien zufolge auch nicht die Mehrheit der Wahlmännerstimmen – erreichte und dennoch Präsident der mächtigsten liberalen Demokratie der Welt wurde, trug nicht dazu bei, das Ansehen eines politischen Systems zu stützen, von dem viele Beobachter schon sagten, es befände sich in einem Zustand des »kulturellen Bürgerkrieges« zwischen Konservativen und Liberalen, einer Polarisierung mit etwa der Hälfte des Landes auf jeder Seite des Grabens.

Eine Wendung des Schicksals

Obwohl sie das tiefe Unrechtsgefühl verstehen, das gewöhnliche Menschen zu Terroristen werden lässt, haben Progressive den Terrorismus schon immer verurteilt, nicht nur weil er unschuldige Leben kostet, sondern auch weil er der Konterrevolution die Tür öffnet. In der Tat haben sich die Ereignisse nach dem 11. September gemäß dem historischen Drehbuch entwickelt.

Der Rauch aus den Ruinen des World Trade Centers war noch immer beißend und dick, als der US-Handelsbeauftragte Robert Zoellick die sich bietende Gelegenheit ergriff, um der Globalisierung wieder Schwung zu geben. Mit dem Argument, die Liberalisierung müsse beschleunigt werden, um dem Schlag vom 11. September gegen die Weltwirtschaft entgegenzuwirken, pressten Zoellick, der EU-Handelskommissar Pascal Lamy und der WTO-Generaldirektor Mike Moore auf der vierten Ministerialkonferenz der WTO im letzten November in Doha, Katar, den Entwicklungsländern die Zustimmung zu einer neuen Phase der Handelsliberalisierung ab. Die Doha-Erklärung richtete die Lokomotive der Handelsliberalisierung, d. h. die WTO, nach ihrer Entgleisung in Seattle wieder auf und setzte sie in Bewegung.

Auch IWF-Direktor Horst Köhler und Weltbank-Präsident Jim Wolfensohn erkannten den Krieg als eine Chance, ihre Institutionen aus der Krise zu führen. Köhler hat freudig kooperiert, indem er den Währungsfonds in einen Bestandteil des Washingtoner Gesamtprogramms umwandelte, um jetzt strategisch wichtige Staaten wie Pakistan und Indonesien zu unterstützen, während ein strategisch unwichtiges Land wie Argentinien, dem der unmittelbare Bankrott bevorsteht, im Regen stehen bleibt. Jim Wolfensohn seinerseits, dessen Präsidentschaft und Institution durch Kritik von Links und Rechts bedroht war, hat den 11. September zum Anlass genommen, die Weltbank als wichtigsten Partner des Pentagon im Krieg gegen den Terrorismus in den Vordergrund zu rücken. Sie spielt darin die »weiche« Rolle, die Armut, den Nährboden des Terrorismus, zu bekämpfen, während das Pentagon die »harte« Rolle übernimmt, die Terroristen wegzubomben.

Was die Krise der politischen Herrschaft in den USA betrifft, hat der 11. September George W. Bush von einem Minderheitspräsidenten, dessen Partei die Mehrheit im Senat verloren hatte, zum vielleicht mächtigsten US-Präsidenten in der jüngeren Vergangenheit gemacht – und zu einem, dessen

Amtsführung laut einer Meinungsumfrage der *New York Times* zwischenzeitlich bei 86 % der Bevölkerung Zustimmung findet. Fast acht von zehn Amerikanern unterstützen seine Politik der zeitlich unbegrenzten Inhaftierung von Nicht-US-Bürgern, die im Verdacht stehen, eine Gefahr für die nationale Sicherheit zu sein. Und sieben von zehn unterstützen das behördliche Abhören von Gesprächen zwischen Rechtsanwälten und ihren Mandanten.

Die Linken haben sich völlig einschüchtern lassen. So billigte etwa die liberale Harvard-Koryphäe Laurence Tribe den Einsatz von Militärtribunalen und die zeitlich unbegrenzte Inhaftierung von über 1.200 Menschen, während sein gleichermaßen berühmter Kollege Alan Dershowitz »vorgeschlagen hat, dass der Einsatz von Folter gerechtfertigt sein könne, sofern eine richterliche Anordnung dafür vorliege«, wie in *The Nation* zu lesen war. Selbst Richard Falk von der Princeton University, eine Ikone des linken Liberalismus, fühlte sich anfangs genötigt, Bushs Krieg als einen »gerechten Krieg« zu bezeichnen, was er inzwischen gottlob zurückgenommen hat.

Von Locke zu Hobbes

Die Schäden an der politischen Psyche und dem politischen System der USA könnten weit reichend sein. Die Amerikaner haben sich oft damit gebrüstet ein politisches System zu haben, dessen Rolle darin bestehe, die individuelle Freiheit auf die von John Locke und Thomas Jefferson vorgegebene Weise zu maximieren und zu schützen. Diese Locke'sche-Jefferson'sche Tradition wurde in den letzten Wochen unsanft über den Haufen geworfen, als die Amerikaner dazu gedrängt wurden, der Regierung im Namen von Ordnung und Sicherheit weit reichende neue Befugnisse über das Individuum einzuräumen. Statt in Richtung Zukunft, hat Amerikas eingeschränkte Demokratie sich in ihrer Inspiration von Locke des 17. Jahrhunderts zu Hobbes des 16. Jahrhunderts zurückentwickelt. Hobbes vertrat in seinem Meisterwerk »Leviathan« die Ansicht, die Bürger schulden einem Staat, der ihnen die Sicherheit von Leib und Leben garantiert, die bedingungslose Loyalität.

Das Ausmaß, in dem Angriffe auf traditionelle Freiheitsrechte jetzt ungestraft stattfinden können, zeigte sich kürzlich, als Justizminister John Ashcroft Kritiker der Sicherheitsmaßnahmen als Angstmacher bezeichnete, »die friedensliebende Menschen mit Phantomen vom Verlust der Freiheit erschrecken [und] den Terroristen helfen«. Dass der liberale demokratische Senator, an den er diese Bemerkung bei einer Senatssitzung richtete, darauf nicht zu antworten wagte, macht deutlich, wie geschickt die Konservativen den Kampf gegen die Terroristen einsetzen, um den eigentlichen Krieg an der Heimatfront zu gewinnen, nämlich den Krieg gegen Linke und Progressive.

Kampf für die Zukunft

Die Anti-Globalisierungsbewegung, die sich vor dem 11. September im Aufwind befand, kämpft jetzt verzweifelt darum, wieder an Boden zu gewinnen. Drei Entwicklungen sind besonders bedrohlich: Erstens hat die Polizei, die für ihre Provokationen und Praktiken in Genua an den Pranger gestellt worden war, ihr Selbstvertrauen wiedergewonnen, da sich im neuen Kontext Einschränkungen politischer Grundrechte einer größeren öffentlichen Akzeptanz erfreuen. Die neue Aggressivität der Polizei wurde während des IWF-Weltbank-Treffens am 18. und 19. November 2001 in Ottawa deutlich zur Schau gestellt. Kanadische Polizisten in voller Kampfausrüstung stürzten, ohne provoziert worden zu sein, vor den Augen der Presse auf einen friedlichen Anti-Globalisierungsprotest. Sie nahmen junge Demonstranten fest, die nichts anderes taten, als friedlich zu marschieren.

Zweitens ist die Definition von »Terrorist«, wie sie in der europäischen und der amerikanischen Gesetzgebung verwendet wird, so vage, dass sie sich auch auf gewaltlose Gruppierungen anwenden lässt, die für zivilen Ungehorsam – eine wesentliche Waffe der Bewegung – eintreten, oder auf Gruppierungen, die auf symbolische Art nur leichten Sachschaden anrichten.

Drittens bringen es die großen Anti-Globalisierungsveranstaltungen mit sich, dass hunderttausende Menschen gleichzeitig über die Grenzen wollen. Dies kann nun unter Berufung auf die neue Gesetzgebung leicht vereitelt werden, mit der die willkürliche Befragung, Inhaftierung, Ausweisung oder Einreiseverweigerung für Ausländer legalisiert wurde, und zwar schlicht durch den Verdacht, sie seien Terroristen, Terroristenunterstützer oder Terroristen-Sympathisanten. Kurz gesagt kann jeder, wenn es genehm ist, mit dem Terrorismus in Verbindung gebracht werden.

All dies summiert sich zu einem ernüchternden Effekt auf die Massenproteste, wobei die Behörden und vorherrschenden Medien es nur zu gern sehen, wenn sich die digitalen Bilder von terroristischen Anschlägen in der öffentlichen Meinung mit dem militanten, aber friedlichen zivilen Ungehorsam der Anti-Globalisierungsaktivisten vermischen.

Darth Vader oder Luke Skywalker?

Washington genießt seinen Triumph. Aber während es das Image heraufbeschwört, Amerika sei Luke Skywalker, der das afghanische Volk von einer repressiven Taliban-Herrschaft befreit, erscheint Amerika einem Großteil der Dritten Welt eher wie Lukes Gegenspieler, der teuflische Darth Vader, wie John Lloyd von der *Financial Times* es ausdrückt. In der Tat verstärkt die amerikanische Kriegsführung diesen Eindruck, wenn der Tod aus einer unsichtbaren, entfernten Hand herabregnet. Es steckt viel Wahrheit in dem Kommentar vom *Newsweek*-Journalisten John Barry, dass die Amerikaner mit ihrer zermürbend präzisen Bombenschlacht »vielen Taliban als Wesen von einem anderen Planeten erschienen sein müssen: irgendwo da draußen, im Himmel oder hinter dem Horizont, eine den Verstand übersteigende Macht«. Für den Rückschlag des Imperiums im Afghanistankrieg hätte Georg Lucas kein besseres Drehbuch schreiben können.

Eins ist jedoch sicher: Imperien rufen immer Widerstand hervor. Man kann in der Tat argumentieren, dass die USA zwar eine weitere Schlacht gewonnen haben, ihre strategische Position im Nahen und Mittleren Osten sowie in Südasien durch eben diesen Konflikt aber unterminiert wurde. In Pakistan könnte es jetzt zu einem fundamentalistischen Regime kommen. Die von Washington unterstützte Feudal-Elite in Saudi-Arabien ist stärker von den Massen isoliert als je zuvor, wobei eine kritische Masse von saudischen Jugendlichen bin Laden als einen Helden sieht – was die USA mit der Aussicht konfrontiert, letztlich als Polizeikraft dienen zu müssen, um die Elite vor ihrem Volk zu retten. Mit dem Bombardement Afghanistans und der starken Neigung der Bush-Regierung zu Israel setzt sich vom muslimischen Nordafrika bis zum muslimischen Indonesien eine tiefe Wut gegen die USA und den Westen fest. Sie schafft den Nährboden für eine Ausweitung der Bewegungen, deren Ziel es ist, den mit der USA verbündeten Staaten Macht abzuringen.

Wird die hoch entwickelte Technologie oder die Volksmobilisierung der entscheidende Faktor in diesem epochalen Kampf um Freiheit, Gerechtigkeit und Souveränität der Völker des

Südens gegen das Imperium sein? Wird das Ergebnis Afghanistan oder Vietnam sein? Wird Darth Vader oder Luke Skywalker überleben? Das Kampfgericht hat noch nicht entschieden und wird auch noch einige Zeit brauchen.
Was die Anti-Globalisierungsbewegung angeht, so kann sich der 11. September noch als ein vorübergehender Wendepunkt erweisen, aus dem sie Stärke bezieht. Die massiven Straßenproteste, die die großen Versammlungen der globalen Elite, wie die IWF-Treffen und G8-Gipfel, begleiteten, haben jetzt die Grenzen ihrer Wirksamkeit erreicht, und das kann die Bewegung sehr wohl dazu bringen, innovative Ansätze zu entwickeln, die Massenaktionen, Gesetzes- und parlamentarische Initiativen zu einer Gesamtstrategie verbinden. Wenn man in der Situation nach dem 11. September einen deutlichen Silberstreifen am Horizont erkennen kann, dann aus dem Umstand, dass drei Bewegungen, die vorher getrennte Wege gingen – die Friedensbewegung, die Menschenrechtsbewegung und die Anti-Globalisierungsbewegung –, jetzt eine engere Zusammenarbeit für entscheidend halten. Dies ist eine hochwirksame Allianz. Sie kann maßgeblich dazu beitragen, die Wechselbeziehung der Kräfte mittel- und langfristig zu ändern, wenn die ausgrenzenden, marginalisierenden und repressiven Vorstöße des globalen Systems sich weiterhin unerbittlich geltend machen. Die Wächter und Propagandisten des Imperiums verkünden den Sieg zu früh. Um die Zweite-Weltkriegs-Metaphorik zu übernehmen, derer sich George W. Bush, Donald Rumsfeld und John Ashcroft in diesen Tagen so gern bedienen: Wir sind nicht im Jahr 1945, Leute, sondern im Jahr 1941.

Walden Bello ist Direktor von Focus on the Global South in Bangkok und Soziologieprofessor der University of the Philippines. Er ist Autor zahlreicher Bücher, zuletzt »The Future in the Balance. Essays on Globalization and Resistance«, Food

First and Focus on the Global South, May 2000. w.bello@focusweb.org

Dieser Aufsatz wurde erstmals im Rundbrief der Organisation Focus on the Global South im Dezember 2001 veröffentlicht.

Eine Welt ohne Krieg

Noam Chomsky

Ich möchte meinen Beitrag mit ein paar Gemeinplätzen beginnen. So dürfte es kaum eine Neuigkeit sein, dass wir in einer Welt des Konflikts und der Konfrontation leben. Es existieren die verschiedensten Dimensionen und Vielschichtigkeiten, aber in den letzten Jahren wurden recht scharfe Grenzen gezogen. Um es einmal etwas zu vereinfachen, stehen auf der einen Seite dieses Konfliktes die konzentrierten Machtzentren, staatliche und private, die eng miteinander verknüpft sind. Die andere Seite ist die allgemeine Bevölkerung auf der ganzen Welt. In altmodischen Begriffen würde das »Klassenkampf« heißen.

Die konzentrierte Macht führt einen unerbittlichen und sehr selbstbewussten Krieg. Regierungsdokumente und Veröffentlichungen der Geschäftswelt offenbaren, dass es sich bei den Autoren meist um Vulgärmarxisten handelt, natürlich mit umgekehrten Werten. Sie haben aber auch Angst, denn ihnen ist bewusst, dass ihr Herrschaftssystem anfällig ist, dass es darauf beruht, die Bevölkerung auf die eine oder andere Weise zu disziplinieren. Daher wird fieberhaft nach Anlässen gesucht, dies zu tun: In den letzten Jahren waren das Kommunismus, Kriminalität, Drogen, Terrorismus und anderes. Die Vorwände sind immer wieder andere, aber die Taktik bleibt mehr oder weniger die gleiche. Sie ergreifen natürlich jede Gelegenheit, um ihr Programm weiter voranzutreiben. Der 11. September ist dafür ein typisches Beispiel. Krisen ermöglichen es, Angst und Sorge in einer Weise auszunutzen, dass der Gegner sich unterwürfig, gehorsam, still und ängstlich verhält, während die Mächtigen die Gelegenheit ergreifen, die eigenen Pläne mit noch größerer Intensität zu verfolgen. Die Mittel dazu sind abhängig von der jeweiligen Gesellschaft: In den brutaleren Staaten eskalieren Repression und Terror; in Gesellschaften, in denen die Bevölkerung sich mehr Freiheiten erkämpft hat, werden andere Maßnahmen zur Disziplinierung ergriffen, während Reichtum und Macht in noch stärkerem Maße in die Hände der Mächtigen verschoben werden. Für die letzten Monate lassen sich leicht Beispiele dafür aus der ganzen Welt aufzählen.

Die Opfer sollten auf alle Fälle Widerstand gegen diese vorhersehbare Ausnutzung von Krisen leisten, sie sollten ihre Anstrengungen – ebenso unerbittlich – auf die Hauptprobleme konzentrieren, die nach wie vor die gleichen sind: z. B. zunehmender Militarismus, Zerstörung der Umwelt sowie ein weit reichender Anschlag auf Demokratie und Freiheit, der Kern »neoliberaler« Programme.

Der augenblickliche Konflikt wird durch das Weltsozialforum in Porto Alegre und das Weltwirtschaftsforum in New York symbolisiert. Das Weltwirtschaftsforum ist – um die überregionale Presse in den USA zu zitieren – ein Treffen der »Macher und Erneuerer«, der »Reichen und Berühmten«, der »Zauberer aus aller Welt«, der »Staatsoberhäupter und Konzernchefs, Staatsminister und kirchlichen Würdenträger, Politiker und Experten«, die »sich tief schürfende Gedanken machen« und »die großen Probleme der Menschheit« angehen. Auch das »Anti-Forum« in Brasilien wird erwähnt, wo 50.000 Menschen erwartet werden. Das sind »die Freaks, die sich versammeln, um gegen die Treffen der Welthandelsorganisation zu protestieren«. Über diese Freaks erfährt man mehr durch das Foto eines verwahrlost aussehenden Typen mit maskiertem Gesicht, der »world killers« auf eine Mauer schreibt. Auf ihrem »Karneval«, wie häufig geschrieben wird, schmeißen die Freaks Steine, malen Graffitis, tanzen und singen Lieder über eine Reihe langweiliger Themen. Themen, über die man nicht spricht, jedenfalls nicht in den USA:

Investitionen, Handel, Finanzstrukturen, Menschenrechte, Demokratie, nachhaltige Entwicklung, das Dienstleistungsabkommen GATS und andere unbedeutende Fragen. Sie machen sich keine »tief schürfenden Gedanken« zu »großen Problemen«; das bleibt den Zauberern von Davos in New York überlassen.

Ich nehme an, diese infantile Rhetorik ist ein Zeichen verdienter Unsicherheit. Die Freaks des »Anti-Forums« werden als »Gegner der Globalisierung« bezeichnet, ein Propaganda-Schlagwort, das wir voller Verachtung von uns weisen sollten. In Wirklichkeit ist das WSF die aufregendste und verheißungsvollste Umsetzung der Hoffnungen von Linken und Bürgerbewegungen auf eine echte Internationale, die ein Programm für eine Globalisierung verfolgen wird, bei der es um die Bedürfnisse und Interessen der Mehrheit der Menschen geht und nicht um unrechtmäßige Machtkonzentrationen. Die Mächtigen aber wollen sich den Begriff »Globalisierung« für ihre ureigenste Version von internationaler Integration reservieren, bei der es nur um ihre eigenen Interessen geht, wobei die der übrigen Menschen aber nebensächlich sind.

Die Zauberer von Davos nennen sich bescheiden die »internationale Gemeinschaft«, ich persönlich ziehe aber die Formulierung »the masters of the universe« vor, die das weltweit führende Wirtschaftsblatt »Financial Times« geprägt hat. Zwischen diesen Herrschern des Universums und unserem aktuellen Thema »Eine Welt ohne Krieg« besteht ein enger Zusammenhang. Es gibt nicht viel, das man mit einiger Gewissheit über die menschlichen Angelegenheiten sagen kann, aber manches ist doch recht deutlich. Zum Beispiel können wir ziemlich sicher sein, dass es entweder eine Welt ohne Krieg geben wird oder gar keine Welt – beziehungsweise eine, die nur noch von Bakterien, Insekten und vielleicht einigen anderen Spezies bewohnt wird. Der Grund dafür ist bekannt: Die Menschen haben Mittel entwickelt, mit denen sie sich selbst und noch vieles andere zerstören können, und seit einem halben Jahrhundert sind sie gefährlich nahe dran, diese Mittel einzusetzen. Überdies sind die Führungsfiguren der zivilisierten Welt damit beschäftigt, diese Gefahren für das Überleben noch zu vergrößern. Und zwar im vollen Bewusstsein dessen, was sie da tun, jedenfalls wenn sie die Berichte ihrer eigenen Geheimdienste und angesehenen strategischen Experten lesen. Viele befürworten nachdrücklich diesen zerstörerischen Wettlauf. Noch bedrohlicher ist, dass diese Pläne aus Gründen entwickelt und umgesetzt werden, die innerhalb des herrschenden Rahmens von Ideologie und Werten durchaus rational erscheinen, denn Überleben rangiert dort weit hinter dem Ziel »Hegemonie«, wie die Befürworter dieser Programme offen eingestehen.

Es ist nicht unwahrscheinlich, dass es in Zukunft Kriege um Wasser, Energie und andere Ressourcen geben könnte; sie hätten wahrscheinlich verheerende Folgen. Allerdings wurden und werden Kriege meist geführt, um ein nationalstaatliches System zu etablieren, ein unnatürliches soziales Gebilde, das in der Regel nur mit Gewalt errichtet werden kann. Aus diesem Grund war Europa viele Jahrhunderte lang der brutalste Teil der Welt, während es gleichzeitig den Großteil der Welt eroberte. Die Bemühungen Europas, den eroberten Territorien eine staatliche Ordnung aufzuzwingen, sind nach dem Zusammenbruch des offiziellen Kolonialsystems die Ursache für die meisten der heutigen Konflikte. Europas eigener Lieblingssport des gegenseitigen Abschlachtens musste 1945 aufgegeben werden, als klar wurde, dass das nächste Spiel dieser Art zugleich auch das letzte sein würde. Eine weitere Voraussage, die wir mit einiger Gewissheit machen können, ist, dass es zwischen den Großmächten zu keinem Krieg kommen wird. Nicht zuletzt, weil dann niemand mehr da wäre, der uns das mitteilen könnte, wenn sich diese Voraussage als falsch erweisen sollte.

Außerdem hatte und hat auch die Bürgerbewegung in den reichen und mächtigen Gesellschaften eine zivilisierende Wirkung. Die »Macher und Erneuerer« können nicht mehr solche langfristigen Kriege beginnen wie früher, wie z. B. vor 40 Jahren, als die USA Vietnam angriffen und größtenteils zerstört hatten, bevor sich nennenswerter öffentlicher Protest entwickelte. Zu den vielen zivilisierenden Effekten der Unruhen in den 1960er Jahren gehört auch die breite Opposition gegen groß angelegte Aggressionskriege und Massaker. Was das herrschende ideologische System jedoch als Weigerung ausgibt, Verluste bei den eigenen Streitkräften hinzunehmen (»Das Vietnam-Syndrom«). Deshalb griffen die Politiker der Reagan-Ära auf den internationalen Terrorismus zurück, anstatt nach dem Kennedy-Johnson-Modell direkt in Lateinamerika einzumarschieren. Einen Krieg, den die School of the Americas stolz als Niederschlagung der Befreiungstheologie beschrieb. Eben diese Veränderungen erklären auch die Ausführungen des Geheimdienstes zum Amtsantritt der Regierung Bush I 1989, wo davor gewarnt wurde, dass die USA bei Konflikten mit »viel schwächeren Gegnern« – die einzige Art von Gegnern, wo noch Konfrontation sinnvoll sei – »diese entschieden und schnell besiegen« müssten, andernfalls würde die Kampagne an »politischem Rückhalt« verlieren, der ohnehin als gering eingeschätzt wurde. Diesem Muster sind die Kriege seither gefolgt und das Ausmaß an Protest und Ablehnung hat stetig zugenommen. Es gibt also Veränderungen, und zwar verschiedener Art.

Wenn Vorwände entfallen, muss man sich neue einfallen lassen, um die allgemeine Bevölkerung, das »große Ungeheuer«, zu bändigen, wobei die herkömmliche Taktik beibehalten und an die neuen Umstände angepasst wird. Dies wurde schon vor 20 Jahren deutlich. Es war nicht zu übersehen, dass der sowjetische Feind innenpolitische Probleme hatte und vielleicht nicht mehr lange als glaubhafte Bedrohung dienen würde. Dies erklärt zum Teil, warum die Reagan-Regierung vor 20 Jahren den »Krieg gegen den Terror« in den Mittelpunkt der US-amerikanischen Außenpolitik gerückte. Besonders in Mittelamerika und im Nahen Osten seien die Hauptquellen der Seuche zu finden, die von »verderbten Gegnern der Zivilisation« durch »ihre Rückkehr zur Barbarei mitten in der Neuzeit« verbreitet werde. So Außenminister George Shultz, der gleichzeitig auch Gewalt als einzige Lösung beschwor, wobei »utopische, legalistische Möglichkeiten wie Vermittlung von dritter Seite, dem Internationalen Gerichtshof oder den Vereinten Nationen« zu vermeiden seien. Wir brauchen nicht näher darauf einzugehen, wie der Krieg in diesen beiden und in anderen Regionen mit Hilfe des außerordentlichen Netzwerks von Stellvertreterstaaten und Söldnern geführt wurde – der »Achse des Bösen«, um einen etwas aktuelleren Begriff zu benutzen.

Es ist interessant, dass in den Monaten nach dem 11. September, als der Krieg mit ähnlicher Rhetorik von neuem erklärt wurde, all dies vollständig in Vergessenheit geriet. Selbst die Tatsache wurde unterschlagen, dass die USA vom Internationalen Gerichtshof und vom Sicherheitsrat (mit Veto) aufgrund internationalem Terrorismus verurteilt worden waren – worauf die USA mit einer Eskalation der terroristischen Attacken reagierten, die sie eigentlich einstellen sollten. Oder die Tatsache, dass genau die Leute, die den neuerlich erklärten Krieg gegen den Terrorismus militärisch und diplomatisch leiten, während der ersten Phase an den terroristischen Gräueltaten in Mittelamerika und im Nahen Osten als Führungspersonen beteiligt waren. Das Schweigen über diese Dinge ist ein echter Tribut an die Disziplin und den Gehorsam der gebildeten Schichten in den freien und demokratischen Gesellschaften.

Es ist abzusehen, dass der »Krieg gegen den Terror« in den kommenden Jahren wieder als Vorwand für Interventionen und Gräueltaten herhalten wird, und zwar nicht nur von Seiten der USA; Tschetschenien ist nur eins von vielen anderen Beispielen. Was das für Lateinamerika bedeutet, insbesondere für Brasilien, der ersten Zielscheibe der Welle von Repressionen, die nach der Kennedy-Regierung über Lateinamerika hinwegrollte, muss nicht ausdrücklich erwähnt werden. In einem historisch bedeutsamen Beschluss wurde damals der Auftrag des lateinamerikanischen Militärs von der »Verteidigung der südlichen Hemisphäre« in »innere Sicherheit« umgemünzt – ein Euphemismus für Staatsterror gegen die einheimische Bevölkerung. Dies setzt sich in großem Stil weiter fort, besonders in Kolumbien, das in den 1990er Jahren in Bezug auf Menschenrechtsverletzungen mit Abstand an der Spitze auf der südlichen Halbkugel stand und einem konsequenten Muster folgend bei weitem die meisten Waffen und umfangreichste militärische Ausbildung von den USA erhält. Über den »Krieg gegen den Terror« wurde natürlich enorm viel geschrieben, sowohl während der ersten Phase in den 1980er Jahren als auch in den letzten Monaten seit der erneuten Kriegserklärung. Ein interessantes Merkmal dieser Flut von Kommentaren – damals wie heute – ist, dass uns nicht erklärt wird, was »Terror« eigentlich ist. Stattdessen bekommen wir zu hören, dass dies eine irritierende und komplexe Frage sei. Das ist allerdings eigenartig, denn es gibt in den offiziellen US-Dokumenten klare Definitionen. Eine davon sieht Terror als den »vorsätzlichen Einsatz von Gewalt oder Gewaltandrohung, um Ziele zu erreichen, die ihrer Natur nach politisch, religiös oder ideologisch sind...« Dies scheint zwar recht treffend zu sein, kann aber nicht benutzt werden, weil sie auch auf die als »Aufstandsbekämpfung« oder »Konflikt mit geringer Intensität« bezeichnete offizielle Politik zutreffen würde.

Das Problem, eine Definition für »Terror« zu finden, die gleichzeitig die offensichtlichsten Fälle von Terror ausnimmt, ist in der Tat irritierend und komplex. Aber glücklicherweise gibt es da die simple Lösung, »Terror« einfach als den Terror zu definieren, den »sie« gegen »uns« ausüben. Eine Durchsicht der wissenschaftlichen Literatur, der Medien und auch der wissenschaftlichen Zeitschriften über Terror zeigt, dass diese Definition nahezu ausnahmslos übernommen wird und dass jegliche Abweichung davon eindrucksvolle Wutanfälle auslöst. Außerdem scheint sie universell verwendbar zu sein: So schützten die Generäle in Südamerika die Bevölkerung vor dem »Terror von außen«, genau wie die Japaner es in der Mandschurei oder die Nazis im besetzten Europa taten. Sollte es da eine Ausnahme geben, habe ich sie jedenfalls nicht entdeckt.

Kommen wir auf die »Globalisierung« zurück und auf den Zusammenhang zwischen ihr und der Bedrohung durch den Krieg, möglicherweise einen alles vernichtenden Krieg.

Man könnte sich fragen, warum der öffentliche Widerstand gegen die »Globalisierung« schon seit Jahren so groß ist. Das erscheint umso befremdlicher in einer Zeit, in der sie zu nie da gewesenem Wohlstand geführt hat, wie uns ständig gesagt wird, besonders in den USA mit ihrer »märchenhaften Wirtschaft«. Man räumt zwar ein, dass es auch Schwächen gibt: Einige blieben bei diesem Wirtschaftswunder auf der Strecke, und nun müssen wir, die Gutherzigen, natürlich etwas dagegen unternehmen. Diese Schwachstellen spiegeln ein schwieriges und beunruhigendes Dilemma wider: Das schnelle Wachstum und der Wohlstand durch die »Globalisierung« bringen eine wachsende Ungleichheit mit sich, denn einigen Menschen fehlt offenbar die Fähigkeit, die wundersamen Geschenke und Möglichkeiten zu nutzen.

Diese Vorstellung ist so verbreitet, dass vielleicht nur schwer zu erkennen ist, wie wenig sie mit der Wirklichkeit zu tun hat. Das heißt mit Fakten, die während des gesamten Wirtschaftswunders sehr wohl bekannt waren. Bis zum kurzen Mini-

Boom der späten 1990er Jahre (der die meisten Leute kaum für die vorangegangene Stagnation bzw. den Abschwung entschädigte) war das Pro-Kopf-Wachstum der »wilden 1990er Jahre« in den USA ungefähr so hoch wie in den übrigen Industrieländern. Es war weit geringer als in den ersten 25 Jahren nach dem Zweiten Weltkrieg vor der so genannten »Globalisierung« und bei weitem niedriger als in den Kriegsjahren, dem größten Wirtschaftsboom in der amerikanischen Geschichte, unter einem der Planwirtschaft ähnlichem Wirtschaftssystem. Wie kommt es also, dass die herkömmliche Vorstellung sich so radikal von den unumstrittenen Tatsachen unterscheidet? Die Antwort könnte gar nicht einfacher sein: Für einen kleinen Teil der Gesellschaft waren die 1990er Jahre wirklich ein eindrucksvoller wirtschaftlicher Aufschwung. Und zu diesem Teil gehören diejenigen, die den anderen die freudige Botschaft überbringen. Sie können nicht einmal der Unehrlichkeit bezichtigt werden, denn sie haben keinen Grund, an dem zu zweifeln, was sie sagen. Sie lesen es ständig in den Blättern, für die sie schreiben, und es stimmt mit ihrer persönlichen Erfahrung überein. Es gilt für die Leute, die man in Redaktionen, in Universitätskreisen oder auf Elite-Konferenzen und in den eleganten Restaurants trifft, wo sie dinieren. Nur dass die Welt dort eine andere ist.

Werfen wir einen kurzen Blick auf die Vorgeschichte. Die internationale wirtschaftliche Integration – eine Facette der »Globalisierung«, und zwar im neutralen Sinne des Wortes – nahm vor dem Ersten Weltkrieg rapide zu, stagnierte oder verringerte sich während der Zwischenkriegsjahre, gewann nach dem Zweiten Weltkrieg erneut an Kraft und erreicht heute wieder ungefähr das Niveau von vor einem Jahrhundert; im Einzelnen ist dieser Verlauf natürlich komplexer strukturiert.

Aus einer eher technischen Perspektive kann man »Globalisierung« als die weltweite Angleichung von Löhnen und Preisen verstehen. Von einer Verwirklichung dessen kann allerdings überhaupt nicht die Rede sein. In Bezug auf das Einkommen jedenfalls ist eher das Gegenteil der Fall. Obwohl viel davon abhängt, wie man Ungleichheit genau misst, spricht vieles dafür, dass sie innerhalb von Ländern und auch zwischen den Ländern zugenommen hat. Dieser Trend wird vermutlich weiter anhalten. Die Geheimdienste der USA haben unter Mitarbeit von Experten aus der Wissenschaft und dem privatwirtschaftlichen Sektor vor kurzem Prognosen für das Jahr 2015 veröffentlicht. Es wird erwartet, dass die »Globalisierung« ihren Kurs beibehält: »Ihre Entwicklung wird schwankend sein, gezeichnet von chronischer finanzieller Unbeständigkeit und einer sich weitenden wirtschaftlichen Kluft.« Das bedeutet weniger Angleichung, weniger Globalisierung im technischen Sinne, aber mehr Globalisierung in dem bevorzugten doktrinären Sinn. Finanzielle Unbeständigkeit impliziert ein noch langsameres Wachstum, mehr Krisen und mehr Armut.

Und genau an diesem Punkt liegt der Zusammenhang zwischen »Globalisierung« im Sinne der Herrscher des Universums und der wachsenden Wahrscheinlichkeit eines Krieges. Die militärischen Planer gehen von denselben Voraussetzungen aus und haben unverblümt erklärt, dass eben diese Erwartungen der gewaltigen Expansion des Militärs zugrunde liegen. Schon vor dem 11. September überstiegen die Militärausgaben der USA die ihrer Verbündeten und Feinde zusammen genommen. Die Terrorattacken wurden benutzt, um die Gelder für das Militär nochmals erheblich zu erhöhen, was die wichtigsten Sektoren der Privatwirtschaft erfreut. Das bedrohlichste Vorhaben aber ist die Militarisierung des Weltraums, die ebenfalls unter dem Vorwand, den Terror zu bekämpfen, vorangetrieben wird.

Bereits in Dokumenten aus der Clinton-Ära wurden öffentlich die Argumente für diese Programme dargelegt. Ein

Hauptgrund ist die wachsende Kluft zwischen den »Besitzenden« und den »Besitzlosen«, die sich entgegen der Wirtschaftstheorie, aber der Realität entsprechend vermutlich weiter verbreitern wird. Die »Besitzlosen« – das »große Ungeheuer« der Welt – könnten aufbegehren und müssen unter Kontrolle gehalten werden, im Interesse der »Stabilität«, wie es im Fachjargon heißt. Damit ist jedoch einzig die Unterwerfung unter das Diktat der Beherrscher gemeint, wozu entsprechende Gewaltmittel nötig sind. Da die USA »aus Eigeninteresse die Verantwortung für das Wohlergehen des weltweiten kapitalistischen Systems übernommen« hat, muss sie weit an der militärischen Spitze stehen. Ich habe hier den Historiker Gerald Haines, der auch führender Historiker des CIA war, aus einer Studie über die US-Planung in den 1940er Jahren zitiert. Eine übermächtige Dominanz bei den konventionellen Streitkräften und Massenvernichtungsmitteln reicht nicht mehr aus. Es ist notwendig, Neuland zu betreten: die Militarisierung des Weltraums, womit das bis jetzt eingehaltene Weltraumabkommen von 1967 unterminiert wird. Die UN-Generalversammlung, die diese Absichten erkannte, hat das Abkommen mehrere Male erneut bekräftigt. Die USA weigerten sich jedoch, ihm beizutreten, und stehen damit praktisch alleine da. Washington blockiert seit einem Jahr auch Verhandlungen über diese Streitfrage bei der UN-Abrüstungskonferenz – worüber aus den üblichen Gründen kaum berichtet wird. Es ist unklug, die Bürger in Pläne einzuweihen, die das einzige Experiment der Biologie mit der »höheren Intelligenz« zu einem Ende bringen könnten.
Wie oft bemerkt wurde, profitiert die Militärindustrie von diesen Programmen, aber wir sollten nicht vergessen, dass dieser Begriff irreführend ist. Die ganze Neuzeit hindurch, aber vor allem nach dem Zweiten Weltkrieg, wurden Kosten und Risiken des militärischen Systems von der Allgemeinheit getragen, während die Profite privatisiert wurden. Der dyna-

mische und innovative staatliche Sektor ist in beträchtlichem Ausmaß beteiligt an der Entwicklung der »New Economy«. Der Hauptgrund, warum öffentliche Ausgaben für die biologischen Wissenschaften so rapide angestiegen sind, ist, dass die intelligente Rechte begriffen hat, dass die Wirtschaft auf diese öffentlichen Initiativen angewiesen ist. Unter dem Vorwand des »Bioterrors« wird hier eine enorme Ausgabenerhöhung eingeplant, genauso wie die Öffentlichkeit unter dem Vorwand, die Russen kommen, dazu verleitet wurde, für die New Economy zu bezahlen. Und wie es nach dem Zusammenbruch des Sowjetsystems plötzlich die Bedrohung durch die »hoch entwickelte Technik« der Dritte-Welt-Länder war, die übergangslos und fast kommentarlos zur neuen politische Linie wurde. Das ist auch der Grund, warum internationale Wirtschaftsabkommen Ausnahmeregelungen im Zusammenhang mit nationaler Sicherheit enthalten müssen: Haiti hat nichts davon, aber der US-Wirtschaft erlaubt es, weiter zu wachsen. Für die armen Länder gelten weiterhin die traditionellen Grundsätzen einer strengen Marktdisziplin, während die reichen einen Sonderstatus erlangen. Was hier »Neoliberalismus« genannt wird, obwohl dies eigentlich kein guter Begriff dafür ist und als Doktrin schon Jahrhunderte alt ist, darüber wären die klassischen Liberalen schockiert.
Die Pläne, mit der Militarisierung des Weltraums die letzte Grenze der Gewalt zu überschreiten, werden als »Raketenabwehr« getarnt, aber jeder, der die Geschichte aufmerksam verfolgt, weiß, dass wenn von »Abwehr« die Rede ist, eigentlich »Angriff« gemeint ist. Die gegenwärtige Situation ist da keine Ausnahme. Das Ziel wird ziemlich offen formuliert: die »globale Dominanz« und »Hegemonie« sicherstellen. Offizielle Dokumente betonen vor allem das Ziel, »die US-Interessen und Investitionen zu schützen« und die »Besitzlosen« zu kontrollieren. Heutzutage erfordert das die Vorherrschaft im Weltraum, so wie in früheren Zeiten die mächtigsten Staa-

ten Armeen und Kriegsflotten aufstellten, um »ihre kommerziellen Interessen zu schützen und zu fördern«. Es ist bekannt, dass diese neuen Initiativen, bei denen die USA bei weitem führend sind, eine ernsthafte Bedrohung für das Überleben darstellen. Inzwischen wurde aber auch begriffen, dass sie durch internationale Verträge verhindert werden könnten.

Kehren wir nochmal zu dem schwierigen und beunruhigenden Dilemma zurück: Das schnelle Wachstum und der große Wohlstand durch die Globalisierung habe zu Ungleichheiten geführt, weil einigen die entsprechenden Fähigkeiten fehlten. Es gibt kein Dilemma, weil das schnelle Wachstum und der Wohlstand ein Mythos sind.

Viele internationale Wirtschaftswissenschaftler halten die Liberalisierung des Kapitals für einen bedeutsamen Faktor für die schlechteren wirtschaftlichen Ergebnisse der neoliberalen Ära. Aber die Wirtschaft ist eine komplexe Angelegenheit, die so schwer zu verstehen ist, dass man vorsichtig mit kausalen Zusammenhängen sein muss. Eine Folge der Liberalisierung des Kapitals ist allerdings deutlich zu erkennen: Sie untergräbt die Demokratie. Das hatten die Urheber des Bretton-Woods-Abkommens bereits begriffen: Ein Grund, weshalb die Vereinbarungen auf die Regulierung des Kapitals zielten, bestand darin, den Regierungen zu ermöglichen, eine sozialdemokratische Politik zu betreiben, die eine breite öffentliche Unterstützung fand. Heute führt der freie Kapitalverkehr zu einem »virtuellen Parlament«, das ein »Vetorecht« bei allen Regierungsbeschlüssen besitzt und politische Optionen stark einschränkt. Regierungen sehen sich einer »gespaltenen Wählerschaft gegenüber«, den Wählern und den Spekulanten, die »Volksentscheide von Augenblick zu Augenblick« über die Regierungspolitik durchführen (wobei sie sich auf Fachstudien zum Finanzsystem berufen). Selbst in den reichen Ländern hat diese private Wählerschaft die Oberhand.

Andere Komponenten der von Investoren-Rechten gesteuerten »Globalisierung« haben ähnliche Konsequenzen. Sozioökonomische Entscheidungen werden zunehmend auf nicht rechenschaftspflichtige Machtkonzentrationen übertragen – ein wesentliches Merkmal neoliberaler »Reformen« (ein Propagandabegriff, keine Beschreibung). Eine Ausweitung des Angriffs auf die Demokratie wird vermutlich gerade geplant, ohne öffentliche Diskussion. Mehr noch: Diese Art der Globalisierung unterminiert nicht nur die Demokratie, sondern führt auch für die meisten Menschen zu einer Verschlechterung der Lebensbedingungen. Daten aus den reichsten Ländern der Welt sind in der Tat aufschlussreich. Ein noch schlechteres Bild ergibt sich, wenn wir die üblichen Wirtschaftsindikatoren beiseite lassen. Ein Preis ist die bereits beschriebene Bedrohung für das Überleben, wie sie in der Argumentation der militärischen Planer steckt. Darüber hinaus gibt es noch viele andere Nachteile. Beispielsweise berichtet die ILO (International Labour Organization) über eine sich immer weiter ausbreitende »weltweite Epidemie« ernsthafter psychischer Gesundheitsstörungen, die oft im Zusammenhang mit Stress am Arbeitsplatz stehen und in den Industrieländern erhebliche Kosten verursachen. Hierbei sei die »Globalisierung« ein wesentlicher Faktor, weil sie insbesondere in den USA den »Verlust der Arbeitsplatzsicherheit«, Druck auf die Arbeiter und ein höheres Arbeitspensum mit sich bringe. Ist dies der Preis der »Globalisierung«? Von einem bestimmten Standpunkt aus betrachtet, ist es sogar eines ihrer attraktivsten Merkmale. Als er die US-Wirtschaft als »außerordentlich« pries, betonte Alan Greenspan vor allem das verstärkte Gefühl der Jobunsicherheit, das zur Kostendämpfung für die Arbeitgeber führe. Die Weltbank stimmt hier zu. Sie erkennt, dass der Begriff »Arbeitsmarktflexibilität« in Verruf geraten ist, »als Euphemismus für das Drücken der Löhne und die Entlassung von Arbeitern«, aber dennoch »ist sie in allen Regionen der Welt unabdingbar. (...) Zu den wichtigsten Reformen gehört die Aufhebung der Einschränkungen in Bezug auf Arbeitskräftemobilität und Lohnflexibilität sowie das Aufbrechen der Verbindungen zwischen Sozialleistungen und Arbeitsverträgen.«

Kurz gesagt sind die Entlassung von Arbeitern, das Drücken der Löhne, die Unterminierung der Sozialleistungen in der vorherrschenden Ideologie alles wesentliche Beiträge zu einer gesunden Wirtschaft.

Der nicht regulierte Handel bringt den Unternehmen weitere Vorteile. Ein Großteil, vermutlich der größte Teil, des »Handels« wird auf verschiedene Arten zentral geregelt: Transfers innerhalb von Firmen, strategische Allianzen, Vergabe von Aufträgen nach außen und anderes. Große Handelsgebiete sind vorteilhaft für Unternehmen, weil sie dann weniger den kommunalen und nationalen Gemeinschaften gegenüber verantwortlich sind. Das wiederum verstärkt die Auswirkungen der neoliberalen Programme, die regelmäßig den Arbeiteranteil am Gewinn reduzieren. In den USA waren die 1990er Jahre der erste Zeitraum nach dem Krieg, in dem sich die Gewinnausschüttung erheblich zu Gunsten der Kapitalseigner verlagerte. Der nicht regulierte Handel hat eine große Bandbreite an schwer messbaren Kosten: subventionierte Energie, Ressourcenerschöpfung und andere nicht mitgezählte Umweltbelastungen. Er bringt auch Vorteile, obwohl auch hier Vorsicht geboten ist. Der am meisten angepriesene Vorteil ist, dass der Handel die Spezialisierung erhöht – was die Optionen reduziert, einschließlich der Option, den relativen Vorteil, auch als »Entwicklung« bekannt, zu modifizieren. Option und Entwicklung sind Werte an sich; sie zu unterminieren ist ein teurer Preis.

Wie jeder hier weiß, werden die Spielregeln wahrscheinlich die negativen Auswirkungen auf die Armen verstärken. Die Regeln der WTO verbieten genau die Maßnahmen, die jedes reiche Land einst ergriff, um seinen jetzigen Entwicklungsstand zu erreichen, während sie ein noch nie da gewesenes Ausmaß an Protektionismus für die Reichen gewähren, einschließlich eines Patentsystems, das Innovationen und neue Wege des Wachstums versperrt und zulässt, dass Unternehmen durch Monopolpreise für Produkte, die häufig mit beträchtlichen staatlichen Zuwendungen entwickelt wurden, riesige Profite anhäufen.

Heute steht die Hälfte der Weltbevölkerung unter Konkursverwaltung; ihre Wirtschaftspolitik wird von Experten in Washington bestimmt. Aber auch in den reichen Ländern ist die Demokratie unter Beschuss aufgrund der Verlagerung der Entscheidungsmacht von den Regierungen, die teilweise auf die Öffentlichkeit Rücksicht nehmen, hin zu nichtstaatlichen Tyranneien, denen dieser Mangel nicht anhaftet. Zynische Slogans wie »dem Volk vertrauen« oder »den Staat minimieren« verlangen unter den aktuellen Umständen nicht nach mehr Kontrolle durch das Volk. Sie verlagern die Entscheidungen von den Regierungen in andere Hände, aber nicht in die »des Volkes«, sondern in die Hände des Managements kollektivistischer juristischer Personen, die der Öffentlichkeit gegenüber kaum rechenschaftspflichtig und in ihren internen Strukturen praktisch totalitär sind.

Lateinamerikaexperten und Meinungsforschungsinstitute beobachten seit einigen Jahren, dass der Ausbau der formalen Demokratie in Lateinamerika mit einer zunehmenden Desillusionierung über Demokratie einhergeht; »alarmierende Tendenzen«, die weiter anhalten. Die Experten fanden einen Zusammenhang zwischen den »sinkenden wirtschaftlichen Vermögen« und dem »Vertrauensverlust« in demokratische Institutionen (Financial Times). Atilio Boron wies vor einigen Jahren darauf hin, dass die neue Demokratisierungswelle in Lateinamerika mit neoliberalen wirtschaftlichen »Reformen« zusammenfiel, die die Demokratie effektiv unterminieren, ein Phänomen, das in verschiedenen Ausprägungen weltweit zu beobachten ist.

Auch in den USA. Dort gab es lautstarken öffentlichen Protest über die »gestohlenen Wahlen« vom November 2000 und Überraschung darüber, dass dies den Wählern scheinbar egal war. Die möglichen Gründe dafür sind aus Meinungsumfragen abzulesen, die enthüllen, dass drei Viertel der Bevölkerung am Vorabend der Wahl den Prozess mehr oder weniger für eine Farce hielten: Ein Spiel, das von Wahlkampffinanzierern, führenden Parteimitgliedern und der Public-Relation-Industrie gespielt wurde, die den Kandidaten eintrichterten, »fast alles zu sagen, um gewählt zu werden«, sodass man wenig von dem glauben konnte, was sie sagten, selbst wenn es verständlich war. Bei den meisten Themen konnten die Bürger die Standpunkte der Kandidaten nicht auseinanderhalten, nicht weil sie dumm sind oder sich keine Mühe geben, sondern aufgrund der bewussten Anstrengungen der PR-Industrie. In einem Projekt der Harvard University, in dem politische Einstellungen untersucht werden, wurde festgestellt, dass »das Gefühl der Machtlosigkeit ein alarmierendes Hoch erreicht hat«; mehr als die Hälfte der Befragten sagte, dass Leute wie sie nur wenig oder gar keinen Einfluss darauf hätten, was die Regierung tut.

Themen, über die die Öffentlichkeit anderer Meinung ist als die Eliten (die wirtschaftlichen, politischen, intellektuellen), sind weitestgehend von der Tagesordnung gestrichen, insbesondere Fragen der Wirtschaftspolitik. Es verwundert nicht, dass das Unternehmertum überwiegend für die von Konzernen gesteuerte »Globalisierung« ist, für die »freien Investitionsabkommen«, auch »freie Handelsabkommen«, NAFTA und FTAA genannt, für GATS und andere Mittel, die den Reichtum und die Macht in Händen konzentriert, die der Öffentlichkeit gegenüber nicht verantwortlich sind. Ebenso wenig verwundert es, dass das »große Ungeheuer« allgemein dagegen ist, fast instinktiv, auch ohne die entscheidenden Fakten zu kennen, die sorgsam vor ihm gehütet werden. Daraus folgt, dass sich solche Themen nicht für den Wahlkampf eignen und auch im Jahr 2000 nicht zur Sprache kamen. Die Wähler wurden auf das geeicht, was die PR-Industrie »persönliche Qualitäten« nennt, nicht auf »Themen«. Von der Bevölkerungshälfte, die wählt, mehrheitlich die Wohlhabenderen, stimmen diejenigen, die erkennen, dass ihre Klasseninteressen auf dem Spiel stehen, für diese Interessen, d. h. überwiegend für die reaktionärere der beiden Wirtschaftsparteien. Aber die allgemeine Bevölkerung vergibt ihre Stimmen auf andere Art, was statistisch zu Stimmengleichheit führt. Bei den Arbeitern waren nichtwirtschaftliche Themen wie Waffenbesitz und »Religiosität« die Hauptfaktoren, sodass die Menschen oft gegen ihre eigenen grundlegenden Interessen stimmten – offensichtlich in der Annahme, sie hätten keine Wahl.

Was von der Demokratie verbleibt, muss als das Recht aufgefasst werden, zwischen Gebrauchsartikeln zu wählen. Führende Unternehmer erklären seit langem, dass man der Bevölkerung eine »Philosophie der Zwecklosigkeit« und »des Mangels an Sinn im Leben« aufdrängen muss, um »die Aufmerksamkeit der Menschen auf die oberflächlicheren Dinge wie den modernen Konsum zu lenken«. Von Kindheit an mit solcher Propaganda überschwemmt, akzeptieren die Menschen dann vielleicht ihre Bedeutungslosigkeit und ihr untergeordnetes Leben und vergessen die lächerliche Idee, ihre Angelegenheiten selbst in die Hand zu nehmen. Sie überlassen ihr Schicksal vielleicht den Zauberern und im politischen Bereich den selbst ernannten »intelligenten Minderheiten«, die der Macht dienen und sie ausüben.

Der Kampf, dieses Regime zu implementieren, nimmt viele Formen an, aber er endet nie und wird nie enden, solange hohe Konzentrationen an effektiver Entscheidungsmacht erhalten bleiben. Logischerweise ist zu erwarten, dass die Beherrscher jede sich bietende Gelegenheit ausnutzen werden – zurzeit ist das die große Angst der Bevölkerung angesichts der Terroranschläge. Es ist jetzt eine ernsthafte Angelegenheit für den Westen, der mit den zur Verfügung stehenden neuen Technologien sein Gewaltmonopol verloren und lediglich seine gewaltige Überlegenheit bewahrt hat.

Aber man muss diese Regeln nicht akzeptieren und diejenigen, die sich mit dem Schicksal der Welt und ihren Menschen befassen, werden sicherlich einen anderen Kurs einschlagen. Der Kampf der Bevölkerung, hauptsächlich im Süden, gegen die von Investoren-Rechten geleitete »Globalisierung« hat Einfluss auf die Rhetorik und zu einem gewissen Grad auch auf die Handlungen der Beherrscher des Universums, die besorgt und defensiv sind. Diese Bürgerbewegungen hat es in diesem Ausmaß, in dieser vielschichtigen Zusammensetzung und mit dieser internationalen Solidarität noch nie gegeben. Die Zukunft liegt zu einem großen Teil in den Händen dieser Bewegungen. Es ist kaum zu überschätzen, was auf dem Spiel steht.

Noam Chomsky, Jg. 1928, emeritierter Professor am Massachusetts Institute for Technology. www.zmag.org/chomsky/index.cfm

Der Beitrag ist eine gekürzte Fassung der Rede auf dem Weltsozialforum, 1. Februar 2002 in Porto Alegre.